DIE STUNDE DER NASHÖRNER

Wie Unternehmen die neuen geopolitischen Risiken managen

von Ansgar Baums
und Thomas Ramge

MURMANN

Druckprodukt mit finanziellem
Klimabeitrag
ClimatePartner.com/12752-1803-1001

Zum Ausgleich für die entstandene CO_2-Emission bei der Produktion dieses Buches unterstützen wir die Bereitstellung von effizienten Kochöfen in Sambia. Die verbesserten Kochöfen verbrauchen zwei Drittel weniger Brennmaterial und verringern so nicht nur den CO_2-Ausstoß, sondern auch die Rodung der lokalen Wälder. Durch die bessere Luftqualität in den Räumen werden Atemwegserkrankungen verringert, und Familien können Zeit und Geld sparen, da weniger Brennmaterial benötigt wird.

Bibliografische Information der Deutschen Nationalbibliothek
Die Deutsche Nationalbibliothek verzeichnet diese Publikation in der Deutschen Nationalbibliografie; detaillierte bibliografische Daten sind im Internet über http://dnb.de abrufbar.
Miramar-Haus
Schopenstehl 15
20095 Hamburg

Druck: Steinmeier GmbH & Co. KG, Deiningen
Printed in Germany

ISBN 978-3-86774-843-8

Besuchen Sie uns im Internet: www.murmann-publishers.de
Ihre Meinung zu diesem Buch interessiert uns!
Zuschriften bitte an info@murmann-publishers.de
Den Newsletter des Murmann Verlages können Sie anfordern unter newsletter@murmann-publishers.de

Wir widmen dieses Buch
unseren Familien

Inhalt

TEIL 1

DIE RÜCKKEHR DER GEOPOLITIK

TEIL 2
GEOPOLITISCHE RISIKOVEKTOREN

TEIL 3

GEOPOLITIK-MANAGEMENT

Teil 1

DIE RÜCKKEHR DER GEOPOLITIK

01 EINLEITUNG: GEOPOLITIK UND UNTERNEHMERISCHES RISIKO

Was hat Geopolitik mit mir zu tun?

Es war ein guter Plan. Elmos, das erfolgreiche Dortmunder Halbleiterunternehmen, will sich den Entwicklungen in der Industrie anpassen. Es plant, die Wafer-Produktion im Ruhrgebiet zu veräußern. Elmos soll »fabless« werden und sich auf die Entwicklung von Chips fokussieren, die Produktion sollen andere machen. Konzentration auf die Kernkompetenz, hat das Management entschieden. Ein Käufer ist auch schon gefunden: Die schwedische Silex Microsystems bietet 85 Millionen Euro. Im Dezember 2021 sieht es nach einer schnellen Abwicklung aus. Doch dann gerät das Projekt in Turbulenzen. Silex ist eine Tochter der chinesischen Sai Microelectronics. Das ruft die Behörden auf den Plan, vor allem den Verfassungsschutz. Dieser meldet Bedenken beim Wirtschaftsministerium an – die Abhängigkeit von Südostasien im Chipbereich sei jetzt schon viel zu hoch. Das Wirtschaftsministerium unter Robert Habeck ist sich zunächst unsicher – immerhin geht es um einen tiefen Eingriff in die Wirtschaftsordnung. Artikel 12 des Grundgesetzes garantiert das »Unternehmergrundrecht« – ein Unternehmer kann grundsätzlich über sein Vermögen verfügen, wie er will. Zu dumm für Elmos, dass gerade noch ein anderes China-Thema auf der bundespolitischen Agenda steht: der Hamburger Hafen und der geplante Verkauf von Terminalanteilen an die chinesische Reederei Cosco. Hier steht Bundeskanzler Olaf Scholz persönlich unter Druck, er befürwortet trotz heftiger Kritik den Cosco-Deal. Die Optik stimmt jedenfalls nicht – die Ampelkoalition will keinesfalls als »chinafreundlich« rüberkommen. Wirtschaftsminister Robert Habeck untersagt deswegen kurzerhand den Verkauf des Elmos-Fabs. Deal geplatzt.

Verfassungsschutz, Hamburger Hafen, »politische Optik« – was hat das mit uns zu tun? Das wird sich die Elmos-Geschäftsführung gefragt haben. Jede Menge, wie sich herausstellt – denn die Geopolitik ist zurück. Was vor zehn Jahren noch undenkbar schien, ist heute Alltag für Unternehmer und Management: Übernahmen im Technologie- und Infrastruktursektor werden von staatlichen Behörden mit dem Hinweis auf nationale Sicherheit untersagt, Zölle und Exportkontrollen bedrohen den China-Absatz, Datenlokalisierungsvorschriften zwingen Unternehmen zum Aufbau neuer IT-Infrastrukturen, und kritische Rohstoffe für Halbleiter und Batterien sind ins Zentrum außenpolitischer Auseinandersetzungen gerückt. Dies betrifft keineswegs nur Technologieunternehmen im landläufigen Sinn. Wer in einfachen Heizlüftern einfache Chips verbaut, ist heute stärker Spielball geopolitischer Auswirkungen, als er sich gestern noch hätte vorstellen können. Jedes Unternehmen, das seine Unternehmensprozesse über SAP steuert, sein Marketing über und seine Daten bei US-Cloud-Anbietern verwalten lässt, sollte die politischen Entwicklungen an den digitalen Schnittstellen zwischen den Vereinigten Staaten, China und Europa aufmerksam im Auge behalten.

Das Ausmaß staatlicher Interventionen in Technologie-Wertschöpfungsketten ist rasant gestiegen. Treten wir einen Schritt zurück. Was hat sich grundsätzlich verändert? Ein globaler Wettbewerb zwischen China und den USA hat den »unipolaren Moment« (Charles

Krauthammer) nach 1990 abgelöst. Die USA haben schon unter Biden den freien Handel nicht mehr uneingeschränkt befürwortet. Trump betrachtet internationale Wirtschaftsbeziehungen als Nullsummenspiel und belässt es, wie wir seit seinem Amtsantritt im Januar 2025 endgültig wissen, nicht bei radikalen Worten. Die geopolitischen Taten folgen. Trump legt sich mit den engsten geopolitischen Verbündeten der USA an. Kanada soll der 51. US-Bundesstaat werden, Grönland dann der 52., oder auch in umgekehrter Reihenfolge. Vor zehn Jahren hätten diese Vorschläge es allenfalls in eine Satiresendung geschafft. Kurz: Die internationale Ordnung, die sich nach 1990 etabliert hat und das Versprechen einer immer globalisierteren, hypereffizienten Wirtschaft beinhaltete, existiert nicht mehr. Was diese Ordnung ersetzen wird – das ist unklar.

Trumps Zoll-Achterbahn löst bei Wirtschaftspolitikern und Unternehmensführungen gleichermaßen Schwindelgefühle aus. Ob am Ende das Horrorgefühl oder die Erleichterung überwiegt und wie groß die Schäden sind, werden erst Wirtschaftshistoriker in einigen Jahrzehnten einschätzen können. Ob die USA weiter zum Beistandsartikel 5 der Nato stehen, ist auch nicht mehr so ganz klar. Das hat für Europa natürlich nicht nur große militärische Konsequenzen, sondern auch wirtschaftliche. Kurzfristig mögen Chancen für Rüstungsunternehmen und solche, die es werden wollen, entstehen. Volkswirtschaftlich sind hohe Rüstungsausgaben freilich eine Dauerbelastung auf Kosten von Produktivitätswachstum.

Zugleich hat sich spätestens seit der Coronakrise die Hoffnung zerschlagen, China werde durch Teilnahme am globalen Handel zu einer liberaleren Gesellschaft. Staatspräsident Xi hat einen nationalistischen Kurs eingeschlagen, der Wirtschaftswachstum dem Machterhalt der Kommunistischen Partei unterordnet. Europa laviert zwischen den Fronten der Tech-Supermächte. Im Juni 2025 schlägt Ursula von der Leyen eine World Trade Organisation ohne die USA unter europäischer Führung vor. So wirklich scheint allerdings auch in Brüssel niemand an die Idee zu glauben.

Aus unternehmerischer Sicht sind geopolitische Verwerfungen nüchtern betrachtet nichts anderes als Risiken. Diese sollten Unternehmen nicht aus der Bahn werfen. Risiken einzuschätzen und die richtigen Schlüsse daraus zu ziehen, gehört nicht nur zum Kerngeschäft von Versicherungen. Unternehmen sind »Risikoverarbeitungsmaschinen«. Sie treffen Entscheidungen unter den Bedingungen der Unsicherheit und versuchen, mittels Risikoeinschätzungen die Wahrscheinlichkeit zu erhöhen, dass diese Entscheidungen zu einem erwünschten Ergebnis führen. Die Gründung des modernen Unternehmens geht auf die Notwendigkeit zurück, das Investitionsrisiko langer Überseereisen beherrschbar zu machen. Die Lösung lautete übrigens »Shareholder«, wie John Micklethwait und Adrian Woolridge in ihrem Standardwerk *The Company: A Short History of a Revolutionary Idea* eindrucksvoll beschreiben.[1] Unternehmen *können* also Risiko, denn Risikomanagement liegt in ihrer DNA. Doch natürlich hat die Fähigkeit des Risikomanagements von Unternehmen auch ihre Grenzen. Die Coronaepidemie hat viele Unternehmen an den Rand der Existenz geführt – und einige in den Abgrund, obwohl das Management keine groben Fehler gemacht hat. Das Risiko war dann schlicht nicht mehr zu managen, oft auch wegen politischer Eingriffe.

Von schwarzen Schwänen und grauen Nashörnern

Für die meisten Unternehmen war Corona ein »schwarzer Schwan«, also ein seltenes, nicht absehbares Ereignis mit massiven Folgen. Geprägt und populär gemacht hat der Mathematiker Nassim Nicholas Taleb den »schwarzen Schwan« in seinem Bestseller *The Black Swan* aus dem Jahr 2007.[2] Seit der zweiten Amtszeit Trumps erlebt Talebs Metapher eine neue Hochkonjunktur. Das Analyseraster lautet in der

Regel: Die geopolitischen Ereignisse und Maßnahmen brechen unerwartet und unberechenbar über Unternehmen und Management herein. Das sehen wir anders. Denn unvorhersehbar ist die Geopolitisierung der Wirtschaft keinesfalls. Wer über die im April 2025 erlassenen Zölle Trumps überrascht war, hat 2018 und 2019 offenkundig unter einem Stein gelebt. Die Überraschten dürften auch das »Project 2025« der Heritage Foundation nicht gelesen haben, das strategische Handbuch der Trumpisten für die zweite Amtszeit. Mit wenig Zukunftsfantasie lässt sich erahnen, dass zwischen den Fronten des Tech Cold War hohe Risiken für global agierende Unternehmen in Datenlokalisierungsvorschriften, Zöllen, Markteintrittsbarrieren, Export- und Investitionskontrollen liegen – sowohl in den USA als auch in Europa und China. Die Auswirkungen von Geopolitik auf Unternehmen, so dramatisch sie auch sind, fallen deswegen im Sinne der Risikoforschung nicht in die Kategorie der schwarzen Schwäne. Sie gehören zur Gattung der »grauen Nashörner« – ein Begriff, den die US-amerikanische Autorin und Beraterin Michele Wucker geprägt hat.[3] Graue Nashörner sind jene Risiken, die offenkundig, wahrscheinlich und in der Regel ziemlich gut berechenbar sind – und dennoch gefährlich, weil wir sie trotz ihrer Offensichtlichkeit ignorieren und verdrängen. Ein gutes Beispiel hierfür ist der Klimawandel. Wir kennen die Ursachen und wissen um die dramatischen Folgen. Dennoch handeln wir nicht entschlossen.

Die Kernaussage unseres Buchs lautet: Das Ende des unipolaren Moments und der damit verbundene geopolitische Wandel stellen für Unternehmen ein graues Nashorn besonderer Bedrohlichkeit dar. Es wird Zeit, dieses Nashorn einzuhegen, bevor es das Werkstor einrennt und den ganzen Laden auseinandernimmt. Das ist natürlich leichter gesagt als getan. Wann ist es möglich, in Deckung zu gehen und zu warten? Können Unternehmen dem Nashorn clever aus dem Weg gehen? Lässt sich das Werkstor, um im Bild zu bleiben, so gut verstärken, dass das Vieh nicht reinkommt? Oder lässt sich das Nashorn in Ausnahmefällen gar für eigene unternehmerische Zwecke abrichten? Wir werden in diesem Buch Antworten auf diese Fragen geben – für Unternehmensentscheider, nicht für Zoologen.

Zunächst ist es jedoch wichtig zu verstehen, warum graue Nashörner immer wieder übersehen werden. Die meisten Analysen konzentrieren sich hier auf »thought fallacies«, also verzerrende Denkmuster. Bekannt geworden sind diese Denkfehler durch die Verhaltenspsychologen und -ökonomen Amos Tversky und Daniel Kahneman.[4] Denkfehler wie »confirmation bias« und »overconfidence« mögen eine Rolle spielen, warum Management graue Nashörner zu oft ignoriert. Aber wir glauben nicht, dass dies die ganze Geschichte ist. Das Problem geht tiefer und betrifft die Strukturen der Organisationen. Unternehmen, die sich in den ruhigen Zeiten nach 1990 in wachsenden Weltmärkten prächtig entwickelten, haben sich an das geopolitische Schönwetter gewöhnt. Entsprechend haben sie die Fähigkeiten verloren, den rauen Seegang der neuen geopolitischen Risiken zu navigieren.

Alle Unternehmen sind digitale Unternehmen

Wenn wir mit der Führung großer mittelständischer Unternehmen sprechen, hören wir manchmal den Einwand: »Halbleiterunternehmen – ja klar –, die stehen ja auch im Zentrum der Geopolitik. Was für Elmos gilt, muss aber noch lange nicht für mein Unternehmen relevant sein.« Selbst globalisierte »Hidden Champions« mit auf den ersten Blick erkennbaren erheblichen digitalen Elementen im Geschäftsmodell zucken gerne mit der Schulter und fragen rhetorisch: Was geht mich das an? Aus unserer Sicht jede Menge. Denn fast jede Firma ist heutzutage ein Tech-Unternehmen mit komplizierter Wertschöpfung.

Laut IT-Branchenverband Bitkom entwickeln 70 Prozent der deutschen Unternehmen digitale Services und Produkte.[5] Es dürfte kaum ein Unternehmen geben, das nicht in irgendeiner Art und Weise eine amerikanische Cloud nutzt. Überraschend viele Unternehmen nutzen übrigens auch chinesische Cloud-Dienste, ohne dass ihnen das voll bewusst ist. Welche KI-Agenten nutzt Ihre Forschung und Entwicklung noch mal genau? Hat Ihr Unternehmen einen TikTok-Kanal? Und haben Sie einen Überblick, welche Unternehmen im dritten Glied Ihrer Lieferkette tätig sind?

Mit der Digitalisierung der Wirtschaft – »everything connected« – steigen die Abhängigkeiten von digitalen Wertschöpfungsketten und Softwareanwendungen. Diese stehen im Zentrum der geopolitischen Auseinandersetzung. In Anlehnung an Trotzki gilt: »Unternehmer mögen sich nicht für Geopolitik interessieren – aber Geopolitik interessiert sich für Ihr Unternehmen.« Deswegen müssen Unternehmen ihren geopolitischen Muskel trainieren. Unser Buch möchte dabei unterstützen. Machen wir uns also auf ins geopolitische Fitnessstudio.

Unser geopolitischer Fitnessratschlag lautet in einem Absatz zusammengefasst: Manager nahezu aller Unternehmen müssen neue Kompetenzen entwickeln, um die richtige Mischung aus Effizienz (globale Wertschöpfungsketten, globale Produkte) und Resilienz (geopolitisch optimierte Lieferketten, lokalisierte Produkte) zu finden. Wir nennen es den Aufbau »geopolitischer Muskeln«. Entscheidend für diese neue Kompetenz ist ein deutlich tieferes Verständnis der spezifischen geopolitischen Risiken der eigenen Branche und auf jeder Ebene des Unternehmens. Hierzu müssen Unternehmen die politischen Dynamiken insbesondere in Washington und Beijing verstehen, Policy-Entwicklungen antizipieren und diese Szenarien auf ihre Wertschöpfungskette projizieren. Ziel ist dabei nicht, alle Risiken radikal zu minimieren. Es geht um Risikointelligenz. Denn auch im Zeitalter der geopolitischen Einflussnahme ist Risikomanagement eine strategische Investition. Jeder Euro, den ein Unternehmen in geopolitische Resilienz investiert, sollte seinen Nutzen nachweisen. Daran wird sich auch Apple-Chef Tim Cook messen lassen müssen, wenn er wie im Juli 2025 rund 500 Millionen Dollar in eine US-Firma für seltene Erden investiert, bei der das Pentagon der größte Anteilseigner ist.[6]

Die Stunde der Nashörner beschreibt eine neue Welt, in der sich Unternehmen bewähren müssen. Nach der Lektüre werden Sie durch neue Linsen auf folgende drei Fragen schauen:

- Was sind die Mechanismen des digitalen Kalten Krieges?
- Welche technologischen (und damit wirtschaftlichen) Risiken ergeben sich aus der geopolitischen Gemengelage für Unternehmen?
- Mit welchen Managementstrategien lassen sich diese Geotech-Risiken minimieren?

Unsere Hauptthesen

1. Unsere Zeit ist geprägt durch einen grundlegenden Wandel in der Weltordnung. Wir sind Zeugen der Ablösung des unipolaren Moments nach 1990 durch eine bipolare Welt mit den USA und China als Machtzentren. Diese neue Ära ist geprägt durch den geopolitischen Wettbewerb zwischen zwei Supermächten.

2. In diesem geopolitischen Wettbewerb spielt Technologie eine zentrale Rolle. Genauer gesagt: Im Zentrum steht der Versuch der Supermächte, die Verbreitung von kritischen Technologien zu kontrollieren. Die USA versuchen, das Wachstum Chinas zu verlangsamen, indem sie den Zugang zu westlichen Technologien einschränken. Der Fachbegriff lautet »Tech Containment«. China sucht zwar auch weiter Zugang zu Technologien aus dem Westen, ist aber vor allem bemüht, die Abhängigkeiten zu minimieren.

3. Aus Unternehmenssicht sind drei konkrete geopolitische Vektoren relevant: Erstens Ereignisse (eine geopolitische Krise mit direktem Einfluss auf Wertschöpfungsketten), zweitens Regulierung (Geotech Statecraft) und drittens die Folgen einer sich spaltenden digitalen Welt:

   a. *Ereignisse:* Digitale Wertschöpfungsketten kreuzen sich mit den neuralgischen Konfliktherden, insbesondere in Südostasien. Eskalationen der geopolitischen Lage, ob bewusst herbeigeführt oder unbeabsichtigt ausgelöst, können einen dramatischen Einfluss auf Lieferketten haben.

   b. *Regulierung:* Um ihre geostrategischen Ziele zu erreichen, entwickeln Washington und Peking immer neue Policy-Instrumente, die wir »Geotech Statecraft« nennen.

   c. *Teilung der digitalen Welt:* Die Anwendung von Geotech Statecraft führt mittelfristig zu einer Teilung der digitalen Welt in zwei »hemisphärische IT-Stacks«. Die IT passt sich also der geopolitischen Metastruktur an und wird ebenfalls bipolar.

4. Deutsche und europäische Unternehmen sind auf diese neue Welt oft nicht hinreichend vorbereitet. Ihre Organisationsprinzipien sind für den unipolaren Moment optimiert, nicht für eine geopolitisch umkämpfte, ungeordnete Welt. Gleichzeitig gestalten Unternehmen den geopolitischen Wettbewerb mit, gehen mehr oder weniger clever mit neuen Regeln um oder schaffen dabei gar ihre eigenen Regeln. Geopolitisches Risikomanagement beinhaltet, dass politische Interventionen als Unternehmensrisiko bewertet und entsprechend gemanagt werden.

5. Auf der strategischen Ebene stehen global agierende Unternehmen vor einer schwierigen Entscheidung. Sie müssen wählen, ob sie in Zukunft »One-Stack-« oder »Two-Stack-Unternehmen« sein wollen, also Teile von beiden hemisphärischen Stacks nutzen oder sich auf einen konzentrieren. Ohne Klärung dieser grundsätzlichen Frage droht strategische Ambivalenz mit ständigen taktischen Abwägungen in Folgeentscheidungen.

6. Auf struktureller Ebene steht eine umfassende Unternehmensrevision an. Unternehmen müssen einen »geopolitischen Muskel« aufbauen, und zwar in allen Unternehmensbereichen. Eine solche Revision sollte sich auf sogenannte Enterprise-Level Business Capabilities beziehen, also tatsächliche Umsetzungsfähigkeiten, und nicht nur auf das Organigramm.

7. Besonders kritisch für die geopolitische Resilienz sind Hardware-Lieferketten. Dies gilt nicht nur für hardwareproduzierende Unternehmen, sondern auch für Anwender. Letztere unterschätzen die Risiken nach wie vor systematisch. Ziel muss es sein, das geopolitische Risiko in der Beschaffung zunächst transparent zu machen und in der Regel dann zu diversifizieren. Wenn ein Unternehmen auch weiter mit hohen Lieferkettenrisiken leben möchte, sollte dies zumindest eine bewusste Entscheidung sein.

8. Es mag verführerisch sein, die Geopolitik für Unternehmenszwecke zu nutzen und zum Beispiel für Markteintrittsbarrieren zu lobbyieren. Hier ist Vorsicht geboten. Geopolitik ist kompliziert, und der Schuss geht oft nach hinten los, wie wir an einigen Beispielen zeigen werden.

Das Buch

Unser Buch besteht aus drei Teilen. Der erste Block (Kapitel 2 und 3) beschäftigt sich mit dem geopolitischen Kontext. Wir beginnen mit der grundsätzlichen Frage: Wie verhalten sich Geopolitik, Technologie und Unternehmen zueinander? Hier ist ein Blick in die Geschichte aufschlussreich, denn Geopolitik und Technologie waren schon immer miteinander verwoben. Erst Globalisierung und der unipolare Moment nach 1990 trennten Machtpolitik und Weltwirtschaft voneinander. Wir haben das fälschlicherweise als »normal« interpretiert. Unser gefühltes Normal ist historisch gesehen allerdings eine große Ausnahme. Kapitel 3 beschreibt den geopolitischen Wettbewerb zwischen den USA und China und wie die Wirtschaft hineingezogen wird.

Der zweite Block des Buches (Kapitel 4 bis 6) analysiert die drei wichtigsten geopolitischen Risikovektoren für Unternehmen: disruptive Ereignisse, geopolitisch motivierte Regulierung (Geotech Statecraft) und die Spaltung der digitalen Welt. Diese Risikovektoren erinnern an einen Eisberg: Der sichtbarste Ausdruck sind die geopolitischen Krisenereignisse. Im vierten Kapitel zeigen wir, wo und wie Technologie-Wertschöpfungsketten quer durch die geopolitischen Hotspots laufen, warum sie so extrem krisenanfällig sind und was das für die Glieder der Kette bedeuten kann.

Kapitel 5 fokussiert dann auf den Risikovektor Regulierung, also Geotech Statecraft. Wir zeigen, wie die USA und China neue Instrumente entwickeln und anwenden, um über die Beeinflussung von Technologie-Wertschöpfungsketten ihre geopolitischen Ziele zu erreichen. Für Unternehmen ist es entscheidend, die Funktionslogik von Geotech Statecraft zu verstehen. Wir werden geopolitische Regulierung – FIRRMA, CFIUS, UEL, IEEPA und andere – sortieren und erklären, wie Unternehmen einen Geotech-Statecraft-Radar aufbauen, um böse Überraschungen zu vermeiden.

Das sechste Kapitel beschreibt den dritten Risikovektor einer sich spaltenden digitalen Welt, die eine direkte Folge von Geotech Statecraft ist. Wir zeigen, wie sich der bislang global verfügbare IT-Stack zunehmend aufspaltet und zwei »digitale Hemisphären« entstehen – eine US-zentrische und eine chinazentrische Hemisphäre. Damit muss sich jedes digitale Unternehmen die Frage stellen, ob das Unternehmen ein »One Stack«- oder ein »Two Stack«-Player sein möchte.

Der dritte Block des Buches (Kapitel 7 bis 10) beantwortet die Frage des »Was nun?«. Wir tun dies aus der Perspektive betroffener Unternehmen. Wir starten mit den Folgen für die Unternehmensstrategie (Kapitel 7). Der erste Schritt hier besteht darin, das spezifische geopolitische Risikoprofil eines Unternehmens zu verstehen. Darauf aufbauend schauen wir auf die Zielkonflikte, die sich aus der Spaltung des IT-Stacks ergeben, und erläutern an Praxisbeispielen, wie sich Unternehmen bereits anpassen. Kapitel 8 zeigt, wie Unternehmen ihre Strukturen und Prozesse anpassen, um den digitalen Kalten Krieg zu überstehen. Spoiler Alert: Es reicht nicht, dass der CEO nach Davos reist und die Kommunikationsabteilung »talking points« zur Geopolitik vorbereitet. Notwendig ist eine umfassende Revision aller Unternehmensteile: von der Produktentwicklung über das Lieferkettenmanagement, die IT-Infrastruktur bis hin zum Marketing. Auf Grundlage des Konzepts der »Enterprise Business Capabilities« werden wir auch hier konkrete Best Practices des geopolitischen Muskelaufbaus teilen. Das neunte Kapitel fokussiert auf das komplizierte Thema des Risikomanagements für Lieferketten.

Zum Schluss fassen wir die Kernelemente aus Managementsicht zusammen: Kapitel 10 präsentiert die zehn wichtigsten Schritte, die Unternehmen gehen müssen, um Geopolitik besser zu managen.

Auf in die neue Welt

Und was wurde aus Elmos?

Nach dem Verbot der Veräußerung an ein chinesisches Unternehmen versucht das Management, die Idee des »Fabless«-Halbleiterunternehmens in anderer Form umzusetzen. Ein gutes halbes Jahr nach der Intervention des Wirtschaftsministeriums findet sich ein neuer Käufer. Das Fab in Dortmund wird im Juni 2023 an das amerikanische Unternehmen Littelfuse mit Stammsitz in Chicago verkauft. Also Amerikaner statt Chinesen. Ende gut, alles gut? Im Winter 2024/2025 kündigt sich ein wilder Handelskrieg zwischen den USA und Europa an. Präsident Donald Trump scheint es vor allem darauf anzulegen, enge Verbündete unter Druck zu setzen. Nach den Zollankündigungen für Importe aus Mexiko und Kanada richten sich die Drohungen auf Europa. Gleichzeitig mischt sich Vizepräsident Vance in die deutsche Innenpolitik ein und gibt eine Wahlempfehlung für die AfD ab. Der neu gewählte Bundeskanzler Friedrich Merz – lange Vorsitzender des Netzwerks Atlantikbrücke und ein ausgewiesener Transatlantiker – verkündet in einem Interview am Abend der Bundestagswahl, Europa müsse sich so schnell wie möglich unabhängig machen von den USA.[7]

War die Veräußerung von Elmos an ein amerikanisches Unternehmen also klug? War die Intervention beim Verkauf an ein chinesisches Unternehmen dann gerechtfertigt? Wie hoch sind eigentlich die geopolitischen Risiken im Falle eines Fabs, das ziemlich einfache Halbleiter produziert? Wäre eine politische Intervention beim Kauf durch Littelfuse dann ebenfalls angebracht gewesen? Welche Auswirkungen haben solche Interventionen langfristig auf das Investitionsklima? Auch die Politik hat jede Menge komplizierte Fragen zu beantworten. Unternehmen sind derweil Spielball der Geopolitik und zugleich Akteure in einem neuen Risikospiel.

Die alte Weltordnung ist nicht mehr da, und die neue ist noch sehr schwer zu lesen. Aber die ersten Wegweiser bilden sich gerade heraus. Jetzt gilt es, gut zu beobachten und schnell zu lernen. Machen wir uns auf den Weg.

02 WANDEL

Was ist schon normal? Die normative Kraft des unipolaren Moments

Thomas Bagger gehört zu Deutschlands Top-Diplomaten. Geboren 1965 in Lüneburg, Studium in München, 1992 Promotion zum Thema »›Strategische Technologien‹, internationale Wirtschaftskonkurrenz und staatliche Intervention. Eine Analyse der Entwicklungen und Widersprüche am Beispiel der Halbleiterindustrie«. 1992 tritt er die Diplomatenlaufbahn an, von 2023 bis 2025 ist er Staatssekretär im Auswärtigen Amt, nun neuer Botschafter in Rom. Bagger gilt als Vordenker deutscher Außenpolitik. 2019 veröffentlichte er in der Fachzeitschrift *Washington Quarterly* einen viel beachteten Artikel mit dem Titel »The World According to Germany«.[8] Seine Diagnose: Deutschland ist unfähig, die Welt so zu erkennen, wie sie ist, und darauf aufbauend eine pragmatische Außenpolitik zu definieren. Als Hauptgrund identifiziert er zwei eng miteinander verwobene Irrtümer. Zum einen herrsche die Vorstellung einer linearen Entwicklung hin zur Ausbreitung parlamentarischer Demokratien. Zum anderen neigten viele hierzulande »zur Universalisierung unserer in Wahrheit einzigartigen deutschen historischen Erfahrung«. Wir hatten Glück. »Das geeinte Deutschland ist das Ergebnis eines friedlich gelösten Weltkonflikts. Wir aber neigen gern dazu, diese historisch fast singuläre Erfahrung zur Blaupause für andere zu erheben.«[9] Kaum jemand hat die Weltfremdheit der deutschen Außenpolitik so treffend auf den Punkt gebracht wie Bagger.

Der Diplomat mit ungewöhnlich klarer Sprache weist zudem auf eine besondere Selbsttäuschung mit Tendenz zur Selbstüberhöhung hin: Deutschland sei fest davon überzeugt, dass das Ende des Kalten Krieges und die Wiedervereinigung das »normative Normal« sind, nach dem die Welt strebt. Die Überwindung geopolitischer Konflikte und das Erreichen nationaler Selbstbestimmung – gekoppelt mit der wunderbaren Welt des Freihandels –, das ist aus deutscher Sicht das erstrebenswerte Normal. Wenn uns die Welt dann noch für diese Haltung liebt – »Die Welt zu Gast bei Freunden!« –, fühlen wir uns endgültig angekommen in einer neuen, besseren Weltordnung. Müsste eine Werbeagentur einen Slogan entwickeln, der die deutsche Befindlichkeit in Bezug zum Rest der Welt zusammenfasst, »Mehr Sommermärchen wagen!« wäre eine sehr ehrliche Option.

Globalisierungsoptimierer: Unternehmen als »Globally Integrated Enterprise«

Eine gewisse Nostalgie ist aber nicht nur der Politik eigen. Auch Unternehmen hängen der guten alten Zeit des unipolaren Moments nach. Unternehmen erleben nach 1990 ihr eigenes, langes »Sommermärchen«. Insbesondere die deutsche Wirtschaft hat die Gunst der unipolaren Stunde besser genutzt als die meisten Wettbewerber. Die vielen mittelständischen »Hidden Champions« positionierten sich geschickt als Freunde zu Gast in der Welt, als sich nach dem Wegfall der geopolitischen Spaltung der Welt die Chance dazu ergab. Wenn schon nicht im Fußball Weltmeister, dann doch lange Zeit im Export.

Der Erfinder des Begriffs »Hidden Champions«, der Unternehmensberater Hermann Simon, sagt uns in einem Interview: »Im Rückblick erscheint uns vieles als selbstverständlich – aber dass es ausgerechnet die mittelständischen deutschen Unternehmen sind, die insbesondere Anfang des 21. Jahrhunderts die Weltmärkte erobern, ist schon beeindruckend. Wie kommt es, dass ein Unternehmen von der Schwäbischen Alb den China-Markt knackt, während Konkurrenten aus dem Ausland daran scheitern? Wir lächeln oft über unsere angebliche Provinzialität – die Hidden Champions erzählen eine andere Geschichte.«

Viele deutsche Unternehmen der Neunzigerjahre sind radikale Pragmatiker. Die Welt nach 1990 haben sie nicht geschaffen, aber sie haben die Chance erkannt und gehandelt. Die Blaupause für die global agierenden Unternehmen des unipolaren Moments hat der langjährige CEO von IBM, Sam Palmisano, in einem Artikel für das Magazin *Foreign Affairs* im Jahr 2006 entworfen: das »Globally Integrated Enterprise« (GIE). Palmisano beschreibt eine Organisation, die ihre Wertschöpfungskette global optimiert hat. Weder »Geo« (der Raum) noch »Politik« (Staatsgrenzen) spielen in diesem Modell eine Rolle. Die unterschiedlichen Teile eines Unternehmens werden durch digitale Netzwerke miteinander verbunden, die Kommunikation in Echtzeit ermöglichen. Ein deutsches Unternehmen aus Walldorf mit dem eleganten Namen »Systemanalyse Programmentwicklung« – die SAP – spielt hier eine wichtige Rolle. Mit »R/3« erfinden die Programmierer aus Walldorf die Unternehmenssoftware neu. Bislang war Enterprise-Resource-Planning-(ERP)-Software an sogenannte Mainframe-Computer gebunden – unhandliche und teure Maschinen. R/3 läuft auf Client-Server-Architekturen und ist wesentlich flexibler. Die SAP ermöglicht es Unternehmen, ihre zunehmend komplexeren Prozesse rund um den Globus – idealerweise in Echtzeit – zu managen. Das Timing ist perfekt: Der Launch findet zwei Jahre nach der Wiedervereinigung statt. Basierend auf diesen neuen Software-Tools werden Unternehmen mehr und mehr zu Globalisierungsoptimierern. Ihr wichtigstes Ziel ist die Skalierung. Am besten verkaufen Marketing und Sales ein einheitliches Produkt weltweit. Bei Palmisano liest sich das so:

»Das GIE ist ein Unternehmen, das seine Strategie, sein Management und seine Prozesse an einem neuen Ziel ausrichtet: die globale Integration der Produktions- und Wertschöpfungsketten. Staatsgrenzen definieren nicht mehr die Grenzen unternehmerischen Denkens oder Handelns.«[10]

Eine besondere Rolle bei der Entwicklung des GIE kommt der Öffnung Chinas zu. Schauen wir zurück auf den März 2000. Die zweite Amtszeit des US-Präsidenten Bill Clinton neigt sich dem Ende zu. Höchste Zeit, sein »Meilenstein-Projekt« über die Ziellinie zu bringen: China soll Mitglied in der Welthandelsorganisation WTO werden. Das ist in den USA umstritten – von links kommt konstante Kritik wegen der Menschenrechtsverletzungen in China, im rechten Spektrum mag man keine »Deals« mit Kommunisten. Clinton sucht die Offensive. In einer Rede an der Johns-Hopkins-Universität in Washington wirbt er für seinen US–China Relations Act – ein Gesetz, das die Handelsbeziehungen zwischen den USA und China »normalisieren« soll. »Wirtschaftlich wird dieses Abkommen eine Einbahnstraße sein«, verspricht Clinton. »Zum ersten Mal werden unsere Unternehmen in der Lage sein, in den USA hergestellte Waren direkt in China zu verkaufen, ohne dass die Produktion nach China verlagert, an die chinesische Regierung verkauft oder wertvolles Technologiewissen übertragen werden muss.«[11] Klingt gut, aber das ist für den scheidenden Präsidenten noch nicht alles. China, so die Hoffnung, werde sich durch die wirtschaftliche Öffnung grundlegend verändern und zu einer liberalen Demokratie werden. »Wandel durch Handel« ist keine deutsche Erfindung, auch wenn sie so schön klingt, dass sie Anglophone gerne auf Deutsch zitieren. Clinton denkt dabei vor allem an die positiven Effekte von Technologien: »Im neuen Jahrhundert wird die Freiheit sich mit Mobiltelefonen und Modems [sic] ausbreiten.«[12]

Bill Clinton hat Erfolg mit seiner China-Kampagne. Er überzeugt sogar viele Republikaner im Kongress. Ein Jahr später tritt China der WTO bei. Aus US-Sicht ist China auf dem Weg, dem »End of History«-Club beizutreten. Wirtschaftlich geht die Strategie ebenfalls auf. Eine Studie der London School of Economics belegt, dass der Handel mit China zwischen 2000 und 2007 die Kaufkraft eines jeden US-Haushalts um 1500 Dollar erhöht.[13] Chinas Exporte klettern von 266 Milliarden Dollar im Jahr 2001 auf 2,3 Billionen Dollar im Jahr 2015.[14] Globale Wertschöpfungsketten verändern sich in den Folgejahren rasant, insbesondere im Technologiesektor. Die WTO gibt 2017 bekannt, dass Exporte, die unter das Information Technology Agreement (ITA) fallen, von 549 Milliarden Dollar im Jahr 1996 auf 1,65 Billionen Dollar im Jahr 2015 angestiegen sind. So ungefähr hatte man sich die Integration Chinas in die Weltwirtschaft vorgestellt. Das neue »Normal« der Geo- und Handelspolitik scheint auf den ersten Blick ein wunderbares Mehrsummenspiel. Alle gewinnen.

Und Unternehmen drehen weiter an der GIE-Schraube: Es wird immer schwerer, diese Unternehmen zu lokalisieren. Zwar gibt es irgendwo noch ein »Headquarter«, dessen Standort die »Nationalität« des Unternehmens bestimmt. Doch Wertschöpfung findet global statt. Ansgar hat sieben Jahre für HP gearbeitet – am Hauptquartier in der Page Mill Road im kalifornischen Palo Alto lässt sich der Wandel gut ablesen. Die alten Teile des Campus (gebaut auf Land, das der Stanford-Universität gehört) waren noch als Produktionshallen geplant – mit dem klassischen Sägezahndach, das eine gute Ausleuchtung garantiert. Managerbüros waren Teil der Produktionsfläche, die Produktentwickler schauten den Ingenieuren quasi über die Schulter. Heute stehen in den viel zu großen Hallen etwas verloren die mausgrauen »Cubicles«, in denen geplant und verwaltet wird. Die Produktion findet längst in China oder Vietnam statt – ausgeführt von Vertragsfirmen wie Foxconn.

Aber nicht nur die Produktion, selbst geistiges Eigentum wird vom GIE »global optimiert«. Unternehmen gehen mehr und mehr dazu über, ihr geistiges Eigentum dort zu lokalisieren, wo die wenigsten Steuern anfallen. Landesgesellschaften des Unternehmens, die Produkte und Dienstleistungen verkaufen, führen dann eine Abgabe für das genutzte geistige Eigentum ab, sodass viele Gewinne des Unternehmens in jenem Land mit dem geringeren Steuersatz verbucht werden (warum das relevant ist, werden wir später sehen).

Das GIE ist die unternehmerische Umsetzung von Francis Fukuyamas These vom »Ende der Geschichte«. In diesem Denkmuster sind erfolgreiche internationale Unternehmen die Überlebenden des darwinistischen Wettbewerbs in globalen Märkten. Sie stehen an der Spitze der Nahrungskette wie der T-Rex in der späten Kreidezeit. Für diese T-Rex-Unternehmen ist es freilich ärgerlich, wenn sich das Klima wandelt. Oder gar Meteoriteneinschläge sprunghafte Klimaveränderungen hervorrufen.

Vom Sommermärchen zur geopolitischen Rezession

Treten wir einen Schritt zurück und betrachten die letzten Dekaden im größeren historischen Kontext, fällt vor allem eines auf: wie einzigartig und unwahrscheinlich sie waren. In der Politikwissenschaft gibt es im Kern zwei unterschiedliche Denkschulen. Die optimistische fußt auf dem Liberalismus und dem Glauben daran, dass – frei nach Martin Luther King –»der lange Bogen« der Geschichte in Richtung liberaler Demokratie verläuft. Der Philosoph Francis Fukuyama beschrieb dies nach 1990 in hegelianischer Logik als »das Ende der Geschichte«.[15] Nach Fukuyama haben wir nach dem Ende des Kalten Krieges eine Endstufe der historischen Entwicklung erreicht. Ein System hat sich endgültig als überlegen erwiesen. Von da an konvergieren alle Nationen zu liberalen Demokratien, die durch enge

Wirtschaftsbeziehungen miteinander verwoben sind. Ein Effekt dabei ist die globale Angleichung ökonomischer Chancen. Der *New York Times*-Kolumnist Thomas Friedman hat dies in der Formel »The World is Flat« kondensiert.[16]

Die pessimistische Position – basierend auf der Denkschule des Realismus – geht hingegen davon aus, dass ein grundsätzliches Problem der internationalen Beziehungen nicht überwunden werden kann: das sogenannte Sicherheitsdilemma. Da kein Staat wirklich sicher sein kann, dass ein Nachbar nicht doch lieber ganz »old school« auf Machtpolitik und Expansion setzt, bleibt nichts anderes übrig, als in die eigene nationale Sicherheit zu investieren, was wiederum vom Nachbarn als Risiko wahrgenommen wird und seinerseits zur Aufrüstung führt. In dieser Welt des Realismus gibt es nur bedingt Platz für Fortschritt und schon gar kein »Ende der Geschichte« – ganz im Gegenteil. Aufgrund des ungelösten Sicherheitsdilemmas wiederholt sich die Tragödie einer Misstrauensspirale immer und immer wieder. Aristoteles definierte eine Tragödie vor allem darüber, dass die Agierenden »schuldlos schuldig« seien. Es geht also nicht um Intentionen, sondern um Gesetzmäßigkeiten, denen man nicht entfliehen kann. Das ist die eiserne Logik des Gefangenendilemmas.

In den frühen Neunzigerjahren hatten die Liberalen, mit Fukuyama an der Spitze, den Zeitgeist auf ihrer Seite. Gaben ihnen die rasche Demokratisierung der osteuropäischen Staaten und die wirtschaftliche Entwicklung in Asien nicht vollumfänglich recht? Zu den wenigen »Spielverderbern« gehörte der konservative amerikanische Intellektuelle Charles Krauthammer. Er selbst bezeichnet sich tatsächlich nicht als Realist, sondern als Pessimist. Seine Eltern haben den Holocaust knapp überlebt – »Da erwartet man nicht allzuviel vom menschlichen Charakter«, sagt er 2005 in einem Interview mit dem TV-Sender C-SPAN.[17] Krauthammer prägte die These des »unipolaren Moments«. Diese besagt: Die globale Dominanz einer Supermacht und die damit verbundene Hegemonie eines bestimmten Entwicklungsmodells für Gesellschaften ist eine historische Anomalie, die keinen Bestand haben kann. Ergo ist ein Rückfall in die Logik des globalen geopolitischen Wettbewerbs unvermeidlich.[18] Wann? Unklar. Das »Ob« steht für ihn außer Frage.

Krauthammer behält früher recht, als viele es wahrhaben wollen. Der Politikberater Ian Bremmer spricht von einer »geopolitischen Rezession«, die das globale Sommermärchen beendet hat.[19]

DIE INTERNATIONALE ORDNUNG, POLARITÄT UND STABILITÄT

In der Politikwissenschaft wird der Zusammenhang zwischen Stabilität (im engeren Sinne heißt das vor allem: keine großflächigen kriegerischen Auseinandersetzungen) und der Struktur der internationalen Ordnung heiß diskutiert. Die Denkschule des Realismus geht davon aus, dass Unipolarität instabil ist und sich relativ schnell in ein bipolares oder multipolares System weiterentwickelt – auf diesen Annahmen beruht die Analyse von Charles Krauthammer.[20] Sind diese Systeme dann stabiler? Auch hier gehen die Meinungen auseinander. Wissenschaftler wie John Mearsheimer glauben, dass bipolare Systeme die stabilsten sind, während andere wie Henry Kissinger das Gleiche für die Multipolarität behaupten.[21] Da diese Fragen so umstritten sind, spielt die Interpretation historischer Beispiele im Moment eine zentrale Rolle in der öffentlichen Debatte: War der Erste Weltkrieg Folge der Instabilität des multipolaren Systems des »Konzerts der Großmächte« im 19. Jahrhundert?

Oder war es der Zusammenbruch dieses Konzerts nach dem Krimkrieg 1853–1856, der letztendlich die Instabilität verursachte?[22] Eindeutige Antworten bietet die Geschichte nicht – aber wo, wenn nicht hier, sollten wir nach Mustern suchen, die uns bei der Interpretation der neuen geopolitischen Dynamiken helfen?

Polykrise statt »große Konvergenz«

Wie in der Geophysik der Erdatmosphäre verändert sich auch geopolitisches Klima zunächst schleichend und bewegt sich dann immer schneller auf Kipppunkte zu. Der Prozess beginnt kurz nach Bill Clintons großer WTO-China-Umarmung in den USA. Außenpolitische Abenteuer der USA im Irak und in Afghanistan als Reaktion auf die Anschläge vom 11. September 2001 führen zu einer tiefen Spaltung der konservativen Republikanischen Partei. Auf der einen Seite kämpfen die »Neocons« weiter für den Export des amerikanischen Systems. Auf der anderen Seite gewinnen Isolationisten und Populisten an Zuspruch, werden zum Nährboden für die »Tea Party« und ermöglichen dann auch den Aufstieg Donald Trumps. Die Finanzkrise 2008/2009 – verursacht durch die unkontrollierte, handwerklich katastrophale Liberalisierung des Kreditmarkts in den USA – erschüttert den Glauben an die Überlegenheit des Laissez-faire-Kapitalismus. Die tiefste Rezession seit 1923 vernichtet weltweit drei Billionen Dollar, die Arbeitslosigkeit in OECD-Staaten steigt innerhalb eines Jahres seit 2008 von 5,8 Prozent auf 8,9 Prozent.[23]

2008 ist es ausgerechnet die chinesische Regierung, die durch einen Verzicht des Verkaufs amerikanischer Anleihen den Finanzmarkt stabilisiert. Wirtschaftshistoriker mit Hang zur Ironie werden daran noch lange Freude haben. In den USA hinterlässt die Finanzkrise tiefe Spuren, besonders in der Altersversorgung der Mittelschicht, die bei vielen auf Investitionen in nun wertlosen Immobilien fußt. Die Folge: eine weitere Polarisierung im politischen System. Zwar erholt sich die amerikanische Wirtschaft relativ schnell, doch der Verlust an Wohlstand in der breiten Bevölkerung ist immens. Bis 2011 verlieren rund eine Million Amerikaner ihre Arbeitsplätze im für die Mittelschicht so wichtigen Fertigungssektor. Im selben Zeitraum steigt Chinas Anteil an der Wertschöpfung in diesem Segment von 4,1 Prozent 1991 auf 24,0 Prozent 2012 an.[24] Experten sind sich uneinig, ob die Jobverluste wirklich durch den WTO-Beitritt Chinas verursacht wurden oder doch eher durch strukturelle Veränderungen der amerikanischen Wirtschaft. Wie dem auch sei – die amerikanische Mittelschicht verliert in dieser Zeit Schritt für Schritt den Glauben daran, dass die Integration Chinas in die Weltwirtschaft eine gute Idee ist. Zu dieser Zeit spielte noch keine Rolle, ob die Verlagerung von Technologie-Wertschöpfungsketten auch Auswirkungen auf die nationale Sicherheit hat – noch nicht.

Digitale Technologien rücken nur fünf Jahre nach der Finanzkrise in den Fokus: Die Snowden-Affäre erschüttert das Vertrauen in die wichtigste Grundlage der Globalisierung. Im Juni 2013 sendet NSA-Auftragsarbeiter Edward Snowden Tausende vertrauliche Dokumente an Journalisten.[25] Die Dokumente scheinen zu belegen, dass die CIA ihren Zugriff auf amerikanische IT-Unternehmen ausnutzt, um Kommunikationsdaten amerikanischer Bürger zu analysieren (vor allem Metadaten). Das berüchtigte »Prism«-Programm sammelt Daten von Internet Service Providern (ISPs) im großen Maßstab.

Obwohl viele Details unklar bleiben, wird durch die Snowden-Dokumente offenkundig: Die angeblich neutralen und unabhängigen Technologien, auf denen die Digitalisierung der Wirtschaft beruht, können zu einem US-amerikanischen Powertool werden. Bei den amerikanischen Geheimdiensten kursiert hierfür der Begriff des »home turf advantage« – ein Heimvorteil. Abraham Newman und Henry Farrell, zwei Politikwissenschaftler aus den USA, nennen es das »Underground Empire« der USA.[26] Vor allem bei den geopolitischen Verbündeten der USA löst die Snowden-Affäre ungläubiges Staunen aus. In Europa beginnt die Debatte über »technologische Souveränität«. Als Hauptrisiko wird dabei wohlgemerkt der engste Verbündete, die USA, gesehen und nicht etwa China. Die europäische Datenschutz-Grundverordnung (2016) sähe wohl ohne die Snowden-Affäre ganz anders aus. Die bittere Ironie: Der dogmatische Datenschutz wird zur Fessel digitaler Innovation in Europa und verhindert so die angestrebte Souveränität. Zugleich ist die Snowden-Affäre für US-Tech-Unternehmen ein Desaster – der unternehmensnahe Thinktank ITIF schätzt die Kosten alleine für US-Cloud-Provider auf 21,5 bis 35 Milliarden Dollar.[27]

Der »Tipping Point« in der globalen Wahrnehmung der Integration Chinas in die Weltmärkte ist – welch Ironie! – ein Akt der Transparenz seitens Chinas. 2015 veröffentlicht die chinesische Regierung ihre »Made in China 2025«-Strategie (MiC 2025). MiC 2025 beschreibt, wie China wachsen möchte. Dass die chinesische Regierung beziehungsweise die Kommunistische Partei Chinas (KPC) gerne an Plänen arbeitet, war dabei keine Überraschung. Offiziell war MiC 2025 Teil des dreizehnten und vierzehnten Fünfjahresplans der KPC. Mit MiC 2025 kopierte die KPC das »Playbook« der asiatischen Tigerstaaten, die in den Achtziger- und Neunzigerjahren das »Hochklettern« in der Wertschöpfungskette perfektioniert hatten. Die Devise lautet: Vom »Workshop« der Welt hin zu führenden Technologieunternehmen. Im Fokus stehen dabei strategische Sektoren wie IT, Robotik, Weltraumtechnologie, neue Werkstoffe oder Elektrofahrzeuge. Während MiC 2025 hier noch recht vage blieb, legten die Folgedokumente wie »Made in China 2025 Key Area Technology Roadmap« konkrete Ziele fest, zum Beispiel eine Erhöhung der chinesischen Produktion im Bereich wichtiger Rohstoffe um 40 Prozent bis 2020 und 70 Prozent bis 2025.[28] Für jeden der identifizierten Sektoren wurden direkt auch »Führungsunternehmen« bestimmt – zum Beispiel Tencent und Alibaba für E-Commerce, DJI für künstliche Intelligenz und Drohnen oder SMIC für den Halbleiterbereich. Ebenso durften sich die Provinzen als Kompetenzcluster »bewerben«. Die finanziellen Mittel, um diese Ziele zu erreichen, sind erheblich – wie viel genau, ist umstritten. Seriöse Schätzungen gehen von rund einer halben Billion Dollar aus.[29]

MiC 2025 enthielt aus Expertensicht zwar keine riesigen Überraschungen, dennoch war das weltweite Echo deutlich größer, als es sich die Autoren wohl gewünscht hätten. Einer der Ersten, der auf die Sprengkraft der Ambitionen Chinas hinweist, ist Jörg Wuttke, BASFs Mann in China und langjähriger Vorsitzender der europäischen Handelskammer in China. Wuttke ist ein Insider, kennt die chinesische Führungsriege und weiß um die sich verändernde Lage für internationale Unternehmen. Wir sprechen mit Wuttke inmitten seines Umzuges von Beijing nach Washington, wo er nun als geopolitischer Berater arbeitet. Im Interview stellt er rückblickend fest: »Eigentlich haben uns die Chinesen mit MiC 2025 einen Gefallen getan – sie haben uns sehr genau gesagt, was sie vorhaben. Das Dumme war nur, dass wir das nicht ernst genug genommen haben.«

Nach der Krise ist vor der Krise: Trump, Corona, Ukraine … Taiwan?

Finanzmarktkrise und Snowden-Affäre allein wären für die Globalisierung wahrscheinlich verkraftbar gewesen, wenn danach eine Zeit der Stabilisierung eingesetzt hätte. Stattdessen folgen die nächsten Krisen Schlag auf Schlag. Geopolitische Beobachter sprechen von einer »Polykrise«.[30] 2017 wird Donald Trump zum ersten Mal zum US-Präsidenten gewählt. Es folgt seine erste große Attacke auf das Freihandelssystem, das die USA wie keine andere Nation geprägt haben.

Der Angriff startet am 1. März 2018. Trump verkündet Importzölle für Stahl und Aluminium. Zwar sind zunächst nur 2 Prozent aller Importe in die USA betroffen, doch die Botschaft ist klar: Die Zeit des Freihandels ist vorbei. Wichtig zu beachten ist die Begründung für diese Zölle. Sie basieren auf Sektion 232 des Trade Expansion Act, der dem US-Präsidenten das Recht auf Zollerhebung einräumt, wenn Importe die nationale Sicherheit der USA gefährden. Sektion 232 war eigentlich ein Zombieparagraf, der seit der Gründung der WTO 1994 nie zur Anwendung kam. Aus gutem Grund: In der Handelspolitik war bis dato Konsens, dass die Erhebung von Zöllen unter Berufung auf nationale Sicherheit ein »slippery slope« ist, der das ganze System ins Rutschen bringen kann. Im GATT-Vertrag der WTO erlaubt Artikel XXI zwar sicherheitspolitische Ausnahmen. Hier wurden aber in der Vergangenheit – auf Druck der USA – sehr hohe Maßstäbe angelegt. Der letzte XXI-Fall wurde 1975 verhandelt (es ging um Gummistiefel!).[31] Mit Trump kam dann schon früh in seiner ersten Amtszeit die radikale Handelswende. Das Paradigma Trumps lautet: »Nationale Sicherheit schlägt Freihandel. Und was nationale Sicherheit ist, bestimme ich!«

Seit Frühjahr 2025 dürfte auch dem letzten internationalen Handelspolitiker klar sein: Trump glaubt wirklich an Zölle, auch wenn die klügsten US-Ökonomen die kurzfristigen Schäden und langfristigen Risiken berechnen und benennen können. Für ihn sind sie das Mittel der Wahl, um die aus seiner Sicht ungerechten Handelspraktiken anderer Nationen zu bestrafen. Sein Maßstab ist die Handelsbilanz – also das Verhältnis zwischen Importen und Exporten. Hier ging die Schere in den Jahren der Globalisierung deutlich auseinander: 1992 betrug das Defizit circa 40 Milliarden Dollar, 2014 waren es 917 Milliarden.[32] Die große Mehrheit der Experten hält den Importüberschuss in den USA für unproblematisch, heute wie in Trumps erster Amtszeit. Ökonomen können es kaum glauben, dass ein US-Präsident die Handelspolitik nach der Handelsbilanz ausrichtet.

Doch es geht um mehr als nur Zölle, auch wenn die im Moment die Schlagzeilen beherrschen: Trump schneidet im Laufe seiner ersten Amtszeit Huawei von amerikanischen Technologieprodukten ab und leitet ein Verbotsverfahren gegen die chinesische Social-Media-Plattform TikTok ein. Sein Nachfolger Joe Biden beschleunigt diesen Kurs der »Versicherheitlichung« von IT – weniger chaotisch als Trump, aber nicht weniger radikal. Die Zeiten, in denen die Globalität digitaler Technologien als Zeichen der Stärke des liberalen Kapitalismus gilt, sind vorbei. Ab jetzt sind Eingriffe in IT-Wertschöpfungsketten ein Teil des geopolitischen Handwerkszeugs.

Der dritte Schockmoment ist die Coronapandemie, die im November 2019 ausbricht. Ansgar ist zufällig in Beijing, als erste Gerüchte über diese merkwürdige Grippewelle in Wuhan in chinesischen sozialen Medien auftauchen. Die Regierung reagiert, wie es China-Kenner erwarten, getreu dem Motto: Was nicht sein darf, kann auch nicht sein. Die KPC vertuscht erst mal. Erst Ende Dezember meldet China die Fälle bei der Weltgesundheitsorganisation. Der Gesundheitskrise folgt die Weltwirtschaftskrise. Für unseren Kontext von besonderer Bedeutung ist freilich: Eine Pandemie verstärkt die Globalisierungskrise. Denn der Zusammenbruch der über Jahrzehnte gewobenen globalen Lieferketten zeigt, dass dieses System zwar hocheffizient, aber eben nicht resilient ist. Vielen Unternehmen ist überhaupt nicht klar, von welchen Lieferanten sie im zweiten oder dritten Glied abhängig sind. Das geht dem Staat als Kunde genauso. Gesundheitsminister Jens Spahn weiß nicht, wo er Masken und Tests herbekommen soll. Kein Wunder, dass er und der Rest des Kabinetts hoffnungslos überfordert waren. Das letzte Mal, als sich reiche westliche Staaten ernsthaft mit Versorgungssicherheit auseinandergesetzt haben, war während des Kalten Krieges.

Die Pandemie legt auch in aller Deutlichkeit offen, wie schlecht das Verhältnis zwischen den USA und China ist. Eine gemeinsame Impfstrategie kommt nie zustande. Zum Vergleich: In den Hochzeiten des

Kalten Krieges konnten sich die UdSSR und die USA immerhin auf eine gemeinsame Polio-Impfstrategie einigen.[33] Während Corona werden die Impfstoffentwicklung und der Rollout von geopolitischem Gezänk begleitet.

Der vierte Schock ist die Invasion der Ukraine durch Russland. Am 24. Februar 2022 rollen die russischen Panzer in Richtung Kiew. Die warnenden Stimmen vor Putins Neoimperialismus werden viel zu lange ignoriert. »Unvorstellbar« ist ein großer Krieg im Zentrum Europas, selbst für ausgewiesene Experten. Zu tief haben alle den unipolaren Moment als den selbstverständlichen Kern der Weltordnung verinnerlicht. Aus europäischer Sicht besonders schockierend ist das Achselzucken vieler Staaten im »globalen Süden«: »Nicht unser Problem!« Es zeigt sich: Die Vision einer gemeinsamen Entwicklung in Richtung »regelbasierte Weltordnung«, in der gewaltsame Veränderungen von Grenzen nicht mehr vorkommen, war immer eine Wunschvorstellung – jetzt werden die Konsequenzen auch für Europäer greifbar.

Vertigo – Zehn Grafiken, die zeigen, wie sich die Welt verändert

Uns mag die Vorstellung nicht gefallen, aber wir sind Zuschauer und Akteure einer Zeitenwende. Die alte Ordnung ist untergegangen, die neue noch nicht geboren. In der Unternehmenspraxis fühlt sich eine geopolitische Zeitenwende nicht besonders gut an: Viele Gewissheiten gehen verloren, rasche Veränderungen zu verarbeiten, fällt schwer. Dieses Buch hat nicht den Anspruch, eine Zeitgeschichte der Globalisierungskrise zu schreiben. Stattdessen schlagen wir vor, das Tagesgeschehen im Kontext von drei wichtigen Trends zu sehen: erstens die langfristige Verschiebung der globalen geopolitischen Gewichte, zweitens die deutliche Beschleunigung der Globalisierung seit den Neunzigerjahren bis circa 2008 und die ebenso deutliche Abschwächung danach, letztere verursacht durch – drittens – einen politischen Wandel vom Globalismus zum Protektionismus. Zehn Grafiken verdeutlichen die radikalen Veränderungsprozesse der letzten drei Jahrzehnte im Zeitraffer.

»The big picture«: Säkularer relativer Abstieg der USA, der Aufstieg Chinas und die Verschiebung der globalen Gewichte

Die erste Statistik ist ein Lehrstück zum Thema historische Perspektive. Was ist »normal«? Das weltweite Bruttoinlandsprodukt (BIP) war im Jahr 1990 noch deutlich im »alten Westen« konzentriert. Über 50 Prozent entfielen auf die Länder der heutigen Europäischen Union und die Vereinigten Staaten. Dieser Anteil ist bis 2023 auf gut 43,5 Prozent gesunken. Im selben Zeitraum stieg der Anteil Chinas von circa 3,5 Prozent auf 16,7 Prozent.[34] Alles halb so wild? Erweitern wir den Betrachtungszeitraum, zeigt sich ein wesentlich dramatischeres – und

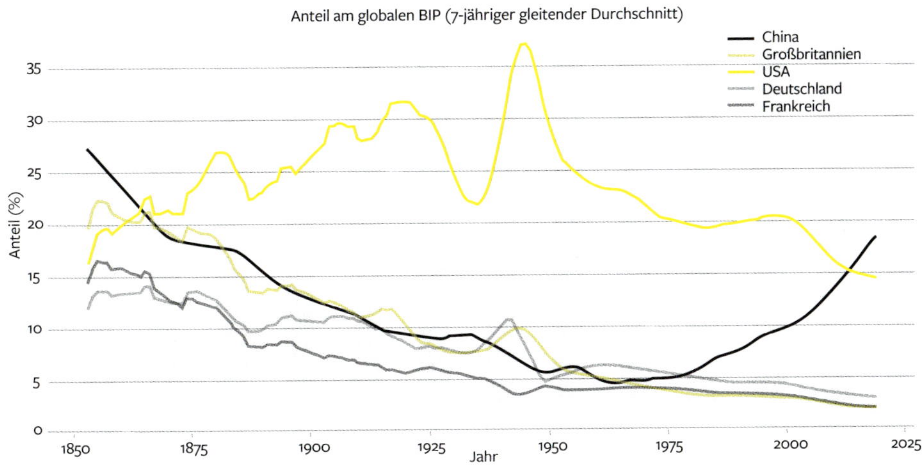

Grafik 1: Anteil ausgewählter Länder am globalen Bruttosozialprodukt 1850 bis 2024 (kaufkraftbereinigt, 7-jähriger gleitender Durchschnitt, in Prozent) (Bolt, van Zanden)[35]

interessanteres – Bild: Der Anteil der USA am globalen BIP (kaufkraftbereinigt) erreichte am Ende des Zweiten Weltkrieges seinen Höhepunkt (vgl. Grafik 1). Seitdem geht es im Grunde bergab. Auf Grundlage der gängigen Wechselkurse berechnet, sind die USA zwar immer noch die größte Volkswirtschaft der Welt. Kaufkraftbereinigt zog China aber Ende des letzten Jahrzehnts an den Vereinigten Staaten vorbei.[35]

Aus historischer Helikopterperspektive betrachtet, ist das wenig verwunderlich. 1945 lag die Welt in Trümmern, alle anderen Großmächte hatten sich komplett verausgabt. Der Historiker Paul Kennedy hat deswegen bereits in den Achtzigerjahren darauf hingewiesen, dass dieser US-Anteil von über 35 Prozent des globalen BIPs ein »künstliches« Hoch und den konkreten Umständen geschuldet war.[36] Und wie nach jedem »Sugar High« kommt anschließend unweigerlich die Normalisierung – sprich ein Rückgang. Eine These, für die Kennedy damals ordentlich Kritik einstecken musste (immerhin befand man sich noch im Kalten Krieg).

Das künstliche Hoch hat sich also in den letzten Jahrzehnten normalisiert. Für die USA und ihre globalen »commitments« ist dies nichtsdestotrotz ein schwieriger Prozess – im Grunde ist klar, dass ein »retrenchment« – also ein Zurückfahren des globalen Engagements – die politische Folge sein muss. So richtig passt das natürlich nicht mit dem Anspruch der »globalen Nummer eins« zusammen. Entsprechend schmerzhaft ist die außenpolitische Strategiefindung in den USA. Das neue Normal fühlt sich aus Sicht der USA wie eine Dauerkrise an. Trumps außenpolitische Aktivitäten könnte man also durchaus als Versuch interpretieren, die Quadratur des Kreises zu erreichen: Das großspurige Auftreten kaschiert einen Rückzug von der Rolle des »globalen Polizisten«. In Washington wird diese Rückzugsstrategie natürlich nicht so genannt – man bevorzugt den Begriff der »Priorisierung«.[37]

Und Deutschland? 1990 war die deutsche Volkswirtschaft viermal so groß wie die Chinas. 2007 waren sie gleich groß. 2025 ist Chinas

Volkswirtschaft rund viermal so groß wie die deutsche, kaufkraftbereinigt gar sechsmal.

Doch die Geschichte hinter der blauen Kurve in Grafik 1 ist mehr als nur ein Zurück zu altem Glanz. Sie ist eine der dramatischsten Entwicklungen der Wirtschaftsgeschichte. Deutlich wird das am Urbanisierungsgrad – einem der wichtigen Indikatoren für die wirtschaftliche Entwicklung einer Gesellschaft: 80 Prozent des Wirtschaftswachstums werden in Städten erzeugt.[38] 1990 lebten nur knapp 26 Prozent der 1,135 Milliarden Chinesen in Städten (England überschritt diesen Wert bereits um 1800, Deutschland um 1890). Heute leben bereits 67 Prozent der 1,411 Milliarden Chinesen in Städten (vgl. Grafik 2). Garantiert: Sie (und wir) werden nur wenige Namen der 125 Millionenstädte Chinas kennen. In ganz Europa gibt es 35 Städte dieser Kategorie. Wer in China in den letzten Jahrzehnten unterwegs war, wird

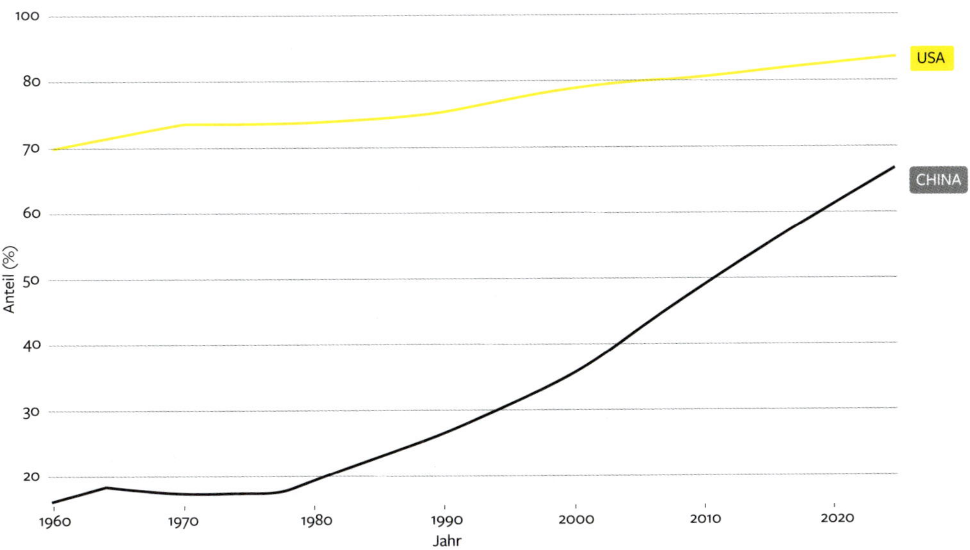

Grafik 2: Urbanisierungsgrad in den USA und China im Vergleich von 1960 bis 2023 (Weltbank)[39]

von dem für uns Europäer unfassbaren Wandel berichten können. Es ist schwer greifbar, wie eine Gesellschaft funktioniert, die Millionenstädte in Serie aus dem Boden stampft.

Wenden wir uns der Wirtschaft zu. Im Jahr 2000 stammen acht der zehn größten Unternehmen aus den USA, Japan oder Deutschland. 2024 sind schon drei chinesische Firmen dabei. Bei den größten zweihundert Unternehmen ist die Entwicklung noch dramatischer – 2018 stellt China sogar kurzzeitig mehr Unternehmen in dieser Statistik als die USA (vgl. Grafik 3).[40] Bis auf Walmart ist übrigens keines der Top-10-Unternehmen von 2000 noch in der Liste von 2024 vertreten. Lag damals der Fokus noch stark in der Automobilbranche, dominieren 2024 Ölkonzerne, Unternehmen der Gesundheitsbranche, Onlinehandel und Tech.

Wenig überraschend zeigen die Handelsstatistiken ähnlich dramatische Veränderungen auf wie Grafik 3. Im Jahr 2000 sind die USA der größere Handelspartner fast jeden Staates im Vergleich zu China. 2024 ist dies China – mit Ausnahme einiger Länder in Europa und Mittel- und Nordamerika (vgl. Grafik 4). Allein zwischen 2018 und 2023 ist der Handel zwischen China und den ASEAN-Staaten um über 65 Prozent und mit Russland sogar um über 125 Prozent gestiegen.[41]

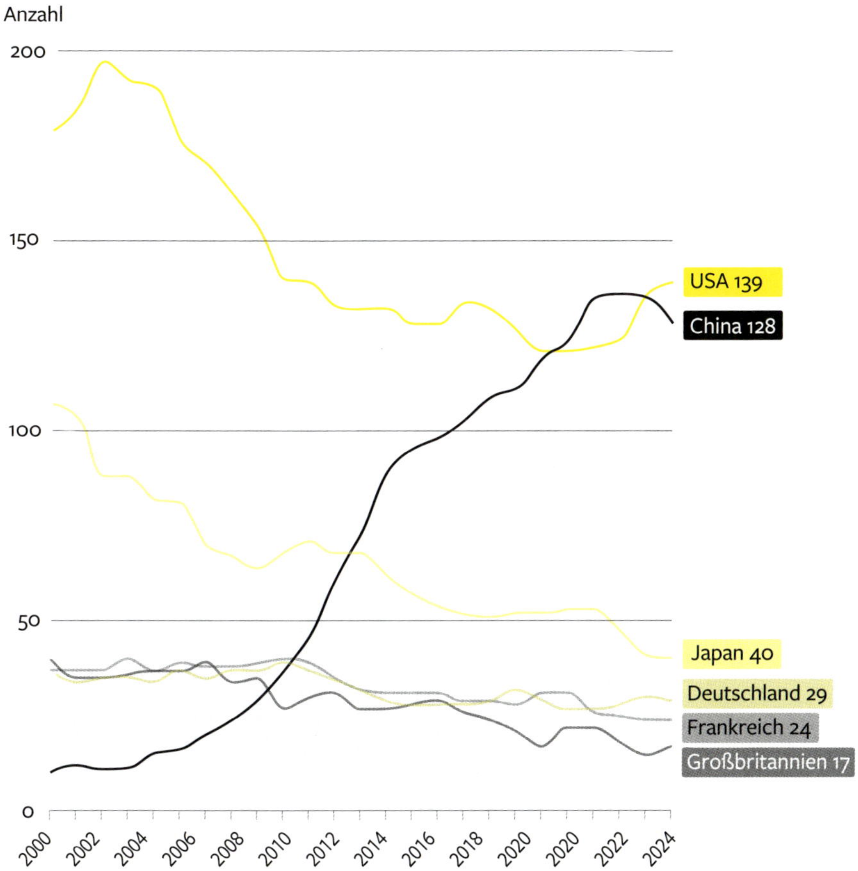

Grafik 3: Fortune-500-Global-Unternehmen von 2000 bis 2024 in ausgewählten Ländern (CSIS)[42]

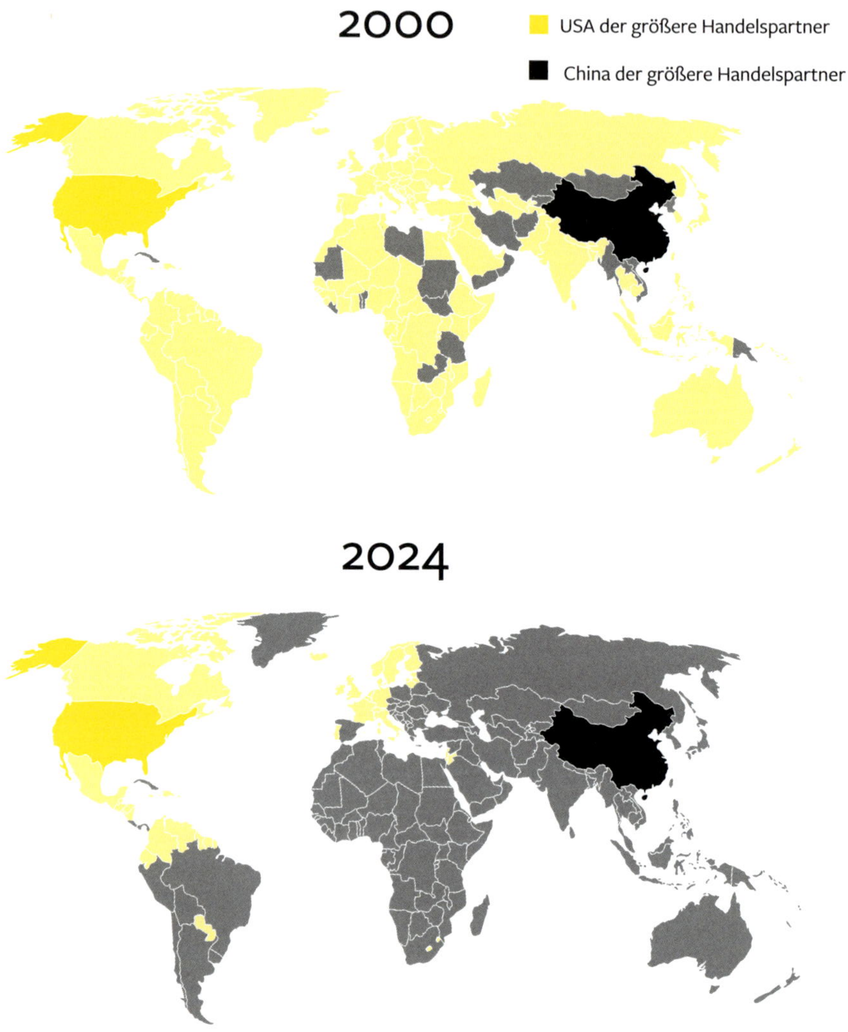

Grafik 4: China oder USA – wer ist der größere Handelspartner? 2000 und 2024 (Soltani/Venditti)[43]

Beschleunigte Globalisierung von 1990 bis 2008 und die anschließende Stagnation

Wer wie wir beiden Autoren seit den Neunzigerjahren Politik und Wirtschaft intensiv verfolgt, ist mit einer sich stetig stärker globalisierenden Welt groß geworden. Besonders deutlich zeigt sich dies in der Warenexportstatistik (vgl. Grafik 5). Von 1990 bis 2014 haben sich die weltweiten Warenexporte versechsfacht. Von 2015 bis heute sind sie zwar weiter gestiegen, allerdings nur um ein gutes Viertel.

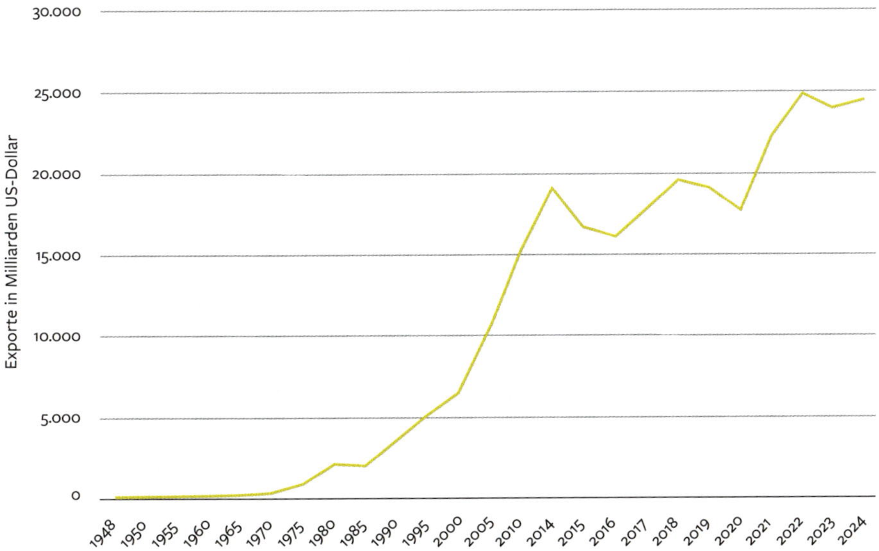

Grafik 5: Entwicklung der weltweiten Exporte im Warenhandel von 1948 bis 2024 (in Milliarden US-Dollar) (Statista)[44]

Ausländische Direktinvestitionen folgen dem gleichen Trend. Weltweit sind sowohl Abflüsse, also Investitionen von Inländern im Ausland, als auch Zuflüsse, also Investitionen von Ausländern im Inland, seit Anfang der Neunzigerjahre bis zur Finanzkrise 2008 durch die Decke gegangen. Anschließend zeigen sie ein ganz anderes Muster auf (vgl. Grafik 6).

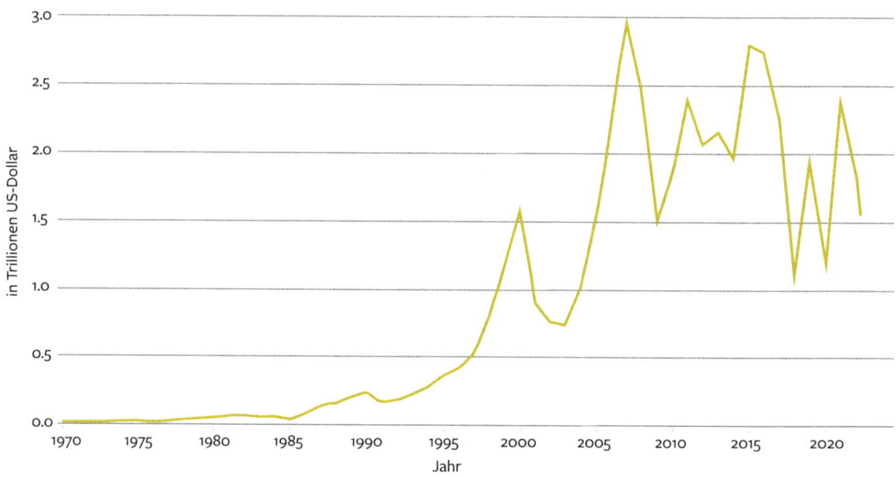

Grafik 6: Ausländische Direktinvestitionen (inflow) 1970 bis 2024 (in Trillionen US-Dollar) (World Bank Group)[45]

Geopolitisierung des Handels

Kreuzen wir die Handelsdaten mit den geopolitischen Entwicklungen, wird klar: Der internationale Handel regionalisiert sich. »Geopolitische Distanz« wird meistens über das Abstimmungsverhalten in der UN quantifiziert (gleiches Stimmverhalten wird hier als Indikator für große geopolitische Nähe interpretiert). Zwischen 1990 und 2012 stieg der Handel zwischen geopolitisch entfernten Staaten deutlich an (kongruent mit dem damals vorherrschenden »Wandel durch Handel«-Paradigma), stagnierte dann bis 2017 und geht seitdem deutlich zurück (vgl. Grafik 7).

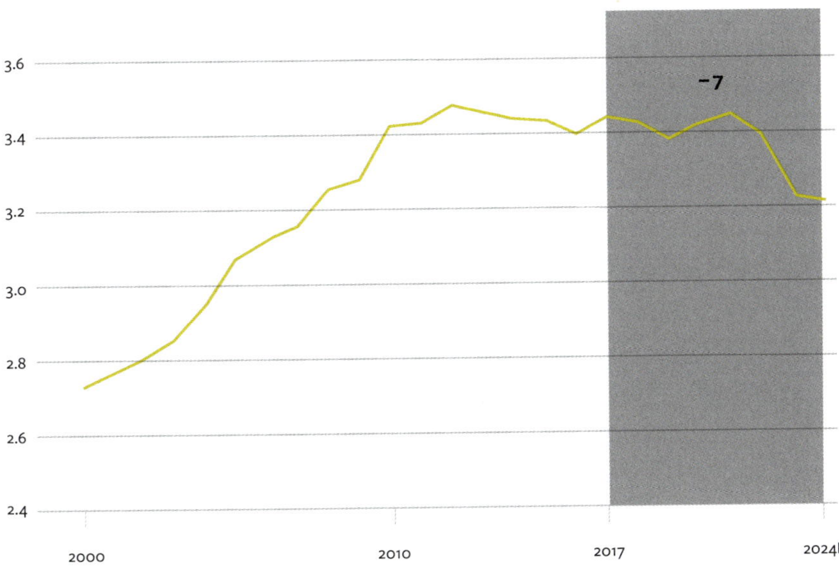

Grafik 7: Veränderung über geografische und geopolitische Distanz, die Güter aus verschiedenen Ländern zurücklegen (Skala 0–10, 2010 bis 2024) (McKinsey Global Institute)[46]

Staaten, die sich nicht fest an China oder die USA binden wollen, gehen allerdings einen anderen Weg: Bei Indien, Brasilien und den ASEAN-Staaten sind die Veränderungen minimal und zeigen zum Teil sogar Handel über größere geopolitische Distanz (vgl. Grafik 8). Hier zeigt sich die Strategie dieser sogenannten transaktionalen Staaten also auch in den Statistiken.

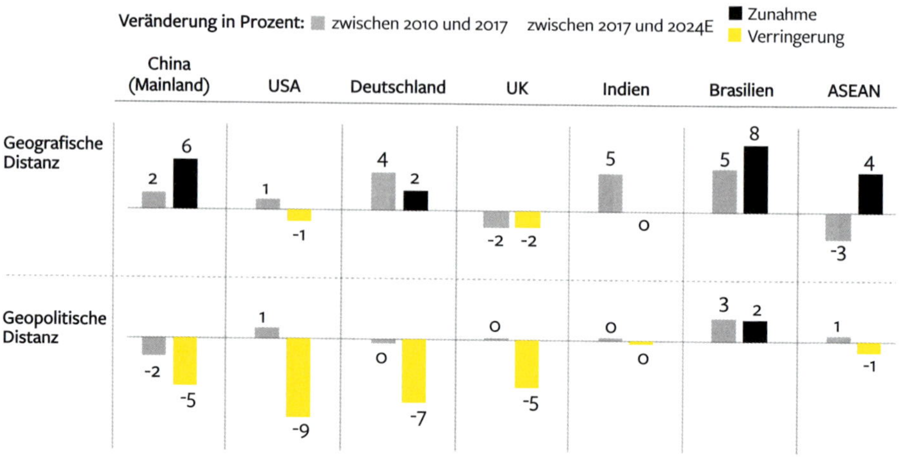

Grafik 8: Geografische versus geopolitische Distanz im internationalen Warenhandel (je höher der Wert, umso höher der Handel zwischen geopolitisch weiter entfernten Partnern) (McKinsey Global Institute)[47]

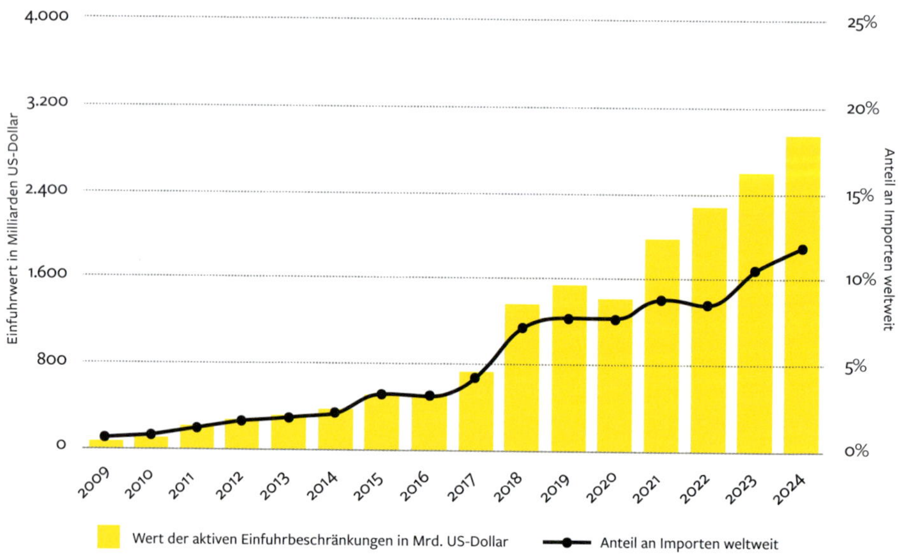

Grafik 9: Importbeschränkungen in Milliarden US-Dollar, 2009 bis 2024 (Statista)[48]

Ein wichtiges Steuerelement der geopolitischen Ausrichtung des Handels sind Handelshemmnisse: Importbeschränkungen steigen weltweit kontinuierlich an (vgl. Grafik 9). Mit der ersten Trump-Präsidentschaft ab 2017 beschleunigt sich der Trend deutlich.

Ein ähnliches Bild zeigt sich bei Exportrestriktionen für industrielle Rohstoffe (vgl. Grafik 10). Das Idealbild einer friktionslosen, integrierten Weltwirtschaft rückt also jedes Jahr in die weitere Ferne.

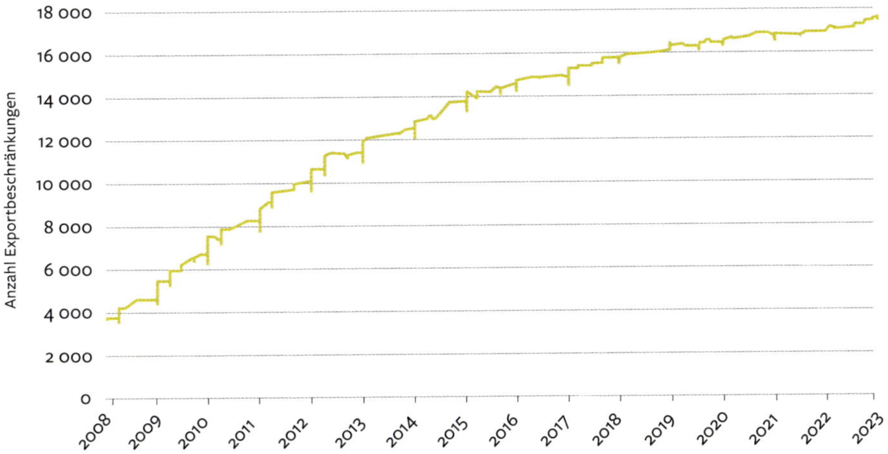

Grafik 10: Anzahl der Exportbeschränkungen für industrielle Rohstoffe von 2009 bis 2023 (OECD)[49]

Zusammenfassend heißt das: Die Welt hat sich zwischen 2000 und heute noch radikaler verändert, als uns oft bewusst ist. Zunächst erlebten wir den radikalen Anstieg der globalen Vernetzung, dann einen erheblichen Rückgang, verbunden mit einer Geopolitisierung.

Das Problem für Unternehmen ist: Wie transformieren sie ihre Unternehmensstruktur, die für das verlängerte Sommermärchen optimiert war, wenn dieses Sommermärchen endet? Die Antworten geben die folgenden acht Kapitel.

03 USA VS. CHINA: ANATOMIE EINES GROSSMACHT-WETTBEWERBS

Thukydides-Falle

»Es war der Aufstieg Athens und die Angst, die dies in Sparta auslöste, die den Krieg unvermeidlich machten.« So lautet einer der berühmtesten Sätze der Geschichtsschreibung. Es ist auch eine der genialsten Zusammenfassungen eines ganzen Buches – er steht auf der ersten Seite von Thukydides' Buch *Der Peloponnesische Krieg*.[50] Thukydides beschreibt die Auseinandersetzungen zwischen der dominierenden Macht der griechischen Welt, Sparta, und dem aufstrebenden Athen zwischen 431 und 404 vor unserer Zeitrechnung. Das Thema wäre eigentlich nur etwas für Geschichtsnerds, wenn Thukydides hier nicht erstmals ein grundlegendes Gesetz der Geopolitik formuliert hätte: Immer dann, wenn eine dominierende Macht (»Hegemon«) von einer aufstrebenden Macht herausgefordert wird, sind Kriege wahrscheinlich, wenn nicht gar unvermeidlich. Graham Allison, Politikwissenschaftler an der Harvard University, hat diese Hypothese die »Thukydides-Falle« genannt und empirisch untersucht. Allison belegt mit zahlreichen Beispielen, dass in einer neuen geopolitischen Konkurrenzsituation ein Krieg tatsächlich sehr wahrscheinlich ist. Genau genommen: In den letzten fünfhundert Jahren gab es sechzehnmal eine solche Situation, zwölfmal führte sie zu kriegerischen Auseinandersetzungen.[51] Der Erste Weltkrieg gehörte dazu.

So weit sind wir zum Glück noch nicht. Doch die Dynamik zwischen dem aktuellen Hegemon USA und dem Herausforderer China weist die beiden wichtigsten Elemente auf, die Thukydides benennt: Der Aufstieg einer neuen Macht ist objektiv gegeben, messbar und keine prahlerische Behauptung oder Selbstüberschätzung. Der erkennbare Machtzuwachs des Herausforderers löst bei der dominierenden Macht eine psychologische Reaktion aus. Der Hegemon ist stark verunsichert. Die Verunsicherung ist der eigentliche Grund, warum sich die Außenpolitik der USA in den letzten Jahren so radikal verändert hat. Washington ist in dieser Hinsicht kaum wiederzuerkennen. Die erste Präsidentschaft Trumps wurde viel zu lange als eine Art »Betriebsunfall« angesehen, nach dem sich die Lage wieder normalisieren sollte. Doch die Biden-Präsidentschaft hat gezeigt, dass Unsicherheit das neue Normal in Washington ist. Unter Trump II spitzt sich dieses neue Normal erneut zu. Eine »friedliche« Aufteilung der Welt unter Trump und Xi in Einflusssphären ist als Ausweg aus der aktuellen Thukydides-Falle zwar denkbar. Aber ist das wahrscheinlich?

Die aktuelle Lage ist so brisant, weil es beiden Seiten an »strategischer Empathie« fehlt. Sie verstehen nicht, wie der andere denkt, und können sich entsprechend auch immer weniger in die Lage des anderen versetzen und dessen Handlungen einordnen. Bei Allison gehen hier alle Alarmlampen an. Doch auch wenn wir, vorsichtig optimistisch, davon ausgehen, dass es bei einem Zweiten Kalten Krieg in einer Welt mit zwei Hegemonen bleibt, wird die Lage für Unternehmen mit globalen Wertschöpfungsketten und einer hohen Abhängigkeit von Produktion und Marktzugängen in den USA und China nicht einfacher. Zu allem Überfluss überschneiden sich die Interessenslinien zwischen Hegemon und Herausforderer genau dort, wo das wohl wichtigste Produktionscluster der Tech-Branche steht: in Taiwan. Treten wir aber zum besseren Verständnis zunächst einen Schritt zurück und blicken auf den Anfang des ersten Kalten Krieges.

USA: Neuauflage des Containments – dieses Mal ohne Strategie und ohne Freunde?

Im Juli 1947 erscheint im Magazin *Foreign Affairs* ein Artikel mit dem Titel »The Sources of Soviet Conduct«.[52] In der Autorenzeile steht nur ein ominöses »X«. Das Stück wird einer der wichtigsten Texte des Kalten Krieges werden. Der anonyme Autor ist der US-Diplomat George F. Kennan. Der Text beschreibt kenntnisreich die Ziele sowjetischer Außenpolitik. Kennan schlägt eine Außenpolitik für die USA vor, die als »Containment« in die Geschichtsbücher eingehen sollte. Sie zielt auf »die langfristige, geduldige, aber feste und wachsame Eindämmung der expansiven Tendenzen Russlands«. Die Politik der USA gegenüber China gründet auf den gleichen Prämissen und verfolgt die gleichen Ziele. Kein Wunder also, dass viele in Washington von einem »neuen Kalten Krieg« sprechen.

Im Fokus des neuen Kalten Krieges stehen neben der Frage der Souveränität Taiwans und der damit verbundenen Frage des regionalen Hegemonialstatus Chinas vor allem Technologien. Ziel ist es, den Zugang Chinas zu Technologien und Daten zu erschweren, die als kritisch für die amerikanische Sicherheit angesehen werden, und zugleich sicherheitsrelevante Innovation in den USA zu beschleunigen und technische Dominanz zu sichern. In der Thinktank-Sprache Washingtons heißt dies »Tech Containment«.

Autor des Tech Containment der USA ist Jake Sullivan, Nationaler Sicherheitsberater unter Biden. 2022 stellt er sie anlässlich der Veröffentlichung der neuen Nationalen Sicherheitsstrategie (National Security Strategy – NSS)[53] der Öffentlichkeit vor. Die NSS beschreibt China als »Amerikas wichtigste geopolitische Herausforderung« und den »einzigen Herausforderer mit dem Willen, die internationale Ordnung zu verändern – und zunehmend auch den [...] Mitteln, dies zu tun«. Sullivan legt besonderen Wert auf die Rolle von Technologie-Exportkontrollen:

> »Bei den Exportkontrollen müssen wir das langjährige Konzept überdenken, relative Vorteile gegenüber Wettbewerbern in bestimmten Schlüsseltechnologien aufrechtzuerhalten. Zuvor hatten wir einen Ansatz mit gleitender Skala verfolgt, der besagte, dass wir nur ein paar Generationen voraus sein müssen. Das ist nicht die strategische Umgebung, in der wir uns heute befinden. Angesichts der grundlegenden Natur bestimmter Technologien, wie fortschrittlichen Logik- und Speicherchips, müssen wir einen so großen Vorsprung wie möglich aufrechterhalten.«[54]

Sullivan beschreibt die Strategie der Exportkontrollen als »small yard, high fence«. Das bedeutet: Er möchte einen Fokus auf einige wenige kritische Technologien legen, auf die China gar keinen Zugriff mehr haben soll.[55] Wie wir später in Kapitel 5 sehen werden, ist dies ein schwieriges Unterfangen.

Ein weiterer wichtiger Aspekt ist die Dringlichkeit. Sullivans Chef, Präsident Biden, argumentierte bereits 2020 – ebenfalls in einem Artikel in *Foreign Affairs* –, dass die USA endlich »tough on China« werden müssten: »Die USA können nicht einfach rumsitzen [...]. Die Zeit läuft gegen uns. Wir müssen die notwendigen Investitionen tätigen, um unsere globale Vorherrschaft zu sichern, bevor es zu spät ist.«[56]

Am Sullivan-Zitat sind zwei Aspekte besonders wichtig: Erstens beschreibt Sullivan eine 180-Grad-Wende der US-Strategie im geopolitischen Wettbewerb. Das wird deutlich, wenn man sich vergegenwärtigt, dass es eigentlich nur zwei Wege gibt, einen geopolitischen Wettbewerb zu gewinnen: Lauf entweder deutlich schneller als die anderen. Oder wirf dem Gegner Knüppel zwischen die Beine. In den beiden Jahrzehnten des unipolaren Moments waren die USA schnell und selbstbewusst. Und im freien Wettbewerb des Welthandels machten meist sie das Rennen. China stand bei Handel und Marktzugang nie im Verdacht, Meister der Herzen zu werden und den Fairplay-Pokal gewinnen zu wollen, hat aber spätestens seit Ende der Neunzigerjahre wirtschaftlich und technologisch an Tempo gewonnen. Als Reaktion packten die USA an den Schnittstellen von Geopolitik, Business und Technologie zunehmend die Knüppel aus.

Zweitens beschreibt Sullivan eine hohe Dringlichkeit. Die erklärt sich vor allem mit der Situation in Taiwan. Wenn man mit Politikern und ihren Beratern in Washington spricht, wird immer wieder auf das Jahr 2027 hingewiesen. Bis dann, so glauben viele, wird China eine militärische Invasion in Taiwan versuchen. Diese Annahme geht auf »War Games« zurück, die in Washington um 2020 herum in Mode waren. Die Bedeutung dieses angenommenen Zeitpunkts der Eskalation ist nicht zu überschätzen – viele Maßnahmen der USA bezüglich China, insbesondere unter der Biden-Administration, können als »präventives Krisenmanagement« für 2027 interpretiert werden. Entsprechend fließen auch 2025 viele Milliarden staatliche Subventionen in die Chipproduktion in den USA – nach wie vor finanziert aus den Fördermitteln des »Inflation Reduction Act« (IRA). Das Ziel ist hier, die Abhängigkeit von Taiwans Halbleiterproduktion zu senken.

Doch es gibt einen gewichtigen Unterschied, wenn wir die aktuelle Politik der USA mit dem Containment des Kalten Krieges vergleichen – und der betrifft Europa unmittelbar. War es im Kalten Krieg oberste Priorität, dieses Containment durch den engen Schulterschluss mit Alliierten zu erreichen, scheint dies heute keine Priorität mehr zu sein. Selbst unter Biden haben sich die USA damit schwergetan. Der erwähnte Sicherheitsberater Sullivan versuchte es noch mit einem etwas schiefen Bild zu erklären: Die USA seien an Partnerschaften interessiert, deren Struktur eher an die Gebäude des Architekten Frank Gehry erinnert als an das klassische Parthenon in Athen[57] – was meinte er wohl damit? Spätestens mit der zweiten Trump-Amtszeit – sie beginnt mit Drohungen gegen Kanada, Mexiko und Europa – ist klar, dass den USA das Konzept für eine internationale Allianz verloren gegangen ist. Winston Churchill hat einmal gesagt: »Es gibt nur eine Sache, die schlimmer ist, als im Verbund mit Alliierten zu kämpfen: ohne Alliierte zu kämpfen.« Man wünscht sich, Churchills Worte würden in Washington ernster genommen.

Was würde George F. Kennan zur aktuellen China-Strategie der USA sagen? Wahrscheinlich wäre er wenig begeistert. Kennan bereute im Nachhinein seine Containment-Politik (siehe Infokasten). Wir glauben, dass Kennan sich insbesondere Sorgen über das »Framing« der Taiwan-Szenarien Sorgen machen würde. Beunruhigend ist vor allem, dass viele Unterstützer einer neuen Containment-Politik die Taiwan-Invasion in den kommenden Jahren als nahezu zwingende Entwicklung ansehen. Dieser einseitige Blick auf Chinas Außenpolitik basiert auf nebulösen Annahmen. Zwar hat Präsident Xi intern das Ziel ausgegeben, bis 2027 die Fähigkeiten zu einer Invasion zu entwickeln. Eine Fähigkeit ist aber nun mal etwas anderes als eine Intention. Zum Vergleich: Die USA haben die offizielle Sicherheitsdoktrin, militärische Fähigkeiten für zwei gleichzeitig stattfindende Konflikte irgendwo auf der Welt vorzuhalten. Dies als Intention zu interpretieren, wäre offensichtlich abwegig. Die gleiche Unterscheidung zwischen Fähigkeit und Intention sollten wir im Falle Taiwan treffen.

Kennan würde sicherlich eine Kernfrage stellen: Was wäre denn laut USA die genaue Rolle, die der politische, wirtschaftliche und technische Riese China in der zukünftigen Weltordnung spielen sollte? Wenn man in Washington danach fragt, erhält man nur wenige plausible Antworten. Eigentlich wissen die USA gar nicht, was sie von China wirklich wollen. Es ist demnach also kaum möglich, von einer

»China-Strategie« der USA zu sprechen. Im Moment sehen wir die Implementierung eines Plans – das Tech Containment – ohne strategisches Ziel.

KENNANS REUE

George F. Kennan verfügte nicht nur über herausragende Kenntnisse über sowjetische Machtdynamiken und politische Ziele des Kreml, er war auch von der russischen Kultur und Sprache fasziniert. Zu seinem Leidwesen wurde seine Containment-Strategie schon bald in eine Richtung weiterentwickelt, die er ablehnte: »Eindämmung« diente als Begründung für die »Domino-Theorie«, die davon ausging, dass der sowjetische Expansionismus »überall, gleichzeitig« eingedämmt werden muss. Das Resultat: Regionale Konflikte werden vorrangig durch die Brille des Großmacht-Wettbewerbs gesehen. Die USA und die Sowjetunion verzetteln sich fortan in zahlreichen Konflikten in der »Dritten Welt«. Beide Großmächte werden in Vietnam bzw. Afghanistan teures Lehrgeld bezahlen. Kennan entfremdet sich mehr und mehr vom Establishment in D.C. und stirbt als Außenseiter.[58] Die Geschichte des Containment enthält ein paar wichtige Lehren für die Zukunft: So sinnvoll eine eng gefasste Containment-Strategie war, so kontraproduktiv war sie in ihrer expansiven Abwandlung. Auch bei geopolitischen Strategien gilt: Es kommt auf das Maß an.

Make China Great Again

In seiner fünftausendjährigen Geschichte war China nahezu immer der »top dog« – also der regionale Hegemon in Südostasien. Die Zeiten, in denen das nicht der Fall war, haben sich in das chinesische kollektive Gedächtnis eingebrannt, darunter die anarchische »Zeit der Streitenden Reiche« (475 bis 221 vor unserer Zeitrechnung). Noch frischer in Erinnerung ist freilich das »Jahrhundert der Demütigung« (1839 bis 1949), in dem China zum Spielball kolonialer Mächte wurde. Der Verlust des Hegemonialstatus ist in China gedanklich immer eng verbunden mit Bürgerkrieg, Anarchie und Chaos. Dass in China eine große Mehrheit (1) die Notwendigkeit einer starken Zentralregierung als Voraussetzung für (2) Chinas natürlichen Anspruch auf die Rolle des »top dog« in der Region sieht, ist eine Folge historischer Erfahrung.

So unterschiedlich können die Sichtweisen sein: Während die USA den Aufstieg Chinas als Risiko für die »natürliche Weltordnung« sehen, wird letztere in China vor allem als historischer Unfall gesehen. Aus chinesischer Sicht ist es höchste Zeit, das Unrecht des Jahrhunderts der Demütigung zu beenden. Und technologisch führend war China in seiner langen Geschichte eigentlich auch so gut wie immer – die »vier großen Innovationen« (Papier, Druck, Schießpulver und der Kompass) kennt in China jedes Schulkind. Die Kommunistische Partei Chinas hat die enge Verbindung von Wissenschaft, Technologie und politischer Macht schon sehr früh erkannt. Mao Zedong formulierte bereits 1949 eine Art »techno-nationalistische Doktrin« der KPC mit dem Kerngedanken: China muss technologisch führend sein, um ein weiteres Zeitalter der Demütigung zu vermeiden. Wer über China und Technologie im Kontext eines geopolitischen Wettbewerbs spricht, sollte verstehen: Hier geht es um das historische Selbstverständnis des »top dog«. »Make China Great Again« klingt in chinesischen Ohren nicht provokativ – es ist so unstrittig, dass selbst Oppositionelle zum regierenden KPC-Regime dieses Paradigma nicht infrage stellen würden.

Strittig sind hingegen zwei Fragen: Wie abhängig sollte sich China – erstens – vom Zugang zu globalen Märkten machen? Und wie aggressiv sollte China – zweitens – seine hegemoniale Vorrangstellung einfordern? Dass diese zwei Fragen so kontrovers sind, hängt vor allem mit einer Person zusammen: Xi Jinping, seit 2012 Generalsekretär der KPC und seit 2013 Staatspräsident Chinas. Der ehemalige australische Premierminister und heutige Botschafter Australiens in den USA, Kevin Rudd, fasst Xis Agenda so zusammen: »Xi hat die Ära einer pragmatischen, nichtideologischen Politik abrupt beendet. An deren Stelle tritt eine neue Form eines marxistischen Nationalismus, der nun die Außendarstellung und die Substanz von Chinas Wirtschafts-, Innen- und Außenpolitik prägt. [...] Xi hat die Innenpolitik in Richtung Leninismus, die Wirtschaftspolitik in Richtung Marxismus und die Außenpolitik in Richtung Nationalismus gelenkt.«[59]

Dieser Schwenk wird vor allem im Paradigma der »Dual Circulation« deutlich, das 2020 veröffentlicht wurde und die Grundsätze der schnellen Integration Chinas in die Weltmärkte infrage stellt. Autor des Dual-Circulation-Paradigmas ist Liu He, ein enger Vertrauter des Präsidenten. Bereits 2015 rät er in einem wissenschaftlichen Artikel, China solle sich stärker auf sich selbst konzentrieren.[60] Ähnlich wie Kennan veröffentlicht er seine Schlussfolgerungen in den Folgejahren anonym – in Interviews mit der parteinahen Zeitung *People's Daily* lässt er sich als »Person mit Autorität« zitieren.[61] Liu He deutet zumindest an, dass »Dual Circulation« die chinesische Binnennachfrage und Exporte besser ausbalancieren sollte. Eine Reihe namhafter chinesischer Ökonomen fordert dies seit Langem. Aber geht es bei »Dual Circulation« wirklich um eine balancierte Wirtschaft oder um etwas ganz anderes? In einer Rede im Oktober 2020 betont Xi, China müsse eine »selbstentwickelte, kontrollierbare, sichere und verlässliche« Wirtschaft besonders in jenen Feldern aufbauen, die für die nationale Sicherheit relevant sind.[62] Im Zentrum von »Dual Circulation« stehen für Xi also nationale Sicherheit und die unangefochtene Rolle der KPC.

Die KPC hat unter Xi das Erfolgsrezept des wirtschaftspolitischen Pragmatismus durch eine Staatsphilosophie ersetzt, in der die Versicherheitlichung und die Kontrolle durch die KPC die Priorität haben. Für die Entwicklung einer wettbewerbsfähigen Wirtschaft sind das keine idealen Voraussetzungen. Wie ernst es Xi mit dem Primat der KPC ist, bekommen nicht nur ausländische Unternehmen zu spüren. Als es Alibaba-Gründer Jack Ma 2020 wagt, die Finanzpolitik der KPC auf offener Bühne zu kritisieren, folgt ein beispielloser »crackdown«: Eine Kampagne gegen chinesische Internetfirmen vernichtet über 1,5 Billionen US-Dollar Marktkapitalisierung. Jack Ma verschwindet für fünf Jahre von der Bildfläche und taucht erst 2025 wieder auf – als Claqueur für Xis Wirtschaftspläne.

Die Priorisierung von Sicherheit spiegelt sich auch in den Wachstumszahlen Chinas wider. Bis Ende der 2020er-Jahre plant die KPC mit rund 6 Prozent jährlichem Wachstum, für die 2030er dann nur noch mit durchschnittlich 4 Prozent. Das Problem ist: Ein langfristiges Wachstum deutlich über dem globalen Durchschnitt ist notwendig, damit China die »Middle Income Trap« vermeidet. Diese »Falle mittleren Einkommens« besteht darin, dass wirtschaftlich aufstrebende Länder zwar zunächst rasche Entwicklungsfortschritte machen können, dann aber aufgrund steigender Arbeitskosten und sinkenden Produktivitätswachstums den Sprung in die erste Liga gesellschaftlichen Wohlstands nicht schaffen. Viele Ökonomen haben nun Sorge, dass »Xi-Wachstum« direkt in die »Middle Income Trap« führt. Insbesondere die sogenannte totale Faktorproduktivität, die wichtige Hinweise auf den Beitrag von Innovation und Technologie für das Wirtschaftswachstum gibt, wächst deutlich langsamer als in den USA. Auch die Börsen sind hierfür ein wichtiger Indikator. Während die Marktkapitalisierung amerikanischer Tech-Unternehmen seit dem Beginn der Coronapandemie bis Mitte 2023 um rund 5 Billionen Dollar Marktkapitalisierung anstieg, sank der gleiche Wert in China aufgrund massiver staatlicher Interventionen um 300 Millionen Dollar.[63]

Auch in der Außendarstellung schlägt Xi eine neue Richtung ein. Vorbei ist die Zeit des »stillen Aufstiegs« Chinas. Xi bittet nicht um Berücksichtigung chinesischer Interessen, er fordert sie ein oder setzt sie direkt mit den klassischen Mitteln der Machtpolitik durch. Besonders umstritten ist die Frage der Einflusszonen im Südchinesischen Meer sowie der Status Taiwans. China hat klare Ambitionen, regionaler Hegemon in Südostasien zu sein und die USA aus dem eigenen »Vorgarten« zu vertreiben – auch und besonders aus Taiwan. Aber: Globale Hegemonialpläne haben selbst die Hardliner in Beijing nicht.

Mit den lauten Tönen gewinnt Xi zwar regelmäßig Unterstützung in den zunehmend nationalistisch orientierten chinesischen sozialen Medien. International hat sich China unter Xi aber wenig Freunde gemacht, auch nicht in der südlichen Hemisphäre.[64] Trotz der groß angekündigten und im Westen gefürchteten »Belt and Road Initiative« (BRI), auch bekannt als »Neue Seidenstraße«, steht China diplomatisch nach wie vor ziemlich alleine da. Enge Verbündete muss man mit der Lupe suchen. Mit Nordkorea und einem unkontrollierbaren Juniorpartner Russland lässt sich kein Gegengewicht zu den USA aufbauen. Die Rolle des Einzelgängers ist in der chinesischen Geschichte zwar eher der Normalzustand als die Ausnahme. Aber gerade vor dem Hintergrund, dass die neue Trump-Regierung die über hundert Jahre mühevoll aufgebaute »Soft Power« der Vereinigten Staaten verschleudert – zum Beispiel mit dem Kahlschlag bei USAID –, stellt sich die Frage: Warum tut sich China selbst so schwer beim Aufbau von neuen Allianzen?

Xis Strategie ist auf vielen Ebenen riskant. Der australische China-Kenner Kevin Rudd bringt es so auf den Punkt: Die Versicherheitlichung der chinesischen Wirtschaft ist Xis Achillesferse – und damit ist Xi die

Achillesferse Chinas.[65] Ryan Hass, Direktor des China-Zentrums der Brooking Institution, ist sich sicher: »Je mehr Xis leninistische Instinkte und Kontrolldrang die wirtschaftlichen und technologischen Ambitionen Chinas behindern, umso wahrscheinlicher ist eine Kurskorrektur, wenn Xi nicht mehr da ist.«[66]

2025 deutet alles auf Kontinuität hin. Im März finden die »Two Sessions« in Beijing statt – das jährliche Treffen des Parlaments mit dem Nationalen Komitee der Politischen Konsultativkonferenz des chinesischen Volkes (PKKCV). Traditionell ist das der Ort, an dem die großen wirtschaftlichen Leitlinien verkündet werden. Während in Washington Trump eine Zolldrohung nach der anderen ausspricht, reagiert Beijing mit einem coolen Schulterzucken und antwortet mit gezielten Gegenmaßnahmen. Denn China hat sich in den letzten Jahren bewusst weniger abhängig gemacht von den USA (vgl. Grafik 11).

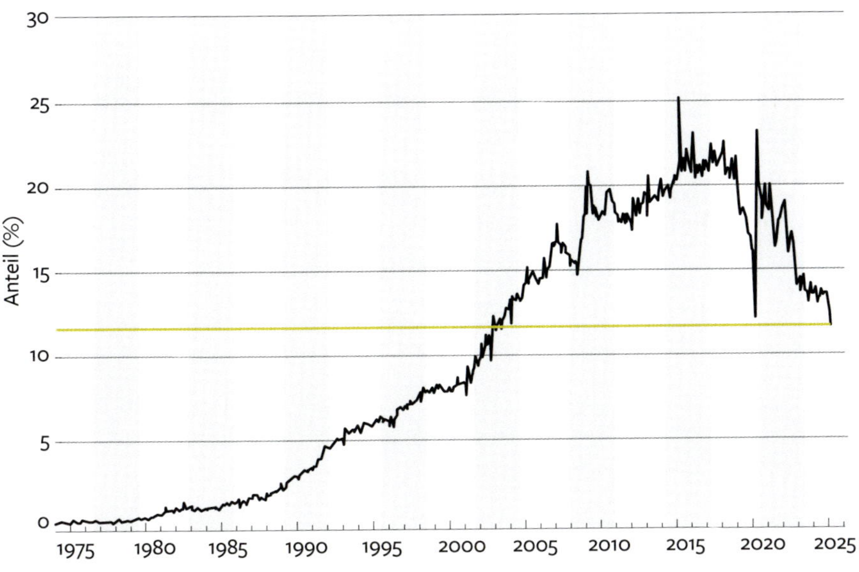

Grafik 11: Chinas Anteil an US-Importen, 1975 bis 2025, in Prozent (US Census Bureau)[67]

Und der Rest der Welt?

Wie reagieren andere Nationen auf den geopolitischen Wettbewerb zwischen den USA und China? Im Kalten Krieg war die Welt um die beiden Machtzentren USA und UdSSR strukturiert – aber nicht homogen. Neben den engen Bündnispartnern gab es viele Staaten, die zumindest versucht haben, neutral zu bleiben. Einer der Wortführer war der indische Premierminister Jawaharlal Nehru, Mitbegründer der 1948 in Bandung ins Leben gerufenen Bewegung der blockfreien Staaten. Nehru ging es vor allem darum, nicht in »Stellvertreterkriege« hineingezogen zu werden. Die Bewegung der blockfreien Staaten wurde mit dem Ende des Kalten Krieges irrelevant. Kein Zufall, sondern eher ein Zeichen der Zeit dürfte sein, dass 2020 ein indischer Politiker die Idee der Blockneutralität revitalisiert und zur Doktrin indischer Außenpolitik erhebt: Außenminister Subrahmanyam Jaishankar. In seinem Buch *The India Way* fordert und beschreibt Subrahmanyam, dass Indiens Strategie vor allem »seine nationalen Interessen fördern soll, indem es Gelegenheiten identifiziert, die durch globale Konflikte entstehen«. Ziel sei es, »so große Vorteile wie möglich von so vielen staatlichen Beziehungen wie möglich zu erzielen«.[68] Übersetzt heißt das: Indien ist nicht interessiert an einer festen Bindung an eine der beiden Supermächte – Indien betreibt geopolitisches »hedging«.

Was das in der Praxis bedeutet, wird in den Sommern 2023 und 2024 deutlich. Indiens Präsident Narendra Modi besucht im Juni 2023 Washington und wird dort als neuer strategischer Partner gefeiert. Indien liegt diplomatisch in heftigem Streit mit China, vor allem wegen der unklaren Grenzen im Himalaya. Chinas Feinde müssten sich leicht als Amerikas Freunde gewinnen lassen. Doch die USA missverstehen Modi gründlich. Genau ein Jahr später – parallel zu einem Nato-Gipfeltreffen – steigt Modi in Moskau aus dem Flugzeug und umarmt Putin herzlich.

Mit seiner Haltung flexibler Schulterschlüsse ist Indien nicht alleine. Das britische Magazin *The Economist* hat eine Gruppe von Staaten ausgemacht, die es als geopolitisch »transaktional« bezeichnet. Diese Länder bewerten jede außenpolitische Entwicklung unter dem Gesichtspunkt der eigenen, relativ kurzfristigen Gewinnmaximierung.[69] Wie wichtig diese neue Entwicklung ist, haben die USA und Europa 2022 erfahren müssen. Statt der erwarteten weltweiten Empörung über einen klaren Bruch des Völkerrechts durch Russlands Angriff auf die Ukraine folgte in Indonesien, Brasilien, Südafrika, Nigeria oder Saudi-Arabien nur Schulterzucken. Transaktionale Staaten werden sich in Zukunft bitten lassen, und zwar mit teuren Gegenleistungen für Unterstützung oder Ablehnung bei allen wichtigen internationalen Anliegen. Feste Bündnisse sind unwahrscheinlich – stattdessen ein Jonglieren von Optionen und diplomatische Pokerspiele mit vielen Teilnehmern und zahlreichen verdeckten Karten. Es wird auf jeden Fall nicht langweilig werden.

Und dann noch Europa – bislang der engste Verbündete der USA. Die Entwicklung des transatlantischen Bündnisses in den letzten zehn Jahren kann nur als dramatisch bezeichnet werden. Wir erinnern uns: Präsident Obama wird 2008 von 200 000 Menschen unter der Berliner Siegessäule gefeiert. Zehn Jahre später ist Trump Präsident und reißt mit Gusto all das ein, was die USA nach dem Zweiten Weltkrieg zusammen mit den Europäern errichtet haben. Nichts scheint mehr sicher – Nato-Austritt, ein Bündnis mit Russland, sogar eine Invasion in Grönland ist nun ein Thema. Man reibt sich die Augen.

Die USA werden von einem Präsidenten regiert, der weder den Wert von »Soft Power« noch von Allianzen hoch einschätzt. Dass beides ungemein effektive »power amplifier« sind, spielt im Weltbild von Trump keine Rolle. Für ihn sind internationale Beziehungen eine Pokerrunde nach der anderen, und da in seiner Auffassung die USA immer das beste Blatt haben, kann es gar nicht oft genug krachen.

So irritierend das Gehabe des aktuellen Präsidenten ist – wir raten, eher auf den Kontext zu fokussieren. Es ist wahrscheinlich, dass Trumps Nachfolger weniger krawallig auftritt und gegebenenfalls auch die Bindungen innerhalb der Nato wieder verstärkt. Sehr unwahrscheinlich ist allerdings eine Rückkehr zum politischen Muster des unipolaren Moments. In der Geschichte der USA gab es nur eine einzige unverrückbare Konstante: die Monroe-Doktrin, die keine andere Großmacht in Nord- und Südamerika duldet. Was außerhalb dieser Einflusszone passiert – »to be discussed«. In der Konfrontation mit der Sowjetunion war eine feste Bindung Europas aus Sicht der USA zwingend. Im neuen Kalten Krieg offenbar nicht mehr.

Unternehmen im geopolitischen Kontext: Opfer oder Täter?

Welche Rolle spielen private Unternehmen in diesem zwischenstaatlichen Konflikt? Hier gehen die Meinungen weit auseinander. Auf der einen Seite gibt es Stimmen, die Unternehmen für allmächtig halten. Bei einigen Analysten scheint der Eindruck zu bestehen, dass Unternehmen die neuen Souveräne seien und auf dem internationalen Parkett mindestens so wichtig wie Staaten.[70] Als Argument wird oft angeführt, dass der Umsatz einiger Unternehmen größer sei als das Bruttosozialprodukt vieler Nationen. Wir halten diesen Vergleich für Unsinn. Bruttosozialprodukt und Umsatz werden zwar beide in Euro oder Dollar berechnet, sind aber in keiner Beziehung sinnvoll vergleich- oder korrelierbar. Selbstverständlich haben Unternehmen ökonomische Macht. Aber selbstverständlich können sie ihre Macht nicht wie Staaten ausüben, die ein Gewaltmonopol innehaben. Vielmehr zeigt die »Rückkehr der Geopolitik« in die Weltwirtschaft: Wenn es hart auf hart kommt, haben Staaten ein großes Arsenal politischer Maßnahmen zur Hand, um Unternehmen gefügig zu machen.

Auf der anderen Seite gibt es insbesondere in der Politikblase die implizite Tendenz, Unternehmen jegliche Autonomie abzusprechen. Auch das ist eine mindestens falsche, manchmal gefährliche Annahme. Unternehmen handeln nicht nach einer politischen, sondern nach einer marktwirtschaftlichen Logik. Sie sind in der Regel radikale Pragmatiker. In den folgenden Kapiteln werden wir eine Reihe von Beispielen anführen, die belegen, dass Unternehmen die Geopolitisierung von Wertschöpfungsketten vor allem als unternehmerisches Risiko verstehen und entsprechend managen. Sie versuchen, die eigenen Wertschöpfungsketten zu erhalten und so umzubauen, dass sie geopolitisch resilienter werden. Oft bedeutet das: *Unternehmen treffen betriebswirtschaftliche Entscheidungen, welche die Effektivität der politischen Maßnahmen mindern.*

Für einige Politiker ist ein solches Verhalten ein rotes Tuch. In den USA hat unter anderem Mike Gallagher, ein ausgesprochener Falke und ehemaliger Vorsitzender des Kongressausschusses zu den Aktivitäten der KPC, mehr »Unternehmenspatriotismus« eingefordert: »Wir wollen, dass amerikanische Unternehmen wie amerikanische Unternehmen handeln!«[71] Und: »Die KPC hat (zu viele) Freunde an der Wall Street, in den Chefetagen der Fortune-500-Unternehmen und in den Lobbyfirmen in Washington.«[72] Für Manager, die den Regeln des Shareholder-Kapitalismus (eine amerikanische Erfindung) unterworfen sind, klingen solche Statements zumindest hohl, wenn nicht zynisch.

Neu ist dieser Streit zwischen Regierung und Unternehmen allerdings nicht. Ende des 19. Jahrhunderts setzt das aufstrebende Deutsche Reich das britische Empire zunehmend politisch, wirtschaftlich und militärisch unter Druck. Sogar beim Flottenbau steht infrage, ob Britannia auch in Zukunft die Wellen regiert. Die Regierung in London organisiert ein Embargo. Doch britische Firmen haben wenig Lust, ihre Handelsbeziehungen nach Deutschland zu kappen. Genauso wenig wie die deutsche Seite. Am Ende steht die britische Regierung isoliert da – die Unternehmen machen einfach nicht das, was die Regierung will.[73] Britische Politiker sind damals so frustriert wie heute China-Falken in den USA. Deutsche Firmen hingegen freuen sich, dass aus einem Boykottaufruf unter dem Slogan »Made in Germany« ein Gütesiegel für deutsche Waren wird.

Unternehmen sind nicht die »neuen Souveräne«. Eine Gleichsetzung staatlicher mit unternehmerischer Macht bringt keinen analytischen Mehrwert. Unternehmen agieren nach ihrer eigenen pragmatischen Logik. Für sie ist Geopolitik ein weiteres Risiko, das es zu managen gilt. Unternehmen arbeiten regelmäßig gegen die Agenda ihrer nationalen Regierung an, weil es ihre Aufgabe ist, globale Chancen zu nutzen, um Profit und Unternehmenswert zu erhöhen. Unternehmen sind keine passiven Opfer in der Renaissance der Geopolitik. Sie haben mehr Spielräume, als Politiker sich das oft wünschen.

Wir glauben, dass diese Autonomie der Unternehmen und die Tendenz, die geopolitische Agenda der Staaten abzudämpfen, positiv zu bewerten sind. Man stelle sich einmal eine Welt vor, in der Unternehmen die geopolitischen Scharfmacher sind und Regierungen lobbyieren, nun endlich den Konflikt zu verschärfen. So ungefähr stellen sich das antikapitalistische Kritiker vor. Dass dieses Narrativ völlig an der Realität vorbeigeht, ist eine gute Sache. Dass große Unternehmen in beiden Hauptstädten für Zurückhaltung und Bedacht werben, ist einer der wenigen Lichtblicke in geopolitisch düsteren Zeiten. Ob sie Erfolg haben werden?

Teil 2

GEOPOLITISCHE RISIKOVEKTOREN

04 RISIKOVEKTOR DISRUPTIVE EREIGNISSE: LIEFERKETTEN VERSUS GEOPOLITISCHE HOTSPOTS

Geopolitische Risikoereignisse

Harold Macmillan, geboren 1894, hat eine Menge erlebt. Im Ersten Weltkrieg wird er schwer verwundet, anschließend steigt er ins Familienunternehmen ein (der Verlag Macmillan Publishers ist noch heute eine Topadresse). Mit dreißig wird er Mitglied im britischen Parlament, arbeitet während des Zweiten Weltkriegs eng mit Winston Churchill zusammen. 1957 wird er Premierminister, nachdem sein Vorgänger Anthony Eden nach der Suez-Krise zurücktreten musste. Auf die Frage eines Journalisten, was ihn als Staatsmann am meisten beschäftige, antwortete Macmillan knapp: »Events, my dear, events ...«

Viele Manager werden sich wohl ähnlich fühlen. Die Schlagzahl der disruptiven Events der letzten Jahre, die wir in Kapitel 2 als »Polykrise« beschrieben haben, ist enorm. »Normal« ist die Dauerkrise. Man traut sich ja kaum noch, die Zeitung aufzuschlagen. Diese Events können einem jede Strategie und jeden Geschäftsplan verhageln. Andererseits: Wie gut sind eine Strategie und ein Geschäftsplan, wenn sie offensichtliche Risiken wie die der geopolitischen Disruption nicht berücksichtigen?

Disruptive Lieferkettenereignisse können in mehreren Formen auftreten. Die Wirtschaftswissenschaftler Baldwin, Freeman und Theodorakopoulos haben ein einfaches System entwickelt, um hier ein wenig Ordnung zu schaffen: Sie unterscheiden auf einer ersten Ebene zwischen »idiosynkratischen« (einfachen, nicht verbundenen) sowie systemischen Ereignissen, die komplexer sind. Auf einer zweiten Ebene differenzieren sie zwischen Angebots-, Nachfrage- und Konnektivitätskrisen (vgl. Tabelle 1).

	Angebot	**Nachfrage**	**Konnektivität**
idiosynkratisch (einfach, isoliert)	Fabrikschließung, Streik, extremes Wetter	Produktknappheit aufgrund eines starken Anstiegs der Nachfrage	Ausfall eines Hafens, Ausfall eines Zulieferers
systemisch (komplex)	Pandemien, geopolitische Krisen	sektorweite Veränderung der Nachfrage, Boykott, Embargos	militärischer Konflikt, massive Cyberattacke auf die Lieferkette

Tabelle 1: Disruptive Lieferkettenereignisse (Baldwin, Freeman, Theodorakopoulos)[74]

Die Reaktion von Unternehmen auf die idiosynkratischen Schocks werden oft unter »Business Continuity Management« (BCM) zusammengefasst. Dabei ist es eigentlich egal, ob die Schocks nun durch ein Naturereignis, einen Streik oder den Ausfall eines Zulieferers aufgrund einer Cyberattacke verursacht worden sind. Idiosynkratische Ereignisse interessieren uns in diesem Buch nicht so sehr – wichtiger sind für uns die systemischen Schocks, bei denen das »BCM-Feuerlöschen« nicht mehr ausreicht.

Systemische Schocks können ebenfalls durch verschiedene Ereignisse ausgelöst werden – und da sie systemisch sind, können Naturereignisse nicht vom gesellschaftlichen Echo isoliert werden, das sie auslösen. Oft sind letztere sogar wichtiger als die unmittelbaren Folgen. So führte das große Erdbeben von Lissabon im Jahr 1755 zu einer europaweiten Glaubenskrise in der ansonsten optimistischen Aufklärungszeit. Kein Geringerer als Johann Wolfgang von Goethe reflektierte über den Einfluss, den das Erdbeben auf ihn als Jugendlichen hatte:

> »Der Knabe [...] war nicht wenig betroffen. Gott, der Schöpfer und Erhalter Himmels und der Erden, den ihm die Erklärung des ersten Glaubensartikels so weise und gnädig vorstellte, hatte sich, indem er die Gerechten mit den Ungerechten gleichem Verderben preisgab, keineswegs väterlich bewiesen.«[75]

Nach der Coronapandemie ist uns eine solche Glaubenskrise vielleicht gar nicht mehr so fremd: Das Unvermögen von Staaten, eine adäquate Antwort zu formulieren, hat dem Populismus, der Suche nach einfachen Antworten und der Skepsis gegenüber Experten weiteren Schub verliehen. Wahrscheinlich sind die Folgen dieser Glaubenskrise für Unternehmen langfristig viel wichtiger als die kurzzeitige Unterbrechung von Lieferketten.

Bei geopolitischen Ereignissen ist außerdem wichtig, dass sie nicht immer absichtlich herbeigeführt werden. Die Geschichte ist voll von unvorhergesehenen Ereignissen, die zu einer geopolitischen Eskalation führen. Das vielleicht berühmteste ist die Julikrise 1914, die zum Ersten Weltkrieg führte. Die Ermordung des habsburgischen Thronfolgers Franz Ferdinand und seiner Frau in Sarajevo am 28. Juni setzte eine Eskalationsspirale in Gang, die einen Monat später zu den Kriegserklärungen führte. Die Analysen dieser Eskalation – unter anderem Barbara Tuchmans *Guns of August* und Christopher Clarks *Sleepwalkers* – zeichnen das verstörende Bild einer Welt, die in den Abgrund taumelt.[76] Rückblickend wird klar, dass solche Eskalationen immer dann wahrscheinlich sind, wenn sich die geopolitischen Kräfte verschieben und die alte Ordnung eh schon bröckelt. Solche ungewollten geopolitischen Eskalationen sind tragisch – und wir können einfach nicht ausschließen, dass sie wieder passieren. Wir werden in Kapitel 7 anhand des Beispiels Taiwan zeigen, dass wir leider ein akutes Risiko in dieser Hinsicht antizipieren können.

Geopolitische Ereignisse können mittelbare und unmittelbare Effekte haben. Ein unmittelbarer Effekt könnte die Unterbrechung von Lieferketten sein – zum Beispiel die Sperrung des maritimen und des Luftraums rund um Taiwan (vgl. Kapitel 7) oder die Schließung des Suezkanals durch militärische Aktivitäten. Mindestens ebenso disruptiv können die politischen Folgemaßnahmen – zum Beispiel Sanktionen, der Ausschluss aus dem Finanzsystem – sein. Diese regulatorischen Folgemaßnahmen schlüsseln wir in Kapitel 5 auf.

Warum Tech-Wertschöpfungsketten geopolitischer Wahnsinn sind

Betrachten wir die heutigen Tech-Wertschöpfungsketten unter dem Gesichtspunkt des Risikovektors geopolitischer Ereignisse, so fällt uns vor allem ein Wort ein: Wahnsinn! Es ist so, als ob der Schulweg des eigenen Kindes durch die übelsten Viertel der Stadt führt. Gebaut wurden diese Lieferketten unter den Voraussetzungen einer hyperglobalisierten, friktionslosen Welt des unipolaren Moments. In der Welt des verschärften geopolitischen Wettbewerbs sind sie ein echtes Problem:

- Die Wertschöpfungsketten laufen quer durch geopolitische Risikoregionen.
- Angebot und Nachfrage sind geografisch inkongruent.

- Ein Umbau ist aufgrund der hohen Kapitalkosten und Pfadabhängigkeiten extrem langsam.
- Die Wertschöpfungskette insbesondere für die Grundlagentechnologie der Halbleiter weist in fast jedem Glied einen hohen Konzentrationsgrad auf.

Zunächst zum Überschneiden der Lieferketten mit den geopolitischen Hotspots. Dass dies so ist, ist alles andere als selbstverständlich. Die Ursachen gehen zurück auf die Achtzigerjahre. Bis dahin dominierten US-Unternehmen nicht nur das Design von Halbleitern, sondern auch deren Produktion. Taiwan war zwar seit den Sechzigerjahren Teil der Wertschöpfungskette, allerdings fokussiert auf das Testen und das »Packaging« – also die Systemintegration. Beides sind wichtige Schritte in der Wertschöpfungskette, aber eher am unteren Ende angesiedelt. Was folgt, ist eines der beeindruckendsten Beispiele vorausschauender Industriepolitik. Im Zentrum: Morris Chang, der zwanzig Jahre lang für Texas Instruments in den USA gearbeitet hat. 1985 kehrt er nach Taiwan zurück und überzeugt die Regierung, ein groß angelegtes Programm zu starten. Das Ziel: Taiwan zum weltweit führenden Halbleiterproduzenten zu machen.

Geopolitik spielt von Anfang an eine zentrale Rolle: Taiwan fühlt sich in seiner Unabhängigkeit von China bedroht. Sollte es Taiwan gelingen, für die westliche Welt ein unverzichtbarer Wirtschaftsstandort zu werden, wäre es auf jeden Fall einfacher, seine Unabhängigkeit mithilfe des Westens zu verteidigen. Kein schlechter Plan – die Strategie wird später »Silicon Shield« genannt werden.

Als »Halbleiterzar« Taiwans hat Chang genügend Hebel, um den Plan umzusetzen. Vor allem jede Menge staatliche Subventionen. Und er hat eine Idee, wie sich Taiwan in der existierenden Wertschöpfungskette positionieren kann: Chang antizipiert, dass sich Chipdesign und Chipproduktion mittelfristig entkoppeln werden. Beides erfordert enorme Ressourcen und Know-how – für ihn ist klar, dass die Zukunft den Spezialisten gehört. Taiwan soll sich ganz auf die Produktion konzentrieren. Im Tech-Jargon skizziert Chang hier das »Fabless«-Modell: Chipdesigner geben die Produktion (»fabrication«) an spezialisierte Firmen ab. Während also US-Halbleiterunternehmen »fabless« werden, sorgt Chang dafür, dass Taiwan »fabfull« wird.

Der Rest ist Industriegeschichte.[77] Mit der von Chang gegründeten Taiwan Semiconductor Manufacturing Company (TSMC) wächst ein globaler Gigant heran, der im Jahr 2024 einen Marktanteil von 50 Prozent in der Produktion von High-End-Rechenchips erreicht.

Und dann wäre da noch China, das in den Tech-Lieferketten eine zentrale Rolle spielt. Als Produktionsstandort für Hardware ist China – trotz der Bemühungen um eine Diversifizierung in den letzten Jahren – unverzichtbar. Hier existiert nach wie vor die falsche Wahrnehmung, dass dies vor allem aus Kostengründen der Fall sei. Die Wahrheit ist: In vielen Bereichen sind chinesische Firmen hinsichtlich Qualität und Quantität mittlerweile führend. Apples CEO Tim Cook hat hierauf wiederholt öffentlich hingewiesen: »China ist längst im High-End-Produktionssegment angekommen. In China findet man eine Mischung aus handwerklichen Fähigkeiten, fortgeschrittenen Produktionsrobotern und Computer Science. Diese Mischung ist anderswo schwer zu finden.«[78] Apple beschäftigt in China zwischen drei und vier Millionen Arbeiter, die meisten davon über Vertragspartner. Die starke Fokussierung auf China als Produktionsstandort geht auf den Start des ersten iPhones 2007 zurück. Verantwortlich für die Supply-Chain-Organisation war damals niemand anderes als der heutige CEO. Apple ging damals davon aus, dass es mindestens neun Monate dauern würde, die notwendigen Ingenieure für die iPhone-Produktion in den USA einzustellen – in China dauerte es laut internen Memos gerade mal fünfzehn Tage.[79]

APPLE IN CHINA – ERFOLGSGESCHICHTE ODER EIN GROSSER FEHLER?

Apple wäre ohne China keine Milliardenfirma. Und China wäre ohne Apple keine Tech-Supermacht. So lautet die Quintessenz des Technologiekorrespondenten der *Financial Times*, Patrick McGee, in seinem Buch *Apple in China.*[80] McGee zeichnet im Detail nach, wie Apple von der Entscheidung des jetzigen CEOs Tim Cook doppelt profitierte, 90 Prozent der Produktion nach China zu verlegen: Zum einen durch geringe Produktionskosten und zum Zweiten durch den Zugang zum riesigen chinesischen Markt. Wie wir in Kapitel 5 sehen werden, wird Apple bei seinen Produkten weitgehende Kompromisse bezüglich Datenschutz und IT-Sicherheit eingehen, um in China verkaufen zu können.

Apples Engagement hat noch eine weitere Seite – oder »negative Externalitäten«, wie Wirtschaftswissenschaftler sagen würden: Seit 2008 hat Apple über seine Auftragsproduktionspartner wie Foxconn rund 28 Millionen Arbeiter in China geschult. Viele trugen dann ihr Wissen unter anderem zu Huawei, Xiaomi, Vivo und Oppo weiter. Apples Innovationsmodell und die Kompetenz für nutzerzentriertes Design wurden in China mit Gusto kopiert und auf andere Branchen angewendet – man schaue sich nur die neuen E-Autos made in China an. Kaum eine Firma hat also mehr als Apple dafür getan, Chinas Tech-Sektor weltweit wettbewerbsfähig zu machen. Das ist auch einigen Politikern in Washington aufgefallen.

Das zweite Problem neben der Lieferkettenproblematik: Chips und Hardware werden nicht dort produziert, wo sie verkauft werden . Das Angebot ist stark auf die Region der Nordostküste des Pazifiks konzentriert. Die meisten DRAM-Chips kommen aus Südkorea, die meisten NAND-Chips aus Japan, die meisten Rechenchips aus Taiwan und Südkorea. Sage und schreibe 80 Prozent der Produktionskapazitäten für 20- bis 45-nm-Chips stehen in China und Taiwan. Die Nachfrage wird wiederum dominiert von den USA, China und Europa. Das heißt: Ohne Handel und sichere Transportwege geht im Tech-Sektor gar nichts.

Problem Nummer 3: Pfadabhängigkeiten. Die Produktion von Halbleiterchips ist extrem komplex, kapitalintensiv und stark abhängig von gut trainierten Fachkräften. Eine Veränderung der Wertschöpfungskette mit dem Ziel, geopolitische Risiken zu minimieren, ist ein Mammutprojekt. Die Kosten für ein Fab der letzten Generation liegen jenseits von 25 Milliarden Dollar (zum Vergleich: Eine moderne Fabrik für E-Autos kostet um die 4 Milliarden Dollar). Selbst wenn das Fab einmal steht, gehen die Probleme erst los. Industrieexperten sehen beim Anwerben und Trainieren von Fachkräften das größte Problem. Die Marktforschungsfirma Lighthouse hat berechnet, dass eine Erhöhung des Anteils der USA an der globalen Halbleiterproduktionskapazität von 12 Prozent auf 24 Prozent 230 000 Fachkräfte zusätzlich erfordern würde.[81]

Das vierte Problem: Die Wertschöpfungskette der Halbleiterei weist an entscheidenden Stellen einen ungesunden Konzentrationsgrad auf: ASML beherrscht 90 Prozent des Halbleiterproduktionsmaschinenmarkts, zwei koreanische Unternehmen produzieren 44 Prozent aller Speicherchips, drei Firmen teilen sich den Markt für Designsoftware.[82] Das Hauptproblem dieser Konzentration ist, dass sie politisch allzu verführerisch ist. In den USA hat sich hierfür der Begriff des »choke points« (Engpass) eingebürgert. Um Chinas Wachstum zu verlangsamen, haben die USA insbesondere die niederländische Firma ASML – bzw. die niederländische Regierung – unter Druck gesetzt, Exportkontrollen zu erlassen.

Der perfekte Sturm

Damit sind leider alle Voraussetzungen für einen perfekten Sturm gegeben: In Taiwan überschneiden sich die geopolitischen »roten Linien« zwischen den USA und China auf ungünstigste Art und Weise mit den Abhängigkeiten der Technologielieferketten. Letztere lassen sich nur langfristig entflechten, während erstere jederzeit zu einer Eskalation führen können, bis hin zu einem heißen Krieg. Bloomberg berechnete 2024, dass ein Taiwan-Krieg bis zu 10 Billionen Dollar kosten und damit 10 Prozent des globalen Bruttoinlandsprodukts zerstören könnte – das wären zwei Coronakrisen auf einmal.[83] Welche Unternehmen würden das überleben? Es bleibt zu hoffen, dass uns dieses Szenario erspart bleibt. Denn an diesem Punkt müssen wir realistisch sein: Eine wirksame Mitigierungsstrategie gibt es dann nicht mehr.

05 RISIKOVEKTOR REGULIERUNG: GEOTECH STATECRAFT

Geopolitik, Regulierung und Technologie

Geopolitik und Technologieregulierung – oder genauer gesagt: Technologie-Verbreitungskontrollen – sind eng miteinander verknüpft. Um zu verstehen, warum das so ist, sollten wir zunächst versuchen, eine scheinbar einfache Frage zu beantworten: Warum vollzieht sich geopolitischer Wandel überhaupt? So spannend das »Geo« in Geopolitik ist, so wenig hilfreich ist es dabei, den Wandel zu erklären, denn die geografischen Gegebenheiten verändern sich nun mal extrem langsam. Großbritannien ist immer noch eine Insel, das Südchinesische Meer ist da, wo es immer war, und der Bosporus hat sich seit der Antike auch nicht wirklich verändert. Wenn also Geografie das A und O der Geopolitik wäre, müsste die Geopolitik eigentlich statisch sein (das Abschmelzen des Arktis-Eises durch den Klimawandel und die sich daraus ergebenden geopolitischen Konsequenzen sind hier eine hochinteressante aktuelle Ausnahme).

Demografie erklärt den Wandel auch nicht wirklich. In der Menschheitsgeschichte war der demografische Wandel fast immer schleichend – mit Ausnahme einiger dramatischer Fälle wie der Pest im 14. Jahrhundert oder den epidemischen Katastrophen, die kolonial importierte Krankheitserreger in Nord- und Südamerika auslösten.[84] Demografie ist ein langfristig wirkender Faktor, aber ihre kurz- und mittelfristige Wirkung auf geopolitischen Wandel wird systematisch überschätzt.

Ein besserer Kandidat als Veränderungstreiber im internationalen Raum ist das Wirtschaftswachstum. Ein ungleiches Wirtschaftswachstum kann das Machtgefüge schnell und stark verändern. Die frühe Industrialisierung war Großbritanniens Motor auf dem Weg zum globalen Hegemon im 19. Jahrhundert. Gleiches gilt ein paar Dekaden später für das Deutsche Reich oder die USA und in den Nuller- und Zehnerjahren dieses Jahrhunderts für China. So weit, so plausibel. Damit stellt sich aber die direkte Anschlussfrage: Woher kommt eigentlich Wirtschaftswachstum? Hier ist die Antwort ziemlich eindeutig. Zwischen 60 und 85 Prozent des Wirtschaftswachstums sind auf Produktivitätssteigerungen zurückzuführen, die mit technologischer Innovation verbunden sind.[85] Daraus wird deutlich, warum Geopolitik und Technologien so eng miteinander verknüpft sind. Ohne technische Innovation keine Produktivitätssteigerung, ohne Produktivitätssteigerung kein Wirtschaftswachstum, ohne Wirtschaftswachstum keine Ressourcen für »Machtprojektion«. Hierunter versteht die Politikwissenschaft die Fähigkeit, die eigenen Interessen gegen den Willen anderer in fremden Räumen durchzusetzen.[86]

Es gibt aber einen weiteren wichtigen Aspekt, der oft übersehen wird: Technologie kann die *Bedeutung* von Macht und Geografie radikal verändern. Erneut hilft ein Blick in die Geschichte.

Mitte der Dreißigerjahre ist Naturkautschuk eine wichtige Grundlage für die nächste Stufe der Industrialisierung. Vor dem Hintergrund der deutschen Aufrüstung verlangen insbesondere die Rüstungsindustrien aller wichtigen Länder den Zugang zu Kautschuk. Da Naturkautschuk vor allem aus Südostasien kommt, haben die dortigen Kolonien Großbritanniens und der USA geostrategische Bedeutung.[87]

Zehn Jahre später hat sich die Lage komplett verändert. Der Grund ist eine technische Innovation made in Wuppertal. Chemiker von Bayer hatten bereits 1909 ein Verfahren zur synthetischen Herstellung von Kautschuk entwickelt. Angesichts der globalen Verfügbarkeit von Naturkautschuk war das synthetische Gummi zunächst ein Nischenprodukt. Mit der Zunahme globaler Konflikte und steigenden Risiken für Lieferketten ändert sich die Situation: Bayers Erfindung wird geopolitisch relevant – und die südostasiatischen Kolonien werden weniger wichtig. Die Dekolonialisierung Südostasiens nach dem Zweiten Weltkrieg wäre mit hoher Wahrscheinlichkeit anders verlaufen, wenn Naturkautschuk weiter zu den strategischen Rohstoffen gezählt hätte.[88] Alternative Szenarien in der Geschichte lassen sich natürlich nicht belegen. Aber vielleicht wäre es gar nicht so abwegig, am philippinischen Unabhängigkeitstag, dem 12. Juni, zumindest kurz der Chemie-Innovatoren aus Wuppertal zu gedenken.

Ganz sicher aber ist der synthetische Kautschuk ein gutes Beispiel dafür, wie Technologien ganz grundlegend Einfluss auf Geopolitik nehmen. Geografien, die vorher wichtig waren, können durch technologische Entwicklungen geopolitisch unwichtig werden. Das »Geo« in »Geopolitik« ist eine abhängige Variable – erst die Technologie verleiht ihr Bedeutung. Die Geschichte ist übrigens reich an vergleichbaren Beispielen. Dazu zählen auch die Exkremente von Seevögeln.

In der zweiten Hälfte des 19. Jahrhunderts zerbrachen sich Generäle den Kopf, wie man den Zugang zu Guano sichern könne. Der Vogelmist, besonders von Pinguinen und Kormoranen in der südlichen Hemisphäre, war die Hauptquelle für Ammoniak, der wiederum als Dünger für die Ernährungssicherheit der schnell wachsenden Industrienationen wichtig war. Am Ende des 19. Jahrhunderts galt die geopolitische Grundregel: Der Weg zur Weltherrschaft ist mit Guano gepflastert. In den 1870er-Jahren führten Spanien und Peru tatsächlich einen »Guano-Krieg«, bei dem es um den Zugang zu ein paar

Inseln im Südpazifik ging. Wieder war es ein Chemielabor in Deutschland, das die Geopolitik des Südpazifiks grundlegend veränderte: mit der Erfindung des Haber-Bosch-Verfahrens im Jahr 1908, das die Produktion synthetischen Ammoniaks ermöglicht.[89] Das Haber-Bosch-Verfahren ist übrigens bis heute grundlegend für unsere Ernährungssicherheit. Experten schätzen, dass mindestens die Hälfte der Stickstoffmoleküle in Ihrem Körper mithilfe des Haber-Bosch-Verfahrens hergestellt worden sind.[90]

Für die Philippinen und die Guano-Inseln war der technologische Wandel ein geopolitischer Segen. Manchmal läuft es allerdings auch andersherum. Am eindrücklichsten wird dies wohl am Aufstieg des Erdöls zum Treibstoff der Weltwirtschaft deutlich. Als die britische Marine zu Beginn des 20. Jahrhunderts von Kohle (in Großbritannien reichlich vorhanden) auf Erdöl (nicht vorhanden) umstieg, veränderte sich die Geopolitik des Nahen und Mittleren Ostens schlagartig. Die Arabische Halbinsel entwickelte sich innerhalb weniger Jahre von einem strategischen Niemandsland in ein Zentrum geopolitischen Wettbewerbs. Die Folgen sind bis heute sichtbar. Es gibt kaum eine Grenze in der Region, die nicht durch die Geopolitik des Öls zu Beginn des 20. Jahrhunderts mitbestimmt wurde.[91] Die Geschichte des Nahen Ostens wird deswegen oft als Rohstoffgeschichte erzählt. Das ist allerdings verkürzt, denn was wäre Öl ohne den Verbrennungsmotor? Komplett uninteressant! Deswegen war der Innovator Carl Benz aus geopolitischer Sicht deutlich wichtiger als der Fördermagnat John D. Rockefeller. Die Geschichte dreht sich übrigens weiter: Der Fracking-Boom in den USA – wieder angetrieben von einer neuen Technologie – hat das Interesse der USA am Mittleren Osten deutlich abflauen lassen. Wahrscheinlich gäbe es den Huthi-Aufstand im Jemen ohne Fracking nicht, und die USA hätten wohl auch deutlicher in die Eskalation zwischen Israel und dem Iran interveniert. Denn vermutlich hätten die USA lokale Konflikte kaum schwelen und sich aufschaukeln lassen, wenn der Mittlere Osten nach wie vor hohe Priorität in Washington hätte. Ob die Priorisierung des Mittleren Osten in der amerikanischen Außenpolitik eine gute Entwicklung ist? Wir haben unsere Zweifel, aber diese könnten freilich ein anderes Buch füllen.[92]

Kein Zweifel besteht daran, dass Geopolitik ohne technischen Wandel ziemlich langweilig wäre. Im Umkehrschluss gilt: Staaten hatten und haben aus geopolitischen Gründen ein großes Interesse, die Verbreitung von Technologien zu kontrollieren. Wenn das Auf und Ab in der Geopolitik stark technologisch bestimmt ist, wird der Zugang zu Technologie zu einer Machtfrage für Nationen – und für Unternehmen wird er oft zu einer Überlebensfrage. Es ist also nur logisch, dass Technologien im aktuellen Großmachtwettbewerb zwischen den USA und China im Zentrum stehen. In seinem ersten Interview nach Amtsantritt im Jahr 2021 legte der Direktor der CIA, William Burns, dar, dass Technologie »das Hauptkampffeld im Wettbewerb mit China« sei.[93] Sein Kollege Jake Sullivan, Bidens Nationaler Sicherheitsberater, bestätigte: »Fortschritte in Wissenschaft und Technologie werden die geopolitische Landkarte des 21. Jahrhunderts definieren.«[94]

Die aktuelle Nationale Sicherheitsstrategie der USA beschäftigt sich ausführlich mit der Rolle von Technologie im geopolitischen Wettbewerb. Und die Stimmen aus China spiegeln diese Haltung: Präsident Xi erklärte in einer KPC-Politbüro-Sitzung Anfang 2023, dass China dringend »die Geschwindigkeit auf dem Weg zur technologischen Souveränität erhöhen muss, um eine Strangulierung durch fremde Mächte zu vermeiden.«[95]

Was ist Geotech Statecraft?

Die große Frage, die sich aus Sicht der USA und Chinas stellt, lautet: Wie kann ein Staat Einfluss auf die Verbreitung von Technologien nehmen, um seine geopolitischen Ziele zu erreichen? Daraus leitet sich die Folgefrage ab: Welche Instrumente stehen mir überhaupt als Staat zur Verfügung? Zumindest im Westen werden die meisten Technologien von privaten Unternehmen entwickelt, sobald sie die Labore der Grundlagenforschung verlassen haben. Die Verbreitung ist nahezu vollständig in privater Hand. Ganz so einfach ist die staatliche Verbreitungskontrolle also nicht.

Wir nennen den Versuch dieser Verbreitungskontrolle »Geotech Statecraft«, definiert als die *absichtliche Manipulation der Verbreitung von Technologien über Grenzen hinweg durch Regierungen, um Sicherheitsexternalitäten zu nutzen, zu verstärken oder zu reduzieren.* Geotech Statecraft ist ein wichtiger geopolitischer Risikovektor, den Unternehmen verstehen und managen müssen.

Dazu drei Erläuterungen:

Erstens: Als »Externalitäten« bezeichnet man die Auswirkungen einer wirtschaftlichen Aktivität, die nicht dem Urheber zugerechnet werden können. Wenn private Unternehmen Technologien über Grenzen hinweg verbreiten, hat dies positive oder negative Effekte auf die nationale Sicherheit eines Staates. Diese Effekte spiegeln sich aber nicht im Preis der Technologien wider. Ein einfaches Beispiel: Der Verkauf einer Rakete bringt einem Unternehmen eine Million Euro Umsatz und 200 000 Euro Gewinn. Das nationale Sicherheitsrisiko für das Heimatland steigt aber durch den Verkauf der Rakete. Nehmen wir mal an, es müssen Boden-Luft-Raketen im Wert von 2 Millionen Euro beschafft werden, um dieses Risiko zu managen. Die negativen Externalitäten des Verkaufs liegen also weit über dem Gewinn eines privaten Unternehmens. In diesem Fall zahlt der Staat dafür. »Geotech Statecraft« ist hier der Versuch, Letzteres zu vermeiden.

Zweitens: Die Definition von »Geotech Statecraft« bezieht sich auf die bewusste Einflussnahme auf die Verbreitung von Technologie. Das beinhaltet nicht nur das Verbot von Technologieexporten, sondern gegebenenfalls auch die Förderung der Verbreitung von bestimmten

Technologien. So war das britische Empire Ende des 19. Jahrhunderts daran interessiert, Telegrafentechnologie möglichst weit zu verbreiten, zumal die meisten Verbindungen in London zusammenliefen und das Empire entsprechend Informationsflüsse kontrollieren konnte. Der Hegemon hörte mit. Die Parallelen zur Snowden-Affäre sind offensichtlich. Die Politikwissenschaftler Henry Farrell und Abraham Newman sprechen in diesem Kontext von einem »Panoptikon-Effekt« von Technologien. Die staatliche Kontrolle von Technologieverbreitung kann also beides sein: Einschränkung oder Beschleunigung. In letzter Zeit steht freilich die Einschränkung im Vordergrund.

Drittens: »Geotech Statecraft« ist – und das wird in den nächsten Kapiteln deutlich werden – eine komplexe Angelegenheit. Zwei Faktoren machen die Sache so schwierig: Zum einen ist IT eine sogenannte General-Purpose-Technologie (GPT), so wie Verbrennungsmotor oder Elektrizität. IT ist überall und verändert alles. Insofern ist eine klare Unterscheidung zwischen militärischen und zivilen Anwendungen nur selten möglich. Im Ukraine-Krieg wurde dieses Dilemma deutlich: Der Halbleiterchip, der in einer Waschmaschine steckt, kann auch für die Steuerung einer Militärdrohne eingesetzt werden. Wer also die Verbreitung solcher Chips einschränken will, müsste unter anderem die Verbreitung von Waschmaschinen einschränken – das wurde tatsächlich in Erwägung gezogen![96] Mehr dreckige Wäsche ist aber natürlich keine schöne Policy-Option.

Zum anderen werden die wichtigsten technologischen Innovationen im Militärbereich ebenfalls von privaten Unternehmen vorangetrieben. Zum erheblichen Teil sind dies Firmen, die noch nicht einmal der Verteidigungsindustrie im engeren Sinne zugerechnet werden können. Ein gutes Beispiel ist hier künstliche Intelligenz (KI). Für die Militärplattformen der nächsten Generation wird KI wichtig sein. Die Grundlagen für KI werden von privaten Unternehmen geschaffen, und zumeist ist der »Total Addressable Market« im zivilen Bereich wesentlich größer als für Militäranwendungen. Die britischen Experten für KI-Regulierung, Jeffrey Ding und Allan Dafoe, beschreiben diese Abhängigkeit des Militärs von privaten Unternehmen als »Industrielle Abhängigkeitshypothese«.[97] Deswegen ist der Arm des Staates in liberalen Marktwirtschaften zunächst einmal kurz. Die Technologie ist im Besitz von Unternehmen, und diese steuern auch die mit der Technologie verbundenen Wertschöpfungsketten. Hier wird es für Management interessant.

Wir sind heute Zeitzeugen eines großen Experiments: Während Staaten schon immer versucht haben, Technologie ihren geopolitischen Zielen unterzuordnen, passiert dies nun im Kontext einer Technologie, die im wahrsten Sinne des Wortes überall verbreitet ist. Bei der ganzen Übung gibt es ein kleines Problem: Stellen wir uns Geotech Statecraft als einen Werkzeugkasten vor. In diesem Kasten liegen schon einige angestaubte Werkzeuge rum, die vor langer Zeit erfunden und in den Jahrzehnten seit 1990 kaum oder nur sehr gezielt eingesetzt wurden. Dazu zählen Exportkontrollen für Militärtechnologien oder einige Investitionskontrollen, die vor allem gegen Pariastaaten Anwendung fanden. Weil diese alten Instrumente kaum ausreichen, um die geopolitischen Ziele zu erreichen, machen sich Bürokraten und Politiker an die Aufgabe, alte Werkzeuge zu schärfen oder neue zu erfinden. Dieser Prozess ist »messy« und vom »Trial and Error«-Prinzip geprägt. Politische Entscheidungsträger tun sich mit Geotech Statecraft erkennbar schwer. Dafür gibt es zwei wichtige Gründe.

Erstens gibt es rechtliche Einschränkungen: In liberalen Marktwirtschaften mit rechtsstaatlicher Grundordnung und starkem Eigentumsrecht ist die Reichweite dieser Policy-Innovationen kürzer, als es sich viele Politiker wünschen (wir werden am Ende dieses Kapitels sehen, dass es China da um einiges einfacher hat). Zweitens stehen begrenzte Mittel zur Verfügung: Das Reinregieren in komplizierte Tech-Wertschöpfungsketten erfordert viel Know-how, das zunächst aufgebaut werden muss. Dem Staat fehlen schlicht die Leute, und sie anzuwerben, fällt in den öffentlichen Gehaltsstrukturen schwer. Was glauben Sie, wie viele Ministerialmitarbeiter sich in Deutschland mit komplexen Halbleiterwertschöpfungsketten beschäftigen? Wir schätzen, dass es ungefähr zehn sind. Damit dürfte Deutschland in Europa an der Spitze liegen.

Geotech Statecraft besteht also in der Praxis aus Gesetzen, Ausführungsverordnungen oder investigativen Maßnahmen von Aufsichtsbehörden. Geschäftsführer und Vorstände beschäftigen sich nur ungern mit diesen Themen. Dafür gibt es Spezialisten und Fachabteilungen – und der Chef denkt sich: »Schön, dass sich jemand darum kümmert ...« Die Geopolitisierung der Märkte zwingt hier zu einem radikalen Umdenken. Denn Geotech Statecraft ist ein anderes Kaliber als die regulatorischen Rahmenbedingungen, an die sich Unternehmensentscheider in der liberalen Marktwirtschaft in der Zeit des unipolaren Moments gewöhnt haben. Unsere Kernbotschaft ist: Geotech Statecraft wird die Geschäftsgrundlage vieler Unternehmen massiv beeinflussen. Unternehmensstrategie muss ab jetzt im Kontext von Geotech Statecraft formuliert werden. Deshalb müssen die Unternehmensrisiken, die von Geotech Statecraft ausgehen, von jenen verstanden werden, die für die Unternehmensstrategie zuständig sind.

Der Geotech-Statecraft-Werkzeugkasten

Nun zu den konkreten Instrumenten, die Staaten anwenden können, um die Technologieverbreitung in Einklang mit ihren geopolitischen Zielen zu bringen. Im Grunde sind die Werkzeuge vier verschiedenen Kategorien zuzuordnen: (1) Verwehrung des Zugriffs auf bestimmte Technologien, (2) Verwehrung des Zugriffs auf Daten, (3) Verwehrung des Marktzugangs, (4) Gewährung von Subventionen. Tabelle 2 zeigt die wichtigsten Geotech-Statecraft-Werkzeuge im Überblick.

Geotech-Statecraft-Werkzeug	Erläuterung
Exportkontrollen	Exportkontrollen können sich beziehen auf ▪ ganze Länder ▪ einzelne Unternehmen oder Personen ▪ Waren- und Dienstleistungsgruppen
Importkontrollen bzw. Technologie-Anwendungs-kontrollen	Technologiekontrollen können zweierlei Form annehmen: ▪ Import- bzw. Verwendungsverbot: »Bann« bestimmter Technologiekomponenten ▪ Vorschrift zur Verwendung bestimmter Technologiekomponenten Diese Kontrollen werden oft mit IT-Sicherheitsbedenken begründet.
Investitions-kontrollen	Investitionskontrollen kommen in zwei Varianten vor: ▪ »Inbound«-Investitionskontrollen unterbinden oder schränken ausländische Investitionen in Sektoren ein, die als relevant für die nationale Sicherheit angesehen werden. ▪ »Outbound«-Kontrollen beschränken die Investitionsmöglichkeiten einheimischer Unternehmen im Land des geopolitischen Rivalen
Datenlokalisierungs-vorschriften	verschiedene Varianten von Transfereinschränkungen für persönliche oder sicherheitsrelevante Daten
Restriktionen im Bereich Personal	Einreiseverbote, Visarestriktionen, Betätigungseinschränkungen
staatliche Beihilfen	Subventionen zur Umgestaltung globaler Wertschöpfungsketten oder zur Steigerung der Innovationsfähigkeit der eigenen Wirtschaft
Zölle	Zolltarife auf Importe kritischer Technologiegüter und darüber hinaus
unkonventionelle Maßnahmen	staatlich gesteuerte Konsumboykotte, Kampagnen gegen einzelne Unternehmen

Tabelle 2: Geotech-Statecraft-Werkzeugkasten

USA: Vom Champion der Technologieexpansion zur Restriktion

Das Entwicklungszentrum neuer Geotech-Statecraft-Werkzeuge ist Washington. Auf der einen Seite ist das logisch, schließlich möchten die USA den technologischen Aufstieg Chinas bremsen. Auf der anderen Seite ist die neue Strategie der USA gerade im Tech-Regulierungskontext bemerkenswert. Schließlich waren die USA in den Jahren nach 1990 einer der Hauptförderer des Freihandels und der »Tech-Expansion«. Wir erinnern uns: Bill Clinton warb für den WTO-Beitritt Chinas mit dem Argument, dass Demokratie den Mobilfunkmasten folgen würde. Das ist der schon erwähnte »Panoptikon-Effekt«.

Wie sich die Zeiten geändert haben! Aus eigener Erfahrung können wir berichten, dass viele amerikanische, koreanische, japanische und europäische Tech-Unternehmen eher mit Bangen in Richtung Washington schauen als nach Peking. Dass Marktzugang in China ein schwieriges Thema ist, daran haben sich europäische Unternehmen gewöhnt. Dass aber ausgerechnet in Washington Geotech-Statecraft-Interventionen am Fließband produziert werden, ist neu.

Tabelle 3 zeigt die wichtigsten Geotech-Statecraft-Werkzeuge der USA im Überblick.

Fallbeispiel 1 – Exportkontrollen gegen einzelne Unternehmen: Der Fall Huawei

Mai 2019. Während sich die IT-Industrie noch mit dem Zollchaos der ersten Trump-Administration beschäftigt, folgt der nächste Geotech-Hammer: Das Weiße Haus setzt den chinesischen Netzwerk- und Telekommunikationsanbieter Huawei auf die schwarze Liste. Ab sofort müssen alle Technologielieferungen (sowohl Hard- als auch Software) an Huawei vom Bureau of Industry and Security (BIS) genehmigt werden. Für Huawei steht extrem viel auf dem Spiel: 2018 bezog Huawei

Geotech-Statecraft-Werkzeug	Regulierung	Beispiel
Export-kontrollen	gegen Länder: ECRA gegen Unternehmen: Entity Lists BIS, ICTS, FCC gegen Technologien: Commerce Control List, ECRA, FDPR	Huawei, Fallbeispiel 1 Nvidia, Fallbeispiel 2
Importkontrollen bzw. Technologie-Anwendungs-kontrollen	ICTS Connected Vehicles, FCC	Huawei, Connected Vehicles, Fallbeispiel 3
Investitions-kontrollen	Inbound: CFIUS, FIRRMA Outbound: Executive Order Vorschlag (2023)	Qualcomm vs. Broadcom (vgl. Kapitel 9)
Datenlokalisierungs-vorschriften	ICTS	Connected Vehicles
Restriktionen im Bereich Personal	Executive Order 10043, ECRA, US Persons Rule	
staatliche Beihilfen	CHIPS Act	
Zölle	Tariff Act Sections 122, 232, 301, 338; IEEPA	Fallbeispiel 4
unkonventionelle Maßnahmen	Medienkampagnen gegen »unpatriotische Unternehmen«	Nvidia, Fallbeispiel 2

Tabelle 3: Geotech Statecraft in den USA

Waren im Wert von 11 Milliarden Dollar von amerikanischen Firmen wie Intel, Micron, Qualcomm, Texas Instruments oder Synopsys. Exporte nach China machten immerhin 20 Prozent des Umsatzes der gesamten amerikanischen Halbleiterindustrie aus.[98] Noch kritischer für Huawei: Das Geschäft mit Mobiltelefonen machte zu diesem Zeitpunkt 40 Prozent des Umsatzes aus. Chinas Top-IT-Unternehmen droht unter die Räder der Geopolitik zu kommen.

»Schwarze Listen« (»Entity Lists«) sind ein zentrales Instrument der amerikanischen Gesetzgebung. Die direkte Folge einer solchen Listung ist zunächst einmal die Notwendigkeit, für Lieferungen oder andere Formen der Zusammenarbeit eine Genehmigung einzuholen. Die Logik ist eigentlich ganz einfach: Auf diesen Listen werden Unternehmen, Länder oder Individuen gesammelt, die als nationales Sicherheitsrisiko oder geopolitische Feinde gelten.[99] Diese Listen werden unabhängig von bestimmten Gesetzen oder Anordnungen geführt. Das ist insofern wichtig, da jede anordnende oder kontrollierende Behörde dann in unterschiedlichen Kontexten einfach auf diese Liste Bezug nehmen kann. Verantwortlich für die Entity Lists ist das Bureau of Industry and Security (BIS), basierend auf den Export Administration Regulations (EAR). Diese EAR wiederum haben einen »langen Arm«: die Foreign-Direct Product Rule (FDPR).

Die FDPR besagt, dass EAR-Exportkontrollen auch dann gelten, wenn US-Technologie im *Herstellungsprozess* von im Ausland produzierten Gütern verwendet wird. Der wichtigste Experte zur FDPR ist Kevin Wolf, der als Staatssekretär unter Obama das Exportkontrollrecht modernisiert hat. Wolf sagt: »Die FDPR sorgt dafür, dass jeder Halbleiterchip auf der Welt unter amerikanische Regulierung fällt, weil jede Halbleiterfabrik amerikanische Technologie verwendet. Wenn du hundert nichtamerikanische und ein amerikanisches Tool in deiner Halbleiterfabrik hast, ist die komplette Produktion vom FDPR betroffen.«[100]

Wichtig sind die Unterschiede zwischen den Listen. Die strikteste Version – eine »Footnote 1 Designation« – verbietet nicht nur kommerzielle Beziehungen zu den gelisteten Unternehmen, sondern jede Art der »Transaktion«. Das umfasst im Zweifel sogar ein einfaches Meeting. Genau auf dieser Fußnote-1-Liste fand sich der staatsnahe Netzwerk- und Mobilfunkkonzern Huawei (und zahlreiche seiner Tochterunternehmen) wieder. Kein Wunder also, dass Huawei die Entwicklung eines eigenen Betriebssystems mit aller Kraft vorantreibt, um möglichst schnell unabhängig zu werden von Android – und zwar mit voller Rückendeckung der chinesischen Regierung. Mit dem eigenen System »Harmony OS« gelang dies überraschend schnell. Für China war der Huawei-Fall ein Weckruf.

Die Huawei-Story ist allerdings noch aus einem anderen Grund interessant. Zwischen November 2020 und April 2021 exportierten laut Reuters US-Firmen Güter im Wert von 61 Milliarden Dollar an Huawei.[101] Wie kann das sein? – Keine Regel ohne Ausnahmen und keine Regulierung ohne Schlupflöcher! Hier zeigt sich die Komplexität von Geotech Statecraft. Loch Nummer 1: Die »Country of Origin«-Regel. Die besagt, dass die Exportkontrollen nur für Produkte und Dienstleistungen gelten, deren Wertschöpfung mindestens zu 25 Prozent in den USA stattgefunden hat. Eine solche Regel ist ein Fest für spezialisierte Anwälte. Viele US-Firmen fanden heraus, dass die Wertschöpfung in den USA bei vielen betroffenen Produkten unterhalb von 25 Prozent lag.[102] Ebenso vorhersehbar war die Reaktion der Trump-Regierung: Im August 2020 folgte die Absenkung der Regel auf 10 Prozent.[103]

Schlupfloch Nummer 2 versteckt sich deutlich tiefer in den Exportkontrollparagrafen.[104] Dort heißt es, dass im Bereich der Halbleiterproduktionsmaschinen die Ausfuhrverbote nur für jene Maschinen gelten, die für die Produktion besonders fortgeschrittener Chips eindeutig notwendig (»uniquely required«) sind. Die Auslegung solcher

Begriffe im Sinne des Kunden sind ein Fest für eine ganze Armee Washingtoner Anwälte. Und tatsächlich kann man argumentieren, dass viele Technologien, die für 28-nm-Halbleiter genutzt werden, zwar auch für die 5-nm-Produktion verwendet werden können – aber eben nicht ausschließlich![105] Es lebe der rechtliche Winkelzug.

Aus dem Huawei-Beispiel lassen sich also gleich ein paar Lehren ziehen: »Entity Bans« sind ein scharfes Schwert, weil sie via FDPR weltweite Anwendung finden können. Auf der anderen Seite gibt es nahezu immer Schlupflöcher. Wenn Unternehmen diese kennen, können sie Risiken mindern, die aus der Anwendung der Entity Bans entstehen. Wirkliche Planungssicherheit entsteht dadurch aber selbstverständlich nicht – denn die nächste Verschärfung droht.

Relevanz für deutsche Unternehmen:

- Der Arm von Entity Bans ist lang – wer in seinen Produkten und Services auf US-Technologie zurückgreift und Kunden in China hat, die auf der Entity List stehen, kann in den USA wegen Verstößen gegen Exportkontrollen belangt werden.
- Das Abschneiden Huaweis von globalen Tech-Wertschöpfungsketten hat in China zu massiven Investitionen in separate IT geführt. Wer in Zukunft in China aktiv sein will, muss sich mit chinesischer IT auseinandersetzen.
- Jede Sanktion hat ihre Schlupflöcher. Es kann sich also lohnen, in politisches Know-how in Washington zu investieren.

Fallbeispiel 2 – Technologiebezogene Exportkontrollen und der Halbleiterfall

Im zweiten Beispiel beziehen sich die Exportkontrollen nicht auf einzelne Unternehmen, sondern auf ganze Technologieklassen. Solche Technologieklassen-Exportkontrollen kennen Experten schon lange. Allerdings waren diese bislang sehr eng gefasst und bezogen sich nur auf militärische beziehungsweise »Dual Use«-Güter. Solche Exportkontrollen waren deswegen bislang wirtschaftlich gesehen kaum relevant (laut BIS verloren US-Firmen zwischen 2009 und 2012 geschätzte 988 Millionen bis 2 Milliarden Dollar aufgrund dieser Exportkontrollen).[106] Das änderte sich 2018 mit dem Export Control Reform Act (ECRA) der USA. Sektion 1758 besagt, dass »sich entwickelnde und Grundlagentechnologien, die entscheidend für die nationale Sicherheit der USA sind« mit Kontrollen belegt werden können. Was nun diese Grundlagentechnologien genau sind, wird im ECRA nicht geklärt. Der Text verweist auf das BIS. Was folgte, war ein Lehrbeispiel für die Komplexität von Geotech Statecraft. Denn es dauert mehrere Jahre, zu definieren, welche Technologien eigentlich genau betroffen sind. Im November 2018 veröffentlichte das BIS einen Vorschlag mit 14 »emerging technologies«. In den folgenden zwei Jahren kamen dann 38 weitere hinzu. Zudem mühte sich das BIS damit ab, den Begriff der »foundational technologies« zu definieren – und gab schließlich auf. Im Mai 2022 werden die Kategorien komplett über den Haufen geschmissen. Bis heute (Stand Juni 2025) heißt die Kategorie »Section 1758 technologies«.[107] Und bis heute ist ungeklärt, welche Technologien nun genau darunterfallen.

Ungeachtet unsauberer Kategorisierung von Technologien trieb die Biden-Administration auch in der zweiten Hälfte der Amtszeit das Thema Exportkontrollen voran. Am 7. Oktober 2022 erließ das BIS neue Kontrollen auf High-End-Halbleiter.[108] Ziel war es jetzt, insbesondere den Fortschritt in China bei der künstlichen Intelligenz zu bremsen. Jake Sullivan beschreibt den neuen Ansatz mit »small yard, high fence«. Es ging (und geht bis heute) um eine kleine Klasse an Technologien, die die USA kontrollieren sollten; umgeben von einem hohen Zaun. Doch wie groß ist der Garten? Washington-Kenner ahnen, was folgte: Eine weitere Technologieliste sollte erarbeitet werden, dieses Mal vom Weißen Haus. Die neue Kategorie heißt »Critical and

Emerging Technologies« (CETs). Die neue Liste hat nichts mit den oben genannten BIS-Listen zu tun (als ob Geotech Statecraft nicht an sich schon kompliziert genug wäre). Am Ende steht jetzt ein Exportkontrollkonstrukt, das es so noch nie gegeben hat und von der Trump-Regierung mit hoher Wahrscheinlichkeit weiter ausgebaut werden wird.

Stand Juni 2025 ist, dass die Regel den Export konkreter Komponenten verbietet. Dazu gehören High-End-Chips, die mindestens 300 Tera Operations per Second (TOPS) leisten können. Darüber hinaus verboten ist auch »jede Aktivität einer US-Person, die dazu beiträgt, fortgeschrittene Halbleiter zu entwickeln oder herzustellen«. »Fortgeschrittene Halbleiter« werden wiederum definiert als Chips mit Technologieknoten-Größe 14 Nanometer und kleiner.

Besonders hart trifft diese Regelung den kalifornischen Chiphersteller Nvidia. Die sogenannten GPUs der Firma sind die wichtigsten Bausteine von KI-Rechenzentren. Der leistungsfähigste Chip namens H100 fällt eindeutig unter die Exportkontrollen. In der Managementliteratur geistert ein Zitat herum, das Peter Drucker zugeschrieben wird: »Wenn etwas gemessen wird, wird es auch gemanagt.« Für Exportkontrollen gilt analog: »Wenn Exportkontrollgesetze konkrete Technologiebenchmarks enthalten, werden neue Produkte entwickelt, die knapp unter den Benchmarks liegen.« Kurz nachdem die amerikanische Halbleiterregulierung in Kraft trat, brachte Nvidia einen neuen Chip auf den Markt, den H20. Der H20 lag bei Markteinführung Anfang 2024 genau unterhalb der Benchmarks. Die Empörung in Washington über das »unpatriotische Verhalten« war riesig. Wir sprechen in dieser Zeit mit einem hochrangigen Nvidia-Manager in den USA. Er ist außer sich: »Wenn ich auf einer Landstraße fahre und da eine Geschwindigkeitsbegrenzung von 100 km/h gilt, dann sollte es okay sein, wenn ich 99 km/h fahre. Was uns gerade passiert, ist so, als ob der Polizist sich beklagt, wir hätten gegen den ›Geist vom 100-km/h-Schild‹ verstoßen.«

Wer glaubte, dass die amerikanischen Exportkontrollen für Chips nichts mit Europa zu tun haben, wurde Ende 2024 eines Besseren belehrt. In den letzten Tagen der Biden-Administration kam es hinter verschlossenen Türen zu einem Eklat unter Handelspolitikern mit Tech-Expertise. Eine neue »AI Diffusion Rule«[109] teilt seitdem die Welt in drei Kategorien auf. In der Topkategorie befinden sich achtzehn Länder, darunter Australien, Dänemark, Frankreich, Deutschland, Taiwan, Großbritannien und Japan. Exporte von High-End-Chips sind hier erst mal grundsätzlich erlaubt (außer an Firmen, die in diesen Ländern aktiv sind, aber ihren Hauptsitz außerhalb haben). In der untersten Kategorie befinden sich die »Schurkenstaaten« der USA: China, Kuba, Iran, Nordkorea, Russland. Hier sind KI-Chip-Exporte verboten. Interessant wird es in der mittleren Kategorie, in der sich rund 150 Länder befinden. Hier sind Exporte unter Auflagen und Restriktionen erlaubt. Aber die Regelungen sind erneut so kompliziert, als kämen sie von Datenschutzexperten der Europäischen Union.

So können sich Unternehmen um den Status eines UVEU (Universal Validated End User) bewerben. Wie das genau gehen soll, ist allerdings unklar. Ein UVEU darf dann nicht mehr als 25 Prozent seiner gesamten KI-Rechenkapazitäten außerhalb von Kategorie-1-Ländern anwenden und nicht mehr als 7 Prozent in einem einzelnen Land. Das klingt alles absurd genug. Die dicke Überraschung: In dieser Kategorie finden sich EU-Mitgliedsländer wie Polen, die baltischen Republiken, Österreich und selbst die Schweiz wieder. Die AI Diffusion Rule ist ein diplomatischer Eklat.

Ende der Geschichte? Nicht ganz. Amerikanische Geotech Statecraft ist nämlich nicht nur kompliziert, sondern auch unberechenbar. Im Mai 2025 erklärt Trump die AI Diffusion Rule für ungültig.[110] Stattdessen veröffentlicht die Trump-Administration einen »Hinweis« für Unternehmen, dass die Nutzung chinesischer AI-Chips (wie der Huawei Ascend) gegen US-Exportkontrollen verstoße.[111] Welches Unternehmen kann da noch folgen – geschweige denn Maßnahmen umsetzen, die Compliance sicherstellen?

Relevanz für deutsche Unternehmen:

- Die aktuellen Regelungen betreffen vor allem Unternehmen der Halbleiterbranche – so deutsche Zulieferer von ASML (wie Zeiss).
- Die neue »AI Diffusion Rule« hat starken Einfluss auf Standortentscheidungen für KI-Rechenzentren.
- Es besteht das Risiko, dass die neue Regierung neben High-End-Halbleitern weitere Produktkategorien mit ähnlichen Exportkontrollen belegt. Die Liste der »critical and emerging technologies« gibt einen ersten Hinweis auf die Prioritäten.[112]

Fallbeispiel 3 – Markteintrittsbarrieren: Der Fall »Connected Vehicles«

Unser nächstes Fallbeispiel bezieht sich auf Technologie-Anwendungsbeschränkungen in den USA. Die Vereinigten Staaten setzen dies zurzeit mit der sogenannten ICTS-Regulierung um. Diese gibt dem US-Handelsministerium das Recht, jegliche Transaktion zu überprüfen, die (1) Informations- und Kommunikationstechnologien oder -dienstleistungen (Information and Communications Technology and Services – ICTS) betrifft und (2) einen Bezug zu einem »ausländischen Gegner« (»foreign adversary«) hat. Grundsätzlich gilt: Mit ICTS hat das Handelsministerium eine weitreichende Handhabe – und zwar nicht nur retroaktiv, sondern auch gestaltend. Wie weitreichend die Regulierung eingesetzt werden kann, zeigt ein Vorschlag aus dem letzten Jahr zur Regulierung für Connected Vehicles. Darin heißt es:

> »[…] über 200 Automobilhersteller, die in der VR China tätig sind, sind gesetzlich verpflichtet, Echtzeit-Fahrzeugdaten, einschließlich Geolokationsinformationen, an Überwachungszentren der

> Regierung zu übermitteln. […] Diese umfassende Datenweitergabe, die der Regierung der VR China detaillierte Informationen über das Verhalten und die Gewohnheiten von Individuen bietet, weist auf einen umfassenderen Ansatz hin, private Unternehmen zu kooptieren – einen Ansatz, der erhebliche Bedenken darüber aufwirft, wie die Regierung der VR China die wachsende Präsenz von OEMs und Herstellern von IKT-Systemen, die für [vernetzte Fahrzeuge] in ausländischen Märkten von entscheidender Bedeutung sind, ausnutzen könnte.«[113]

Die Regelung sieht vor, dass bereits die Integration einzelner, in China hergestellter Komponenten in vernetzte Geräte unter den Anwendungsbereich der Regulierung fallen könnte. ICTS Connected Vehicles verhängt damit de facto ein Importverbot gegen chinesische Autos aufgrund nationaler Sicherheitsbedenken. Das ist natürlich viel radikaler als die viel diskutierten Autozölle. ICTS ist der Grund, warum wir niemals einen BYD auf amerikanischen Straßen sehen werden. Umso überraschender, dass die ICTS Connected Vehicles in Europa kaum wahrgenommen wurde und sogar in der Autobranche eher unbekannt ist.

Die Schadenstheorie der ICTS kann nicht nur auf Autos angewendet werden, sondern auf »all things connected« – und in der Tat wissen wir von Entwürfen, die in den Schubladen des US-Handelsministeriums liegen, die weitere Produktgruppen umfassen werden.

Relevanz für deutsche Unternehmen:

- Von der ICTS Connected Vehicles ist die gesamte Autobranche (OEMs und Zulieferer) betroffen – sowie deren IT-Infrastrukturpartner.
- Es ist sehr wahrscheinlich, dass die ICTS-Logik bald auf andere »Connected Devices« ausgeweitet wird. Dazu können unter ande-

rem Haushaltsgeräte, »Smart Home Devices«, Produktionsmaschinen, Drohnen oder Infrastrukturtechnologien gehören. Insofern sind all jene Unternehmen betroffen, die »Connected Devices« in den USA vertreiben.

Fallbeispiel 4: Zölle

Totgesagte leben länger – das gilt auch für Importzölle. Schutzzölle waren eines der Hauptprobleme der Weltwirtschaftskrise in den Dreißigerjahren und dementsprechend lange verpönt. In den Achtzigerjahren – für Trump eine prägende Dekade – erlebten sie eine kurze Renaissance in den USA, um japanische Elektronik- und Autoimporte zu bremsen. Die Wirtschaftsordnung des unipolaren Moments nach 1990 war klar darauf ausgerichtet, Zölle mittelfristig abzuschaffen. Der Freihandelskonsens im Westen bröckelte erst wieder in den Nullerjahren, als klar wurde, dass die Integration Chinas in die WTO-Ordnung nicht so lief wie erhofft. Als radikale Zollbefürworter positionierten sich früh Peter Navarro und Robert Lighthizer, die später zu engen Beratern Trumps werden sollten. Für Navarro und Lighthizer sind Zölle ein Wundermittel. Die wohlbelegte These, dass Zölle vor allem der eigenen Bevölkerung schaden und falsche Anreize für die heimische Industrie schaffen, lassen sie einfach nicht gelten. Lighthizer veröffentlicht 2023 ein Buch mit dem Titel *No Trade is Free.* Noch weniger subtil ist Navarros Buchtitel von 2011: *Death by China.*[114]

Es ist bekanntlich schwer, Muster im chaotischen Handeln von Trump zu finden. Doch zwei Beobachtungen sind wichtig: Erstens hat Biden die unter der ersten Trump-Administration erlassenen Zölle nicht abgewickelt, sondern nur punktuell zurückgenommen. Auch Biden war kein »Free Trader« mehr. Insofern wäre es falsch, Zölle als reines Trump-Thema abzutun. Zweitens: Wer glaubt, dass Trump wegen sinkender Aktienkurse seine Zollpolitik radikal zurückfährt, missversteht ihn gründlich. Für Trump sind Zölle der Weg zu einer stärkeren amerikanischen Wirtschaft. Und sie sind der wirtschaftspolitische Kern der MAGA-Bewegung.

Zölle können in den USA auf unterschiedlichen Rechtsgrundlagen erlassen werden. Das ist für das Verständnis der Wirkungsweise wichtig.

- Die in Kapitel 2 erwähnten »Sektion 232«-Zölle werden begründet mit der nationalen Sicherheit. Das bekannteste Beispiel sind die Zölle auf Stahl und Aluminium, die während der ersten Trump-Administration sowohl gegen China als auch gegen die EU erhoben wurden. Das Argument: Die Herstellung von Stahl und Aluminium in den USA sei für die nationale Sicherheit entscheidend. Deswegen seien Zölle gegen »Dumping-Stahl« gerechtfertigt, der zu einer Krise amerikanischer Hersteller geführt habe. Das große Problem ist: Viele Importe von US-Unternehmen in die USA, die Stahl und Aluminium enthalten, sind betroffen, darunter Autos.
- »Sektion 301«-Zölle sind als Gegenmaßnahme gegen den Diebstahl geistigen Eigentums angelegt. Sie wurden 2018/2019 in großem Maßstab gegen China erlassen. MiC 2025 spielte in der Begründung eine wichtige Rolle. Diese »301-Zölle« wurden in vier Paketen veröffentlicht. Zunächst wurden China-Importe im Wert von 34 Milliarden Dollar, dann weitere 16 Milliarden Dollar mit Zöllen belegt. Paket 3 umfasste 200 Milliarden Dollar, Paket 4 300 Milliarden Dollar. Betroffen sind 10 000 Produkte, darunter viele aus der IT. Runde Nummer 2: Im Februar 2025 drohte Trump mit 301-Zöllen auf EU-Importe – als Reaktion auf die angeblich US-Unternehmen diskriminierende Internetregulierung in Europa.[115]
- Neu im Trump-Portfolio sind Zölle, die 2025 auf Grundlage präsidialer Notstandsgesetzgebung (IEEPA) gegen Kanada und Mexiko und anschließend als »reciprocal tariffs« gegen jedes einzelne Land erlassen wurden. Als Rechtfertigung dient die illegale Ausfuhr von

Fentanyl in die USA – dem Stoff der Opioidkrise in den USA mit jährlich Zehntausenden Drogentoten. Entsprechend lautet die Forderung: Zölle werden erst dann zurückgenommen, wenn Kanada und Mexiko diese Importe in die USA wirksam unterbinden. Was das genau heißt, ist natürlich völlig unklar, und auch, wie das praktisch möglich sein soll. Die Menge des jährlich aus Kanada eingeschmuggelten Fentanyls passt in einen Rucksack. Das macht diese Zölle extrem unberechenbar, zumal die Anwendung der IEEPA-Rechtsgrundlage auf den Handel rechtlich umstritten ist.[116]

Für Unternehmen ist bei US-Zöllen immer eine Frage wichtig: Welche Ausnahmen sind möglich? Bei 301-Zöllen können Unternehmen beantragen, bestimmte Produkte von den Zöllen auszuklammern. 2018 wurde das zu einem wichtigen Thema für IT-Unternehmen. Ansgar war zu dieser Zeit bei HP tätig und Teil des Teams, das für die Koordinierung der Gegenmaßnahmen zuständig war. Zunächst galt es herauszufinden, welche Produkte überhaupt betroffen sind (dazu war eine Analyse des sogenannten Harmonized Tariff Schedule – HTS – notwendig). Das 301-Verfahren lässt nämlich die Beantragung von Zollausnahmen zu, wenn es dafür triftige Gründe gibt – zum Beispiel stark ansteigende Preise für Konsumenten. Bis September 2021 wurden mehr als 52 000 Anträge für Ausnahmen gestellt. Es tobte eine Lobbyschlacht, die in der Geschichte der IT-Industrie ihresgleichen suchte. Da diese Ausnahmen wiederum nur für ein Jahr gelten, wiederholt sich der Papierkrieg alle zwölf Monate.[117] Importe im Wert von mehr als 71 Milliarden Dollar wurden schließlich von Zöllen befreit. Klar ist: Wer dieses Spiel in D.C. schlechter spielt als die Konkurrenz, gerät ins Hintertreffen und wird an der Börse abgestraft. Trump wird sich daran zu Beginn seiner zweiten Amtszeit erinnern und solche Schlupflöcher schließen – denn die IEEPA-begründeten Zölle sehen ein solches Ausnahmeverfahren nicht vor.

Relevanz für deutsche Unternehmen:

- »Geopolitisches Alignment« schützt nicht vor Zöllen. Dass Europa als enger Verbündeter der USA gegen Zölle nicht immun ist, hat sich herumgesprochen. Doch auch die Verlagerung der Produktion von China nach Mexiko – eine beliebte »Mitigation Strategy« nach der ersten Zollrunde 2018 – funktioniert nicht mehr. Davon können insbesondere Automobilhersteller und -zulieferer ein Lied singen – siehe 232-Zölle.
- Bei 301-Zöllen ist der direkte Vergleich der Lobbying-Strategie mit der Konkurrenz wichtig. Hier geht es um relative Vorteile gegenüber der Marktkonkurrenz. »Trade Compliance«-Arbeit in Washington wird also zum Wettbewerbsfaktor.

China: »Sicher und kontrolliert«, asymmetrische Gegenstrategie

Im Vergleich zu den USA liegt Chinas Ausgangspunkt für Technologiekontrollen am anderen Ende des Spektrums: China ist darauf angewiesen, Zugang zu ausländischen Technologien zu sichern, um seine Entwicklungsziele zu erreichen. Gleichzeitig versucht China, mit MiC 2025 den Schritt von der Werkbank zum Technologie-Leader zu vollziehen. Der Geotech-Werkzeugkasten Chinas ist entsprechend etwas anders sortiert als jener der USA. Dennoch gibt es zahlreiche Überschneidungen, bis hin zu Kopien von Geotech-Statecraft-Instrumenten.

Tabelle 4 zeigt die wichtigsten Geotech-Statecraft-Werkzeuge Chinas im Überblick.

Geotech-Statecraft-Werkzeug	Regulierung	Beispiel
Exportkontrollen	gegen Länder gegen Unternehmen: UEL, AFSL gegen Technologien: Dekrete, Catalogue of Technologies Prohibited or Restricted from Export	 FedEx, Rüstungsfirmen, Fallbeispiel 1 Rohmaterialien, Fallbeispiel 3
Importkontrollen bzw. Technologie-Anwendungs-kontrollen	Espionage Law, CSL, TC260, NSL	Fallbeispiel 2
Investitions-kontrollen	Joint-Venture-Gesetz	
Datenlokalisierungs-vorschriften	CSL, DSL, MLPS	
Restriktionen im Bereich Personal	Visaregulierung	
staatliche Beihilfen	MiC 2025, Big Funds	
Zölle	Importzölle als Reaktion auf US-Zölle	
unkonventionelle Maßnahmen	Konsumboykotte: Richtlinien der KPC	Fallbeispiel 4

Tabelle 4: Geotech Statecraft in China

Fallbeispiel 1: Unreliable Entity List (UEL) und Anti-Foreign Sanctions Law (AFSL)

Die chinesische »Unreliable Entity List« (UEL) spiegelt die amerikanischen schwarzen Listen. 2019 wurde sie zunächst mit dem Charakter einer Drohung veröffentlicht, fand aber zunächst kaum Anwendung. Das änderte sich nach dem in den USA erlassenen »Uyghur Forced Labor Prevention Act« (UFLPA). Letzterer verbietet die Importe von Waren aus der chinesischen Provinz Xinjiang wegen des Verdachts, dass diese Waren mithilfe von Zwangsarbeit hergestellt werden. Die Gegenmaßnahmen Chinas – UEL und AFSL werden begründet mit der »Einmischung in Chinas innere Angelegenheiten« – beinhalten sowohl Einreiseverbote für Personen, das Einfrieren von Vermögenswerten als auch ein Handelsverbot für chinesische Firmen mit den betroffenen ausländischen Konzernen. Damit werden internationale Unternehmen vor die schwierige Wahl gestellt, ob sie in den USA oder in China »compliant« sein wollen. Ob China die UEL anwendet, ist eine Entscheidung, die ausschließlich nach politischen Gesichtspunkten getroffen wird – mit der Folge maximaler Unklarheit für Unternehmen. Das ist natürlich Absicht, denn das Damoklesschwert ist ein Kernbestandteil der chinesischen »Geotech Statecraft«. Als bekannt wurde, dass FedEx Paketzustellungen zu Huawei nach der Entity-List-Aufnahme einstellt, reagierte die chinesische Regierung umgehend mit einem UEL-Prüfverfahren gegen FedEx.[118] Präventiv bestellte die Regierung gleich noch eine Reihe von Tech-Unternehmen wie ARM, Dell, Microsoft, Samsung und SK Hynix ein, um einen nicht allzu dezenten Hinweis auf die möglichen Konsequenzen Huawei-unfreundlichen Verhaltens zu geben.[119]

Tatsächlich angewendet wird die UEL erst seit 2023. Zunächst traf es die beiden Rüstungskonzerne Lockheed Martin und Raytheon, dann folgten sieben weitere Konzerne, die Waffen an Taiwan liefern. Diese Sanktionen waren noch eher symbolischer Natur, da US-Rüstungskonzerne ohnehin keine Geschäftsbeziehungen zur Volksrepublik China haben dürfen. Tatsächlich wirtschaftlich relevant wurde die UEL Anfang 2025. Da fand sich überraschend das Biotech-Unternehmen Illumina auf der Liste wieder. Die US-Firma ist ein Spezialanbieter für Gensequenzierungsmaschinen. Eigentlich gab es keinen konkreten Anlass, ausgerechnet Illumina oder die (kleine) Branche der DNA-Sequenzierer zu bestrafen. Der Fall verdeutlicht stattdessen ein zweites Prinzip chinesischer Geotech Statecraft, nämlich die *asymmetrische Antwort*. Mit der UEL reagierte China auf die von Trump erhöhten Zölle auf chinesische Importe. Statt mit Zöllen zu antworten, nutzt China die UEL.

Relevanz für deutsche Unternehmen:

- Xinjiang ist ein »heißes Eisen« – hier ist besondere Vorsicht geboten. Insbesondere der Bereich Unternehmenskommunikation muss hier das Risiko kennen. Das gilt auch für alle anderen US-Maßnahmen, die sich gegen chinesische Tech-Unternehmen richten.

Fallbeispiel 2: Cybersecurity Law und TC260

Für die Mehrzahl internationaler Unternehmen mit China-Geschäft ist das Cybersecurity Law (CSL) relevanter als die UEL. Das CSL schreibt vor, dass die persönlichen Daten chinesischer Bürger und sicherheitsrelevante Daten in China bleiben müssen. Gleiches gilt für alle Betreiber kritischer Informationsinfrastrukturen (Critical Information Infrastructure – CII).[120] Welche Sektoren genau unter CII fallen, ist unklar. Auch das ist natürlich Absicht. Allein die Perspektive, unter CII zu fallen, hat viele Unternehmen veranlasst, vorsorglich Daten in China zu lokalisieren – zum Vorteil der chinesischen Cloud-Anbieter.

Darüber hinaus ist die Regulierung von Verschlüsselungstechnologien ein wichtiger Geotech-Statecraft-Hebel. Im Zentrum des Geschehens steht dabei eine mysteriöse Arbeitsgruppe namens TC260. Ursprünglich als Standardisierungsgremium gegründet, hat sich TC260 zu einem mächtigen Akteur in der Handelspolitik entwickelt. Bis 2023 veröffentlichte TC260 mehr als 270 Standards – rund 75 Prozent davon wurden chinaspezifisch und bewusst in Abgrenzung zu internationalen Standards entwickelt. Zwar können internationale Unternehmen an einigen Task Forces teilnehmen, die Arbeitsgruppe 3 zu Verschlüsselungstechnologie akzeptiert allerdings nur chinesische Mitglieder.[121] Die Gründe hierfür liegen auf der Hand.

Verschlüsselung ist heute allgegenwärtig. Kein PC, kein Auto, kein Ding im »Internet of Things« und keine Cloud-Anwendung kommt ohne Verschlüsselung klar. Selbstredend liegen die Codes für die Entschlüsselung der chinesischen Regierung vor, schon aus Gründen der politischen Kontrolle. Aus wirtschaftlicher Sicht aber wichtiger ist: Der Marktzugang zu China hängt nun davon ab, ob Unternehmen chinesischen Code in ihren Produkten akzeptieren. Daraus folgt oft die Notwendigkeit, chinaspezifische Produkte zu entwickeln (mehr dazu im folgenden Kapitel).

Hier kommen wir kurz auf den Fall Apple zurück. Eigentlich werden Apple-Services vor allem auf der AWS-Cloud gehostet. Aufgrund der CSL-Vorschriften war das in China keine Option mehr. Apple investierte ab 2018 rund eine Milliarde Dollar in Guizhou-Cloud Big Data (GCBD), ein Unternehmen im Besitz der Provinz Guizhou. Ursprünglich war geplant, die übliche Apple-Verschlüsselungstechnologie auch hier zu implementieren (inklusive eines von der französischen Firma Thales hergestellten Hardwaremoduls). Doch das missfiel der chinesischen Regierung.[122] Ein Bericht der *New York Times* im Jahr 2021 legte dar, dass Datenübermittlungsanfragen der chinesischen Strafverfolgungsbehörden nun direkt an GCBD gestellt werden, sodass Apple Complianceprobleme in den USA vermeiden kann.[123] Das iPhone in China ist also »unter der Haube« schon heute ein ganz anderes Gerät als das »Rest of the World«-iPhone. Wie wir in Kapitel 6 sehen werden, ist diese Spaltung der digitalen Produktwelt schon deutlich weiter fortgeschritten, als es vielen Entscheidern in Politik und Wirtschaft klar ist – und dies oft aufgrund chinesischer Geotech Statecraft.

Relevanz für deutsche Unternehmen:

- CSL und TC260 werden den Marktzugang in China entscheidend beeinflussen. Wie wir in Kapitel 8 sehen werden, bedarf es einer umfassenden Lokalisierung von Ressourcen in China, um diesen Marktzugang zu erhalten.

Fallbeispiel 3: Exportkontrollen für Batterien und seltene Erden

Im Sommer 2024 tobt ein Streit zu E-Autos zwischen Europa, den USA und China. Die EU kündigt Strafzölle von bis zu 38,1 Prozent auf chinesische E-Autos an, begründet mit Subventionen in China, die gegen die WTO-Regeln verstoßen.

Beijing reagiert umgehend auf die Strafzölle, und zwar erneut mit asymmetrischen Maßnahmen. Statt also mit Gegenzöllen zu antworten, unterzeichnet Chinas Ministerpräsident Li Qiang im Juni 2024 ein Dekret, das Exportkontrollen auf seltene Erden erlässt. Als seltene Erden werden siebzehn chemische Elemente bezeichnet: Scandium, Yttrium sowie die Gruppe der Lanthanoide. Diese Elemente sind aufgrund ihrer chemischen Eigenschaften unter anderem in der Elektronik (Magnete, Bildschirme), der Energieerzeugung (Windkraftanlagen, Batterien), der Katalyse und in der Medizin (Röntgengeräte, Laser) unverzichtbar. Hier ist Chinas Marktanteil riesig. Chinesische Unternehmen bauen mehr als 60 Prozent der seltenen Erden ab. Bei der Weiterverarbeitung liegt der Anteil sogar bei knapp 90 Prozent.[124] Der Geotech-Statecraft-Hebel der Exportkontrolle Chinas ist in diesem Bereich entsprechend groß. »Exportkontrolle« heißt allerdings nicht gleich Exportverbot, erst mal geht es »nur« um ein Genehmigungsverfahren. Doch das ist ein Wink mit dem Zaunpfahl.

Im Januar 2025 folgen dann chinesische Exportkontrollen für LFMP-Batterien.[125] Die sind auch deshalb interessant, weil sie zeigen, dass China den Spieß umdrehen kann. In einigen Sektoren sind chinesische Firmen technologisch führend, und entsprechend ist es wenig überraschend, dass China hier die gleiche Logik der Technologie-Verbreitungskontrolle anwendet wie die USA bei Halbleitern. Auch bei den modernen Batterien geht es zunächst nicht um ein generelles Verbot von Exporten, sondern um einen Lizenzzwang. Ein wichtiges Ziel hierbei ist es, das geistige Eigentum chinesischer Unternehmen zu schützen.[126] Der »Export« des Wissens über Batterietechnik erfolgt vor allem durch internationale Unternehmenskooperationen. Hier möchte Beijing keinesfalls die Kontrolle verlieren, denn schließlich steht der Technologievorsprung Chinas im Batteriesektor auf dem Spiel. Umgekehrt weiß gerade China, wie leicht es ist, bei Unternehmenskooperationen kritisches Wissen abzusaugen. Diese Technik haben chinesische Joint-Venture-Partner schließlich seit Jahrzehnten perfektioniert.

Relevanz für deutsche Unternehmen:

- Chinesische Exportkontrollen auf seltene Erden sind ein Damoklesschwert. Je nach Entwicklung der politischen Lage kann China hier wählen zwischen gezielten Eingriffen bis hin zu einem vollständigen Exportbann, der globale Tech-Wertschöpfungsketten massiv beeinflussen würde. Für Unternehmen wird es zunächst darauf ankommen, die eigene Abhängigkeit von Rohmaterialien zu erkennen.
- Kooperationen wie Joint Ventures oder Forschungsprojekte mit chinesischen Firmen in strategischen Sektoren können von Exportkontrollen betroffen sein.

Fallbeispiel 4 – Staatlich gelenkte Konsumboykotte: Der Fall Lenovo vs. HP

Ein genuin chinesisches Instrument der Geotech Statecraft sind staatlich gelenkte Konsumboykotte. Eigentlich wurden sie erfunden, um politische Signale zu umstrittenen Themen wie Hongkong oder Tibet zu senden. Diese Erfahrung machte unter anderem Keanu Reeves, dessen Filme in China nach einem Auftritt bei einem Dalai-Lama-Benefizkonzert boykottiert wurden. Anders der Fall der schwedischen Bekleidungsfirma H&M, die 2021 betroffen war: Der Boykott war eine Vergeltungsmaßnahme gegen die Importverbote für Produkte aus Xinjiang. Warum ausgerechnet H&M? Weil die Firma zu den Hauptunterstützern der »Better Cotton Initiative« gehört, die Arbeitsbedingungen in Xinjiang kritisiert hatte, und weil es direkte chinesische Konkurrenz gab, die vom Boykott profitiert.

Letztere industriepolitische Komponente ist wichtig – gerade für den Tech-Bereich. Nachdem Lenovo 2005 die PC-Sparte von IBM übernommen hatte, traten angebliche chinesische Verbraucherschutzanwälte eine Welle von Beschwerden gegen HP los. Die Fälle waren offensichtlich unbegründet, erzielten jedoch eine Umverteilung des Marktanteils im chinesischen PC-Geschäft zugunsten von Lenovo. 2022 folgte dann noch eine Anweisung an Behörden, von jetzt an keine HP- oder Dell-PCs mehr zu beschaffen. Ein »Level Playing Field« im Geist der WTO sieht anders aus.

Wer glaubt, dass solche Konsumboykotte eher ein Nischenthema sind, sollte einen Blick auf Instrumente wie den »Chinese Consumer Boycotts Tracker« werfen. Laut Morning-Consult-Umfrage sind 65 Prozent der chinesischen Erwachsenen bereit, westliche Marken zu boykottieren.[127] Schwedische Forscher haben zwischen 2008 und 2021 neunzig Konsumboykotte gegen westliche Firmen gezählt, von denen ein Drittel direkt vom Staat bzw. der KPC unterstützt wurde.[128]

Relevanz für deutsche Unternehmen:

- Konsumboykotte sind tückisch, weil sie unberechenbar sind. Es kann im Grunde jedes Unternehmen im B2C-Bereich treffen.
- Eine präventive Krisenstrategie ist deswegen schwierig. Das systematische Monitoring der chinesischen Blogosphäre ist ebenso wichtig wie ein Krisennotfallplan.

Europa: Die zögerliche Mittelmacht

Europa hinkt bei Theorie und Praxis der Geotech Statecraft den USA und China meilenweit hinterher. Das ist wenig verwunderlich, denn die EU ist ein Paradebeispiel für eine Institution, die den unipolaren Moment in ihrer DNA trägt. Im Grunde ist die Europäische Union ein »Globalisierungsoptimierungsmechanismus«. Ein Indikator hierfür ist, dass die EU für das Thema Sicherheit und Verteidigung kaum zuständig ist – dies liegt nach wie vor in der Verantwortung der Mitgliedstaaten. Die Policy-Werkzeuge der EU sind vor allem geschaffen, um den Freihandel zu fördern.

Hinzu kommt, dass sich die Bürokratie der EU über die Jahre darauf spezialisiert hat, in erster Linie das Instrument der Marktregulierung weiterzuentwickeln. Dass Europa bei der Innovation immer weiter zurückfällt, wurde viel zu lange mit dem Wunschdenken des »Brüssel-Effekts« ignoriert, der immer komplexere Regulierung sogar zu einem Standortvorteil deklariert.[129] Wie sehr der Brüssel-Effekt aus der Zeit gefallen ist, hat spätestens die zweite Trump-Administration gezeigt. Die sieht in der europäischen Regulierung nämlich vor allem eine Diskriminierung amerikanischer Unternehmen, die mit Zöllen bestraft werden soll.

STANDORTPOLITIK VERSUS GEOTECH STATECRAFT

Wie unterscheidet sich Geotech Statecraft von der Standortpolitik traditioneller Prägung? Standortpolitik zielt auf die Verbesserung der Rahmenbedingungen für Unternehmen. Das kann sowohl strukturelle Maßnahmen (Infrastrukturinvestitionen) oder auch direkte Beihilfen (Forschungsförderung) beinhalten. Im Kern fußt Standortpolitik auf Michael Porters Konzept der nationalen Wettbewerbsfähigkeit.[130] Porter betont, dass Unterschiede im wirtschaftlichen Erfolg von Nationen auf diese Rahmenbedingungen zurückzuführen sind. Sinnvolle Investitionen zahlen dann langfristig auf die relative Machtverteilung zwischen Nationen ein. Geotech Statecraft hingegen zielt wesentlich direkter auf kompetitive geopolitische Vorteile, indem sie das Verhalten von Unternehmen zu steuern versucht. Michael Porters Logik funktioniert demnach auch nur unter den Rahmenbedingungen geopolitischer Stabilität!

Wie schlecht bestückt der Geotech-Statecraft-Werkzeugkasten der EU ist, hat der Umgang mit Huawei verdeutlicht. Während die US-Regierung Huawei-Komponenten in ihren Telekommunikationsnetzwerken 2019 verboten hat, kann die Europäische Kommission nur die Lage monitoren und Empfehlungen aussprechen. Hierzu hat sie 2020 unter anderem eine »5G Security Toolbox« veröffentlicht.[131] Ein Fortschrittsbericht von 2023 zeigt, wie wenig passiert ist: Nur zehn Mitgliedstaaten haben konkrete Maßnahmen eingeleitet, um die Verwendung von Huawei-Technologie in den Netzen einzuschränken.[132] Die EU hat nach wie vor weder eine »Economic Security Strategy« (vorgeschlagen im Juli 2023)[133] noch ein gemeinsames Verständnis kritischer Technologien (vorgeschlagen im September 2023).[134] Wenn wir also auf Geotech Statecraft in Europa schauen, dann sind es vor allem die Mitgliedstaaten, die relevant sind. Und die tun sich schwer, wie zwei Fallbeispiele aus Deutschland zeigen.

Fallbeispiel 1 – Investitionskontrollen: Der Fall Kuka

Wir haben zu Beginn des Buches den Fall Elmos vorgestellt. Bevor Elmos Schlagzeilen machte, ging es um Kuka. Das Unternehmen Kuka, gegründet 1898, gehört zu den Kronjuwelen des deutschen Maschinenbaus. Die orangefarbenen Roboter gehören zu den Leistungsträgern in vielen modernen Produktionsanlagen. 2016 – ein Jahr nach der Veröffentlichung von MiC 2025 – signalisierte das chinesische Unternehmen Midea Interesse an einer Übernahme. Das war kein gutes Timing, denn MiC 2025 war in den Schlagzeilen und die Politik zumindest sensibilisiert gegenüber einem drohenden Ausverkauf deutscher Technologien.[135] Sigmar Gabriel, damals Wirtschaftsminister der Großen Koalition, sprach sich öffentlich gegen den Deal aus. Verhindern konnte er ihn allerdings nicht. Das Außenwirtschaftsgesetz wurde erst Jahre später angepasst.[136] Das neue Gesetz verbietet nun ausländische Investitionen in »kritische Technologien«, die über 20 Prozent der Anteile hinausgehen.[137] Zu diesen kritischen Technologien zählen künstliche Intelligenz, Halbleiter und Industrieroboter – nicht ganz zufällig ein Spiegelbild der MiC-2025-Prioritäten.

Das Problem ist freilich die Bewertung solcher Übernahmen bezüglich des politischen Risikos. Deutschland ist zu Recht stolz auf die Transparenz und Berechenbarkeit seiner Wirtschaftsordnung. Berechenbare Investitionskontrollen sind ein fester Bestandteil hiervon, und in der Hochphase der Globalisierung war dies auch eindeutig ein Standortvorteil. Eine politische Bewertung von Vertrauenswürdigkeit in einzelnen Übernahmefällen wird nun auch in Deutschland unberechenbarer – und zunehmend von aktuellen Ereignissen und Stimmungslagen beeinflusst werden. Eine Erfahrung, die Elmos bereits 2021 gemacht hat. Wir erinnern uns: Seitens des Wirtschaftsministeriums gab es eigentlich keine Bedenken bezüglich der Übernahme – doch am Ende stimmte die »politische Optik« nicht.

Sehr ähnlich verlief die politische Mechanik im Fall des Chipherstellers Nexperia im Jahr 2023. Hier ging es um Fördergelder für ein Forschungsprojekt im Rahmen des »Important Project of Common European Interest (IPCEI)«-Programms der EU. Nexperia ist eine Ausgründung aus der Halbleitersparte des niederländischen Philips-Konzerns. Das Unternehmen mit einem großen Standort in Hamburg stellt vor allem einfache Chips her, also Massenware. 2019 wurde Nexperia vom chinesischen Unternehmen Wingtech übernommen. Wieder sah die Arbeitsebene im Wirtschaftsministerium keinen Grund, die Beteiligung von Nexperia im Forschungsprojekt abzulehnen. Und wiederum trifft die Ministeriumsspitze unter Robert Habeck eine andere Entscheidung: Förderung abgelehnt.[138] Der Schaden für Nexperia ist dabei nicht nur an den entgangenen Fördergeldern zu bemessen. Wer wird in Zukunft schon ein Unternehmen in Forschungsprojekte einbinden, wenn diese Beteiligung ein geopolitisches Prozessrisiko mit sich bringt?

Relevanz für deutsche Unternehmen:

- Ausländische Investitionen in deutsche Tech-Unternehmen werden in Zukunft stärker vom Wirtschaftsministerium kontrolliert werden. Dies wird zum einen den bürokratischen Aufwand für beteiligte Unternehmen erhöhen. Vor allem aber steigen die Prozessrisiken, denn es kommt stärker auf den aktuellen politischen Kontext an, in dem eine Investition stattfindet.

- Unternehmen sind gut beraten, die »politische Optik« einer Übernahme mitzudenken und entsprechende Kommunikationsstrategien zu entwickeln.

Fallbeispiel 2 – Geopolitisierung von IT-Sicherheit: Der Fall Huawei in Deutschland

Während der ersten Trump-Administration stand Deutschland beim Thema Huawei unter besonderer US-amerikanischer Beobachtung. Der damalige US-Botschafter Richard Grenell belehrte die deutsche Politik ungewöhnlich deutlich und vor allem öffentlich. Als 2019 ein an das Wirtschaftsministerium gerichteter Brief geleakt wird, in dem Grenell mit der Einstellung der Kooperation zwischen den Nachrichtendiensten droht, falls Deutschland nicht umgehend einen Huawei-Bann erlasse, reicht es der Bundeskanzlerin. In ihrer Eröffnungsrede auf der Hannover-Messe 2019 stellt sie klar: Deutschland werde Unternehmen nicht benachteiligen, nur weil sie aus China kommen. Bislang gebe es einfach keine Beweise, dass Huawei-Bauteile weniger sicher seien als andere. Backdoors oder andere Sicherheitslücken waren nämlich bis dahin nicht gefunden worden.

Gleichzeitig will Merkel natürlich auch nicht naiv wirken. 2021 wird das IT-Sicherheitsgesetz 2.0 verabschiedet. Paragraf 9b erlaubt seitdem das Verbot von Netzwerktechnologien, wenn der Anbieter »nicht vertrauenswürdig« sei. Paragraf 9b wird in der Tech-Politik-Szene seitdem der »Huawei-Paragraf« genannt.[139]

Das Problem bei der Umsetzung des IT-Sicherheitsgesetzes war zunächst: Wer stellt die Vertrauenswürdigkeit von Unternehmen fest? Keine der beteiligten Behörden war besonders scharf auf diese Aufgabe – am wenigsten das Bundesamt für Sicherheit in der Informationstechnik (BSI). Dessen damaliger Präsident Arne Schönbohm machte sich Sorgen, dass das Kernmandat des BSI – die Bewertung *tatsächlicher* Cyberrisiken – kompromittiert werden könnte: »Wenn allein politisches

Vertrauen die Grundlage für Investitionsentscheidungen sein soll, dann zerstören wir die Arbeitsteilung, die wir in der Welt haben, die Grundlage unseres volkswirtschaftlichen Wohlstands. [...] Wir sind dafür da, dass wir die Komponenten, die Produkte, die Leistungen und die Manipulationsfähigkeit solcher Bauteile analysieren und überprüfen. Dabei ist vollkommen egal, ob das Bauteil aus China, aus Korea oder aus Schweden kommt. Alle müssen das gleiche erforderliche Sicherheitsniveau erreichen. Das sind wir der deutschen Wirtschaft, der deutschen Bevölkerung schuldig.«[140]

Damit wies Schönbohm auf ein Kernproblem des Huawei-Paragrafen hin: Es ist sehr schwierig, eine geopolitische Risikobewertung mit den Paradigmen einer »guten Gesetzgebung« zu verbinden. Gute Gesetze sollten transparent sein, nicht diskriminierend, ressourcenschonend und auf objektiven Kriterien beruhen. Wenn ein IT-Sicherheitsgesetz mit schwammigen Begriffen wie »Vertrauenswürdigkeit« gedehnt wird, um ein gewünschtes Ergebnis zu erzielen, widerspricht dies den Grundlagen deutscher Wirtschaftspolitik. Die USA tun sich hier wesentlich leichter: China ist als geopolitischer Konkurrent benannt. Regulierung dient dem höheren Ziel, den Aufstieg Chinas zu verlangsamen. Eine solche »dienende Rolle« haben IT-Sicherheitsgesetze in Deutschland (bislang) nicht.

Der potenzielle Widerspruch zwischen einer geopolitisierten und einer berechenbaren Wirtschaftsordnung beschäftigt auch die neue Bundesregierung im Jahr 2025. Kohärent ist der Koalitionsvertrag zu diesem Thema allerdings nicht. So beinhaltete das Ergebnispapier der Verhandlungsgruppe Wirtschaft noch den Satz: »In sensiblen Bereichen der kritischen Infrastruktur dürfen künftig ausschließlich Komponenten aus vertrauenswürdigen *Staaten* verbaut werden.«[141] Dies hätte die geopolitische Pandora-Büchse geöffnet und eine Unterteilung der Welt in Gut und Böse (ganz ähnlich der AI Diffusion Rule) bedeutet. Der Passus wurde schnell gestrichen. In der finalen Fassung heißt es nun: »In sensiblen Bereichen der kritischen Infrastruktur dürfen ausschließlich vertrauenswürdige *Komponenten* verbaut werden.«[142] Was nun eine Komponente genau »vertrauenswürdig« macht, bleibt offen. Man kann sich vorstellen, dass das »Heiße Kartoffel«-Spiel à la Huawei-Paragraf von neuem startet. Damit nicht genug: Im Kapitel zur Staatsdigitalisierung heißt es im Koalitionsvertrag: »Nicht vertrauenswürdige *Anbieter* schließen wir künftig rechtssicher aus.«[143] Bedeutet dies, dass Deutschland nun »schwarze Listen« einführt wie die USA? In Hintergrundgesprächen haben wir auf Arbeitsebene eine große Skepsis festgestellt. Hier wird unter anderem die Alternative einer »weißen Liste« diskutiert – aus unserer Sicht ist auch das keine praktikable Lösung. Die drei Varianten »vertrauenswürdige Staaten/Komponenten/Anbieter« zeigen, wie schwierig es ist, den Anspruch einer transparenten und rechtssicheren Wirtschaftsordnung mit geopolitischer Resilienz zu vereinbaren (vgl. Tabelle 5).

So bleibt der Eindruck bestehen, dass es hier keine einfache Lösung gibt, um die Ansprüche einer transparenten, rechtssicheren Wirtschaftsordnung mit den Forderungen einer stärkeren Geopolitisierung zu vereinen.

Relevanz für deutsche Unternehmen:

- Die Geopolitisierung von IT-Sicherheitsgesetzen macht diese unberechenbarer. Die Benachteiligung von Unternehmen aus bestimmten Staaten kann nicht mehr ausgeschlossen werden. Dies kann unmittelbaren Einfluss auf die eigenen Lieferketten haben.

Subjekt	Umsetzungsoptionen	Problem
Staaten	Schwarze Liste für Staaten	erhebliche diplomatische Auswirkungen – Vergeltungsmaßnahmen sehr wahrscheinlich
Komponenten	Zertifizierungen	Operationalisierung von »Vertrauenswürdigkeit« Kosten für Zertifizierungen, Problem der Zertifizierung von Softwarekomponenten (»Backdoor durch Updates«-Hypothese)
Anbieter	schwarze oder weiße Liste für Unternehmen	erhebliche diplomatische Auswirkungen Problem von »White Labeling«-Produkten eine weiße Liste wäre extrem schwierig vorzuhalten

Tabelle 5: Umsetzungsoptionen für »Vertrauenswürdigkeit«

06 RISIKOVEKTOR DIGITALE TEILUNG

Der IT-Stack und die Geopolitik

Wie wirkt sich Geotech Statecraft – also staatliche Eingriffe in Technologie-Wertschöpfungsketten für geopolitische Ziele – auf die Technologie selbst aus? Um diese Frage zu klären, müssen wir zunächst einen wichtigen Begriff erläutern: IT-Stack. Der Begriff fällt in Diskussionen rund um den digitalen Kalten Krieg oft, manchmal inflationär. Nicht immer scheinen sich alle einig, was er eigentlich bedeutet. Dabei ist die Definition klar. Der IT-Stack ist ein *»Modell, das die geschichtete und rekursive Topologie von Hard- und Software darstellt«.*[144] Das Modell vom IT-Stack ist, bildlich gesprochen, ein Schichtkuchen. Auf der untersten Ebene stellen Halbleiter Rechenkapazität zur Verfügung. Auf der obersten Ebene laufen die Apps, die wir täglich nutzen. Dazwischen befinden sich Schichten wie Telekommunikationsnetzwerke, Datenspeicher (Cloud), Endgeräte und Datenplattformen. Verbunden werden die einzelnen Ebenen durch sogenannte Gateways.[145] So »triggert« ein Foto von einem QR-Code, das ich in einer App (oberste Ebene des Stacks) mit einem Handy (Endgerät!) aufnehme, eine ganze Reihe von Prozessen, die auf Cloud-Services, Telekommunikationsnetzwerke und Rechenleistung (unterste Ebene des Stacks) zugreifen (vgl. Grafik 12). IT-Stacks sind modular aufgebaut, das bedeutet, man kann einzelne Bausteine austauschen oder sogar weglassen. Gleichzeitig sind sie aber auch hierarchisch organisiert, denn die untersten Ebenen geben vor, was »oben« im Stack möglich ist.

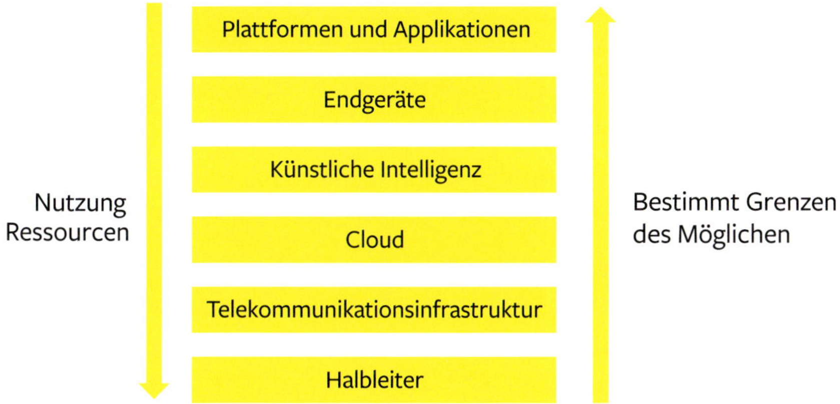

Grafik 12: Schematische Darstellung des IT-Stacks[146]

Die Frage ist nun, wie sich dieser Stack zur Geopolitik verhält. Um das zu klären, ist wieder, Sie ahnen es, ein Blick in die Geschichte der Technik hilfreich. Wir starten in Kiew im Winter 1949. Sergei Lebedew ist einer der Staringenieure der Sowjetunion. Für seine Arbeiten an Raketenlenksystemen hat er gerade den Stalinpreis gewonnen. Lebedew liest Berichte aus dem Westen über »elektronische Computer«. Viel ist nicht bekannt, aber Lebedew erkennt das Potenzial und entwickelt umgehend einen ersten Computer. Er nennt ihn MESM – nach der russischen Abkürzung für »kleine elektronische Rechenmaschine«. MESM wird zum Startpunkt des sowjetischen IT-Stacks. Die Nachfolger von MESM werden bei den Raketen- und Weltraumprogrammen der Sowjetunion eine wichtige Rolle spielen. Aber wahrscheinlich haben Sie noch nie von einem sowjetischen IT-Stack gehört. Das liegt wohl daran, dass er mit dem Staat, in dem er geboren wurde, verging.

Denn als IT im Westen durch die Decke geht, liegt die Sowjetunion im Sterben. Spätestens seit den Siebzigerjahren reicht die IT-Innovationskraft im Ostblock allenfalls noch, um westliche Computer mehr schlecht als recht zu kopieren.

Wir erwähnen den sowjetischen IT-Stack, weil er ein Schlaglicht auf das Verhältnis zwischen IT und Geopolitik wirft. Unsere These lautet: *IT-Stacks sind ein Abbild der geopolitischen Metastrukturen.* Der Umstand, dass wir seit den Neunzigerjahren nur einen IT-Stack haben, ist nicht der Tatsache geschuldet, dass digitale Technologien von Natur aus »global« sind.[147] Vielmehr reflektiert dieser einheitliche Stack den unipolaren Moment, den wir in Kapitel 2 beschrieben haben. Die politische und wirtschaftliche Dominanz der USA sorgte dafür, dass der amerikanisch geprägte IT-Stack sowohl *einheitlich* als auch *global verfügbar* war. Beides ist alles andere als selbstverständlich. Grafik 13 zeigt schematisch, wie sich diese beiden Variablen zueinander verhalten können und wie sich der IT-Stack zurzeit aufgrund des geopolitischen Wandels von einer unipolaren in eine bipolare Welt entwickelt.

- Die Einheitlichkeit des IT-Stacks beruht auf gemeinsamen Standards. Das können offizielle Normen sein oder sogenannte Industriestandards. Eine Abweichung von diesen einheitlichen Standards bedeutet »Inkompatibilität«. Und die bewusste Herbeiführung einer solchen Inkompatibilität kann Teil einer Geotech-Statecraft-Strategie sein.
- Die Verfügbarkeit des IT-Stacks hingegen basiert auf den Zugangsmöglichkeiten zum Stack. Wie wir schon gesehen haben, zielen viele Geotech-Statecraft-Maßnahmen darauf ab, diesen Zugang zu beschränken. Hier wird also jemand »vom Stack geschubst«.

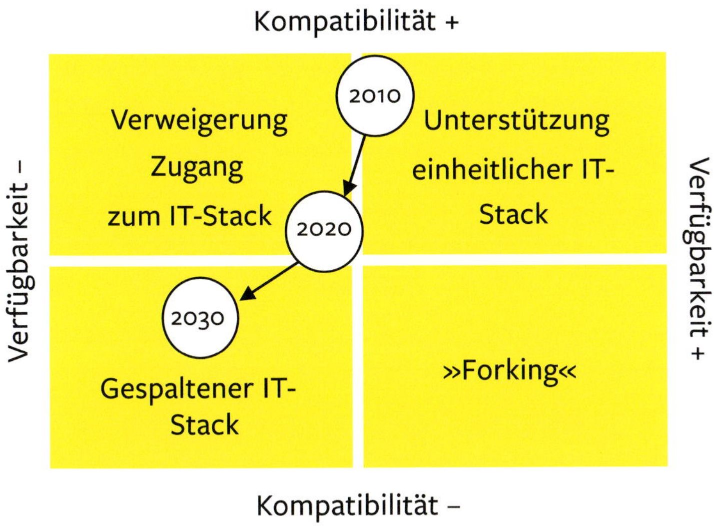

Grafik 13: Einheitlichkeit und Verfügbarkeit von IT-Stacks

Heute befinden wir uns an einer Weggabelung in der Geschichte des IT-Stacks. Bis circa Mitte der 2010er-Jahre haben die USA die Einheitlichkeit und allgemeine Verfügbarkeit des existierenden IT-Stacks sichergestellt. Die großen amerikanischen IT-Unternehmen waren dabei Treiber und Gewinner zugleich, und oft galt auch in der globalisierten digitalen Welt die gute alte Normungsregel: Wer die Norm macht, hat den Markt. Mit Geotech-Statecraft-Maßnahmen der USA, die China den Zugang zum Stack erschweren oder verwehren, gilt dies alles nicht mehr. Damit bewegen wir uns auf der horizontalen Achse von Grafik 13 nach links.

Um die weitere Dynamik zu antizipieren, müssen wir uns nun in die Lage Chinas versetzen. Die Chinesen sind zunächst in einer ungünstigen Lage, denn aufgrund der Dominanz von US-Unternehmen kann die amerikanische Regierung den Zugang zum IT-Stack ziemlich gut kontrollieren. Chinas oberste Priorität muss es also sein, Alternativen zu schaffen. Chinas Reaktion auf die horizontale Bewegung dürfte also eine »vertikale« Strategie beinhalten: die Etablierung eines von den USA unabhängigen IT-Stacks. Grafik 14 stellt diese chinesische Sicht auf die IT-Stack-Entwicklung dar.

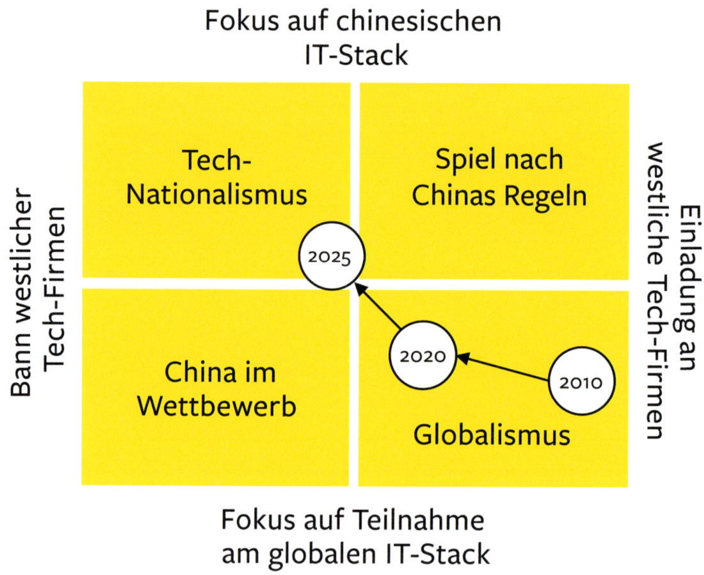

Grafik 14: Chinas strategische IT-Stack-Optionen

Halbleiter: Im Zentrum des geopolitischen Sturms

Die Grundlage des IT-Stacks sind Halbleiter. Computerchips stellen die Rechen- und Speicherleistung zur Verfügung, auf die der Rest des Stacks zugreift. Wenn man also aus Geotech-Statecraft-Sicht auf den IT-Stack schaut, stehen Halbleiter ganz oben auf der Prioritätenliste. Die USA haben entsprechend den klaren Fokus auf die Kontrolle von Hochleistungshalbleitern gelegt, um Chinas Aufstieg zu verlangsamen. Das Problem aus Sicht der amerikanischen China-Tech-Falken ist dabei, dass Halbleiterentwicklung und -produktion vom unipolaren Moment geprägt wurden wie kaum ein anderer Wirtschaftszweig. Die globalen Wertschöpfungsketten der Chipindustrie durchschauen selbst Insider kaum. Früher war es relativ einfach: Chips wurden von derselben Firma entwickelt und auch produziert. Die Chance, dass beides in den USA geschah, war hoch. Die immer aufwendigeren Chipdesigns und die steigenden Produktionskosten haben die Industrie in den letzten dreißig Jahren komplett verändert. Chipdesign und die Produktion sind voneinander entkoppelt, letztere ist im großen Maßstab nach Südostasien abgewandert, vor allem nach Taiwan und Südkorea.[148]

Im Zuge der Geopolitisierung wollen die USA sowohl die Zugänge Chinas zu leistungsstarken Halbleitern abschneiden als auch die Produktion in die USA zurückholen. Die US-Regierung hat dabei ein wichtiges Pfund, mit dem sie wuchern kann: geistiges Eigentum. Dies wird im Chipbereich nach wie vor maßgeblich in den USA geschaffen – von Hardwarefirmen wie Qualcomm, Apple oder Micron, aber auch von Firmen wie Cadence, ohne deren Software kein Chip designt werden kann. Das Problem aus chinesischer Sicht wiederum ist: Geistiges Eigentum fällt nach US-Recht unter Exportkontrollen. Es ist also durchaus denkbar, dass die USA die »nukleare Option« in der Halbleiter-Wertschöpfungskette wählen und jeglichen Export geistigen Eigentums nach China untersagen. China hat deswegen seit der ersten Trump-Regierung massiv in den Aufbau einer eigenen Chipindustrie investiert, tat sich aber zunächst schwer. Technischer Rückstand ist bei Chips schwieriger aufzuholen als in anderen Bereichen, da Entwicklungsschritte der einzelnen Chipgenerationen kaum übersprungen werden können. Nach Jahren der Verschwendung öffentlicher Gelder haben ironischerweise die US-Exportkontrollen auf leistungsfähige KI-Chips dazu geführt, dass die chinesischen Entwickler Boden gutmachen, besonders bei Huawei und SMIC.[149] Im ersten Quartal 2024 stieg die chinesische Chipproduktion gegenüber dem Vorjahr um 40 Prozent.[150] Der Aufwärtstrend hat sich seitdem fortgesetzt, und dies eben nicht nur bei relativ einfachen Chips mit 14 Nanometern. Chinas größtes Halbleiterunternehmen SMIC kann heute in hohem Volumen 7-nm-Chips herstellen, wenn auch noch zu höheren Kosten. Beim KI-Chipdesign holt insbesondere Huawei mit seiner Halbleitersparte HiSilicon gegenüber Nvidia auf, und bei den Flash-Speichern macht YMTC den koreanischen Marktführern nicht nur in China zunehmend Konkurrenz, sondern auch auf dem Weltmarkt.[151]

Besonders ausgeprägt ist bis dato die US-Dominanz auf der Ebene der Chiparchitekturen. Chiparchitekturen funktionieren ähnlich wie die Gleise eines Eisenbahnnetzwerkes: Es können nur die Züge fahren, die mit der richtigen Spurweite versehen sind. Im Moment gibt es nur zwei »Spurweiten«: x86-Chips, auf denen die meisten PCs und Server laufen, sowie die energieeffizienten ARM-Chips, die in den meisten Mobiltelefonen und zunehmend auch in anderen »Connected Devices« wie Drohnen oder auch Waschmaschinen verwendet werden. Sowohl das x86- als auch das ARM-Chipdesign beruhen auf dem geistigen Eigentum westlicher Unternehmen (unter anderem IBM, Intel, Microsoft und ARM).

Chinas Antwort auf dieses Dilemma könnte RISC-V heißen. Oder präziser: eine chinesische Version von RISC-V. Hinter diesem Akronym verbirgt sich eine Chiparchitektur, die auf Open Source basiert. Gegründet wurde das RISC-V-Konsortium 2015 – mit Fokus auf besonders energieeffiziente Chips mit relativ wenig Rechenleistung. Mitglieder sind zahlreiche Anwenderfirmen, die Interesse an Halbleitern haben, für die keine Lizenzgebühren anfallen und die stark an bestimmte »Use Cases« (zum Beispiel im Automobilbereich) angepasst werden können. Mit der Geopolitisierung der Halbleiter-Wertschöpfungsketten hat das Interesse chinesischer Unternehmen an RISC-V kontinuierlich zugenommen. Heute kommen mehr als 50 Prozent der »Premiummitglieder« von RISC-V aus China.[152] Firmen wie Alibaba und

Tencent treiben die Entwicklung leistungsfähigerer RISC-V-Chips mit Nachdruck voran, um insbesondere Alternativen für die allgegenwärtigen ARM-Halbleiter zu schaffen.[153] Deshalb rückt RISC-V nun auch in Washington auf die politische Agenda. Ende 2023 forderte der heutige Außenminister Marco Rubio Exportkontrollen gegen die »Umgehung von Sanktionen« mithilfe von RISC-V.[154] Medienberichten zufolge erarbeitete das Handelsministerium gegen Ende der Biden-Administration konkrete Vorschläge – ob Trump diese Vorschläge aufnimmt, ist unklar.[155] Aus Sicht der amerikanischen Halbleiterindustrie sind das alles schlechte Nachrichten. Laut US-Handelskammer würde ein komplettes Halbleiterexportverbot nach China Waren im Wert von 83 Milliarden Dollar und 124 000 Arbeitsplätze betreffen.[156] Nvidias Marktanteil bei KI-Chips hat sich in den letzten Jahren deutlich verringert – von 95 auf 50 Prozent.[157]

DAS ENDE DES SILIZIUM-ZEITALTERS?

Der »Chip-Krieg« findet in einer interessanten Entwicklungsphase von Halbleitern statt. Siliziumbasierte Chips sind bislang dem berühmten »Mooreschen Gesetz« gefolgt: Alle zwei Jahre hat sich die Transistorendichte verdoppelt. Doch die Dichte ist mittlerweile so hoch, dass die Innovatoren an physikalische Grenzen stoßen. Die neuesten Chips weisen eine Technologieknoten-Größe von 3 Nanometern auf. Zum Vergleich: Atome haben einen Durchmesser von 0,01 bis 0,05 Nanometer. Damit steigt die Gefahr von unerwünschten Quanteneffekten. Elektronen könnten wild von Leiterbahnen zu Leiterbahnen oder Transistoren springen. Viel dichter kann nicht »gepackt« werden, und das Mooresche

Gesetz könnte bald nicht mehr gelten. Experten sprechen von einem »Rechenleistungsplateau«, das in den kommenden Jahren droht. Weitere Leistungssteigerungen sind dann nur durch einige »Tricks« möglich (wie Software-Optimierung oder ein »Auseinandernehmen« der Chips in sogenannte Chiplets). Was nach dem Siliziumchip kommen könnte, ist noch unklar. Forschungslabore arbeiten mit Germanium oder Galliumnitriden und an Quantencomputern. Steht hier eine technologische Revolution vor der Tür? Und was heißt das dann für die Geopolitik? Aus Chinas Sicht wäre ein solcher »Reset« der Halbleiterei wohl eine große Chance, da die Karten neu gemischt würden. Unter anderem deshalb investieren die Chinesen sehr stark in Quantencomputer. Kevin Gorey, ehemals Halbleiterstratege von HP, sagt uns in einem Interview: »Ich habe ein ungutes Gefühl, dass die Geopolitik die Halbleiterei ausgerechnet an dem Zeitpunkt für sich entdeckt, an dem eh ein Paradigmenwechsel ansteht.«

Man stelle sich also eine Welt vor, in der China eine IT-Welt aufbaut, die auf einem eigenen Chipdesign und einer anderen »Spurweite« basiert. Für Unternehmen, die den Anspruch haben, globale Märkte zu bedienen, würde dies zu erheblichen Problemen führen. Denn jedes chipbasierte Produkt müsste dann zweimal mit der richtigen Software für die jeweilige Chiparchitektur entwickelt werden. Natürlich könnte man »Adapter«-Technologien (im IT-Sprech: »Intermediate Abstraction Layer«) entwickeln, aber auch die wären teurer und deutlich ineffizienter als »native« Produkte mit der richtigen Spurweite. Damit stellt sich die Frage des »Total Addressable Market« für viele Unternehmen neu. In Kapitel 8 werden wir die Konsequenzen für die Produktentwicklung diskutieren.

Relevanz für deutsche Unternehmen:

- Wer in Zukunft in China Produkte verkaufen will, in denen Halbleiter verbaut sind, wird sich mit dem Thema RISC-V frühzeitig beschäftigen müssen. Hierzu sind erhebliche Ressourcen nötig, denn das Thema ist hochgradig komplex.

Telekommunikationsinfrastruktur: 6G als geopolitisches Projekt

Eng verbunden mit der Spaltung der Chiparchitektur ist die Frage der Konnektivität. Wir haben uns daran gewöhnt, dass Mobilfunknetze weltweit auf gleichen Standards beruhen. Das ist allerdings nicht selbstverständlich. In den Nullerjahren funktionierten europäische Mobiltelefone in den USA nicht und umgekehrt. Genauer genommen war dies bis zum Rollout des 4G-Standards 2009 (»LTE«) der Fall. Die ersten drei Generationen an Mobilfunkstandards waren regionalspezifisch. Die 3G-Technologie in den USA wurde von Qualcomm und Verizon entwickelt und hieß CDMA, für die europäische Variante GSM/UMTS standen Firmen wie Ericsson, Nokia, Vodafone oder Telefonica, in China existierte der TD-SCDMA-Standard.

Die globale Einheitlichkeit von 4G war harte Arbeit, geleistet vom 3GPP-Konsortium, in dem Unternehmen aus allen Regionen vertreten waren. Die politischen Leitlinien waren klar: keine regionalspezifischen Standards mehr. 4G und unser heutiger Standard 5G sind im unipolaren Moment entwickelt worden. Doch was passiert, wenn sich der geopolitische Kontext und die daraus abgeleiteten Leitlinien für die Mobilfunkinfrastruktur-Entwicklung verändern? Wir werden es bald erfahren. Die Arbeit an der sechsten Generation von Mobilfunkstandards hat bereits begonnen, und es zeichnet sich ab, dass die globale Einheitlichkeit wieder infrage steht.

In Washington dominiert heute die Sichtweise, dass 4G und 5G ein geopolitischer Fehler waren. Neutral formuliert, ist heute klar: Die Standards waren das »Window of Opportunity« für Huawei, zum globalen Marktführer für Telekommunikationsinfrastruktur-Technologie zu werden. Daraus ergibt sich wiederum aus amerikanischer Sicht eine erste klare Leitlinie für 6G: Im neuen Standard des Westens darf Huawei-Technologie von Anfang an keine Rolle spielen.

Magnus Frodigh, Leiter der Forschungsabteilung von Ericsson, sieht deswegen im Vergleich zu 4G und 5G grundsätzlich andere Voraussetzungen für die Entwicklung von 6G: »Die aktuelle geopolitische Lage ist viel komplizierter geworden – es geht nun um nationale Sicherheit und geopolitischen Wettbewerb.«[158] Die Telekommunikationsnetze der Welt werden sich mit hoher Wahrscheinlichkeit zweiteilen: in einen amerikanisch-europäischen Block und einen chinesischen. Mike Koziol, Journalist der Fachzeitschrift *IEEE Spectrum*, führt aus, dass »das Geopolitische und das Technische im Bereich 6G untrennbar miteinander verbunden« seien.[159]

Bei Mobilfunknetz-Standards geht es aber nicht nur um Industriepolitik, um etwa die Dominanz von Huawei zu brechen. Konkret geht es um Spezifikationen, die eine direkte Verbindung zu fundamentalen gesellschaftlichen Werten und Zivilrechten haben: Wie viel Kontrolle soll der Staat über Kommunikationsinhalte haben? China hat in den letzten Jahrzehnten ein fast lückenloses Überwachungssystem aufgebaut. Es ist sehr wahrscheinlich, dass sich das chinesische Netz insbesondere beim Thema »Kontrollpunkte« vom westlichen Netz unterscheiden wird.[160] Hier werden sich einige Regierungen auf der Welt die Frage stellen, ob sie nicht auch ein wenig mehr Kontrolle gut fänden. Für autokratische Systeme wird der chinesische Standard sehr attraktiv sein, und für arme Länder voraussichtlich dank günstiger Kosten ebenfalls.

Die Arbeit auf Regierungsebene zur Planung von 6G ist in vollem Gange. Die US-Regierung hat im September 2023 eine »Global Coalition on Telecommunications« angekündigt, in der zunächst nur Regierungsvertreter aus USA, Australien, Kanada, Japan und Großbritannien vertreten sind.[161] In China wurde ein Konsortium mit Unternehmen eingerichtet, das ein erstes Konzeptpapier veröffentlicht hat.[162]

Was heißt das alles für europäische Unternehmen? Sicher ist: Die Relevanz der Mobilfunkstandards steigt mit der Konnektivität vieler Produkte – seien es Kühlschränke, Autos, Produktionsmaschinen oder Drohnen. Der Einfluss des Mobilfunkstandards auf die Produktwelt ist heute also wesentlich größer als noch in den Zeiten des letzten regionalen Standards 3G. Und wie bei den Halbleiterarchitekturen gilt: Die Produktentwicklung wird durch zwei Standards wesentlich komplizierter und teurer.

Relevanz für deutsche Unternehmen:

- Produkte und Dienstleistungen, die auf Konnektivität angewiesen sind, werden sich in Zukunft wahrscheinlich nicht mehr global vertreiben lassen. Eine Integration der jeweiligen 6G-Technologie ist Voraussetzung für den Marktzugang.

Cloud: Der geteilte Datenhimmel

Eigentlich war die Cloud als friktionslose, überall zugängliche Daten- und Dienste-Infrastruktur geplant – die Verwirklichung einer hyperglobalisierten Welt auf der Datenebene. Tatsächlich ist »die Cloud« die Technologieplattform, auf der die Digitalisierung überhaupt erst ihre Reichweite erlangt hat. Eine Welt ohne Cloud-Infrastruktur ist heute nur schwer vorstellbar. Dominiert wird der Cloud-Markt von einer

Handvoll an Unternehmen, darunter drei amerikanische – AWS (39 Prozent Marktanteil), Microsoft (23 Prozent), Google (8,2 Prozent) – sowie zwei chinesische: Alibaba (7,9 Prozent) und Huawei (4,3 Prozent).[163] Umso bedeutender ist die Aufspaltung der Cloud-Infrastruktur unter geopolitischen Maßgaben. Auf die Cloud wirken verschiedene Geotech-Statecraft-Vektoren.

Erstens geht es um die Beschränkung für Datenexporte über Grenzen hinweg. Der Trend zu Datenlokalisierungsvorschriften ist weltweit ungebrochen – und zwar nicht nur für personenbezogene Daten, sondern auch für andere Datenklassen.[164] ITIF, ein US-amerikanischer Thinktank, zählte für 2017 fünfunddreißig Länder mit Datenlokalisierungsvorschriften, 2021 waren es zweiundsechzig.[165] Diese Datenlokalisierungsvorschriften sind zwar manchmal aufwendig und teuer, aber an sich kein großes Problem. So bieten immer mehr Cloud-Hyperscaler lokalisierte Varianten ihrer Cloud an, um den Kunden die Problematik der Datenexporte zu ersparen.

Schon wesentlich disruptiver sind Marktzugangsbeschränkungen für Cloud-Provider. China hat hier sehr früh restriktive Regeln für amerikanische Hyperscaler erlassen: Microsoft und AWS können den chinesischen Markt nur in Partnerschaft mit chinesischen Firmen wie 21Vianet bedienen. Die chinesischen Cloud-Angebote von Microsoft und AWS beruhen zwar auf dem globalen Design der Cloud-Infrastruktur, werden aber vor Ort von den Partnern betrieben. Für Unternehmen, die Cloud-Services nutzen, um ihre Produkte auf den Markt zu bringen, wird demnach die Frage des Cloud-Partners in China immer relevanter. Es ist absehbar, dass die Marktbeschränkungen für internationale Cloud-Anbieter weiter steigen werden. In der Praxis ist die Spaltung der Cloud-Welt vor allem ein Problem für den CIO: Wie wir in Kapitel 8 sehen werden, ist es gar nicht so einfach, die IT-Infrastruktur für ein globales Unternehmen unter den Bedingungen eines sich spaltenden IT-Stacks aufrechtzuerhalten.

Eine dritte geopolitisch motivierte Beschränkung, welche die Cloud-Nutzung einschränkt, sind Kontrollen bezüglich der abgerufenen Services. Das ist wenig überraschend, da die Cloud Zugang zu Rechenleistungen bietet, die unter anderem für künstliche Intelligenz notwendig sind. In Zukunft wird dies wohl auch für Quantencomputer-Rechenleistung gelten. Die USA haben hier bereits einige Gesetze erlassen – unter anderem die bereits erwähnte »AI Diffusion Rule«.

Relevanz für deutsche Unternehmen:

- Cloudbasierte Produkte und Dienstleistungen in China müssen für chinesische Cloud-Infrastrukturen optimiert werden.
- Darüber hinaus wird das Aufrechterhalten einer unternehmenseigenen globalen IT-Infrastruktur wesentlich komplizierter werden.

Künstliche Intelligenz: »Wer KI beherrscht, beherrscht die Welt«?

Künstliche Intelligenz dominiert die Schlagzeilen. Spätestens seit dem Launch von ChatGPT weiß auch die breite Öffentlichkeit um den Nutzen und die innovative Veränderungskraft von maschinellem Lernen. Auch in der geopolitischen Debatte ist KI ein zentrales Thema geworden. Hier geht es vor allem um die »Dual Use«-Fähigkeit der Technologie: KI kann sowohl in zivilen als auch militärischen Kontexten verwendet werden. Für Letzteres steht die Vision des »Netzwerkzentrischen Schlachtfeldes«, in dem unter anderem Schwärme von Drohnen perfekt koordiniert komplexe Manöver ausführen, basierend auf der Fähigkeit, unterschiedliche Daten in Echtzeit zu interpretieren, um dann zielgenau zuzuschlagen. Das geht nur mit KI – und diese KI, so die Logik, basiert auf den gleichen aus Daten lernenden Systemen wie Robotaxis oder große Sprachmodelle. So heißt es in dem Bericht der US-Kommission zu KI und nationaler Sicherheit aus dem Jahr 2021:

»KI ist das mächtigste Werkzeug seit Generationen zur Erweiterung des Wissens, zur Steigerung des Wohlstands und zur Bereicherung der menschlichen Erfahrung. […] Die Fähigkeit einer Maschine, schneller und genauer wahrzunehmen, zu bewerten und zu handeln als ein Mensch, stellt in jedem Bereich – zivil oder militärisch – einen Wettbewerbsvorteil dar.«[166] Der russische Präsident Wladimir Putin drückt sich kürzer aus: »Wer KI beherrscht, beherrscht die Welt.«[167]

Kein Wunder, dass der Schock in den USA groß ist, als die bis dahin unbekannte chinesische Firma DeepSeek im Januar 2025 ein neues Large Language-Model (LLM) vorstellt, das nicht nur fast die gleichen Leistungsdaten erreicht wie die führenden LLMs aus den USA, sondern auch noch wesentlich effizienter trainiert wurde. Und das alles, nachdem die USA mehrere Jahre versucht hatten, den KI-Fortschritt in China durch Exportkontrollen einzuschränken! Im Bereich der Anwendung von KI im industriellen Bereich scheint China sogar vorne zu liegen: Xiaomi nutzt KI-gesteuerte Roboter zur Herstellung seiner Autos im großen Maßstab, Städte und Gemeinden haben KI-Testzonen eingerichtet, in denen Anwendungsfälle erprobt werden.[168]

Ist KI also die ultimative Dual-Use-Technologie, die sowohl zivile als auch militärische Anwendungen befeuern wird? Wir glauben, dass die Story etwas komplizierter ist. Eine generische KI-Technologie lässt sich nicht so einfach von einem »Use Case« auf den anderen verschieben (auch wenn das im aktuellen KI-Marketing suggeriert wird). Entscheidend aber ist, dass insbesondere in Washington die These der Übertragbarkeit von zivilen zu militärischen Anwendungen Konsens ist.[169] Entsprechend strikt sind die Exportkontrollen, die KI-Technologie betreffen. Die Kontrollen auf Halbleiter, Cloud-Zugang und Daten haben wir bereits diskutiert. Umgekehrt ist deutlich erkennbar: China priorisiert die Entwicklung eigener KI-Chips und setzt vor allem die eigenen riesigen Datenpools ein, unter anderem gespeist aus der hochdigitalisierten chinesischen (Kontroll-)Infrastruktur.

Über die Auswirkungen dieser Kontrollen auf die neuen KI-Technologien sprechen wir mit Kevin Allison, Gründer von Minerva Technology Policy Advisors und ein Experte für KI im geopolitischen Kontext. Er fasst die KI-geopolitische Lage wie folgt zusammen: »Geopolitik beeinflusst den gesamten KI-Stack – von der Compute-Ebene und Daten bis hoch zu den Applikationen. Das passiert in einem frühen Entwicklungsstadium dieser Technologien. Das heißt: KI verbringt seine Kindheit nicht im unipolaren Moment, sondern wird von Anfang an geopolitisch geprägt sein.«

Zwei Elemente prägen die unterschiedlichen Entwicklungen, die KI in den USA und in China zurzeit nehmen: Zum einen werden die KI-Modelle auf unterschiedlichen Datensätzen trainiert. Experten wie Benjamin Bratton sagen deswegen einen »Galapagos-Effekt« vorher: KI entwickelt sich in den beiden IT-Stacks unterschiedlich, weil die Datengrundlagen andere sind.[170]

Zum anderen fokussiert sich die KPC in China wesentlich stärker auf die Frage, wie Dateninput und -output kontrolliert werden können. Zensur ist in der KI-Umwelt wesentlich schwerer umzusetzen als in der »alten« Datenwelt. Paul Triolo, Geopolitikexperte bei der Beraterfirma Albright Stonebridge Group, sieht darin zunächst einen Nachteil: »Kurzfristig wird das Problem der politischen Ausrichtung von KI im Vordergrund stehen. Diese Priorisierung verlangt signifikante Investitionen – das wird den Fortschritt in anderen Bereichen verlangsamen.«[171]

Regulatorisch hat China bereits erste Schritte unternommen, um dieses »politische Alignment« von KI sicherzustellen. Chinesische KI-Unternehmen sind für die Ergebnisse von KI vollumfänglich verantwortlich, auch für die sogenannten »Halluzinationen«, bei denen die Modelle scheinbar schlüssige, aber faktisch falsche Inhalte produzieren.[172] Damit ist klar, dass chinesische KI-Unternehmen sowohl in die Filterung der Inputdaten investieren müssen als auch in die Kontrolle der generierten Inhalte.[173]

Relevanz für deutsche Unternehmen:

- Die Verwendung von KI-Technologien wird in Zukunft strikt an die geopolitischen Räume gebunden sein. Ein Export von KI-Technologien nach China wird nicht möglich sein.

Endgeräte: Das Internet der Dinge wird unübersichtlich

Die Anzahl der Endgeräte, die an den IT-Stack angebunden waren, war vor wenigen Jahren noch relativ überschaubar: vor allem PCs, aufwendige Produktionsmaschinen und einige wenige »smarte Infrastrukturen«. Das hat sich radikal verändert. Das »Internet der Dinge« war lange eine Vision, heute ist es Realität. Immer mehr »Smart Home«-Geräte und Autos, Produktionsmaschinen und medizinische Gerätschaften, Spielzeuge und Sportgeräte (zum Beispiel die Pedale von einigen Rennrädern) sind heute mit dem IT-Stack verbunden. Laut IoT Analytics waren 2024 achtzehn Milliarden Geräte mit dem Internet verbunden – bis 2030 sollen es über vierzig Milliarden sein.[174]

Endgeräte sind Objekt von Geopolitik. Die Absicherung des Internets der Dinge vor (geopolitisch motivierten) Cyberangriffen ist eine große Herausforderung. Für Technologen sind hier unter anderem hardwarebasierte »Roots of Trust« wichtig. Diese »Wurzeln des Vertrauens« sind besonders gesicherte Chips, mit denen unter anderem die Identität von Geräten und Verschlüsselung gemanagt werden können. In PCs leistet dies unter anderem das Trusted Platform Module (TPM) – ein spezieller Chip, der von der Trusted Computing Group (TCG) spezifiziert wird.[175] Die Verschlüsselung von Daten ist aus Sicht der chinesischen Regierung ein heißes Eisen. Folglich ist auch das TPM ein hochpolitisches Thema geworden. Seit 1999 sind TPM-Chips in China verboten. PCs für den chinesischen Markt verwenden den »TCM«-Chip (»Trusted Cryptography Module«).[176] »Unter der Haube« unterscheiden sich PCs für die jeweiligen Märkte also heute schon, und es ist absehbar, dass dies auch für alle anderen Connected Devices so sein wird. Wir gehen davon aus, dass eine chinesische RISC-V-Architektur spezifische Trusted-Computing-Technologie beinhalten wird.

Für Lars Reger, CTO des Chipherstellers NXP, ist das schon heute ein wichtiges Thema beim Chipdesign. »Roots of Trust sind ein Kernbestandteil unserer Chips. Die Geopolitisierung der Roots of Trust hat Auswirkungen auf unser Chipdesign. Im Grunde brauchen wir ein modulares Design, sodass wir die Roots of Trust je nach Zielmarkt anpassen können.« Ein Topmanager einer anderen Halbleiterfirma, der anonym bleiben will, sagt uns: »Trusted Computing ist geopolitisch. Deswegen wird dies einer der Hebel sein, der Chipdesign und Endgeräte geopolitisiert.«

Ein weiteres Beispiel sind moderne Produktionsmaschinen. Die meisten sind mittlerweile vernetzt – verbinden sich also mit einer globalen Cloud des Anbieters, um Fernwartung oder Fehlermanagement zu erlauben. Diese Daten werden zumeist verschlüsselt über ein virtuelles privates Netzwerk (VPN) übersendet – und unterliegen deswegen dem chinesischen Zertifizierungsschema für Verschlüsselung. Bleibt also wiederum nur die Anpassung der Technologien und Daten-Infrastrukturen – oder aber der Exit aus dem chinesischen Markt.

Relevanz für deutsche Unternehmen:

- Das Internet der Dinge wird ebenfalls geopolitisiert. Insbesondere wenn Verschlüsselung und Roots of Trust zum Einsatz kommen, sind Investitionen in chinesische Technologien notwendig.

Plattformen und Applikationen: Eiserne Vorhänge

Wer in China unterwegs ist und sein Mobiltelefon mit dem eines Chinesen vergleicht, wird feststellen: Die Spaltung der digitalen Welt ist auf dem »Homescreen« schon fast vollständig vollzogen. Es gibt kaum noch Apps, die sowohl in China als auch im Rest der Welt verfügbar sind. Tabelle 6 listet die Apps mit den meisten Nutzern in China und in den USA auf. Drei der Top-Apps in den USA – Temu, TikTok und Shein – stammen von chinesischen Unternehmen. Wenig überraschend wird dies in den USA gerade äußerst kontrovers diskutiert.

China	Nutzer (Millionen)	USA	Nutzer (Millionen)
WeChat	1012,4	Temu	64
Alipay	901	TikTok	53
Taobao	795,2	Threads	44
Pinduoduo	728,2	Instagram	35
Douyin	694,9	WhatsApp	35
QQ	583,2	ChatGPT	35
Baidu Maps	538,8	Shein	33
Baidu	490,6	Telegram	32
Kuaishou	480,3	Block Blast	31
iQIYI	470,5	CapCut	29

Tabelle 6: Beliebteste Apps in China und den USA (2024) (Business of Apps)[177]

Diese Spaltung auf der Applikationsebene war nicht von Anfang an absehbar. Anfang der 2000er-Jahre spekulierten viele westliche Tech-Unternehmen wie Google auf den Zugang zum chinesischen Applikationsmarkt. Es wurde relativ schnell klar, dass die Regeln andere sind, insbesondere bezüglich Zensur und Kommunikationsüberwachung.

Im Bereich der Mobiltelefone kommt hinzu, dass auch hier eine Spaltung absehbar ist. Wir erinnern uns: Die Exportkontrollen gegen Huawei umfassten den Zugang zum Betriebssystem Android. Huawei war gezwungen, Alternativen zu entwickeln. Dem huaweieigenen Betriebssystem Harmony OS war also der Erfolg von Anfang an garantiert – eine Alternative zu amerikanisch kontrollierten Betriebssystemen zu haben, war aus chinesischer Sicht einfach zu wichtig. Im Juni 2024 verkündete Huawei, dass Harmony OS die vollständige Loslösung vom Android-Code erreicht hat. Harmony OS wird in absehbarer Zeit zum Betriebssystem für das chinesische Internet der Dinge werden – und sehr wahrscheinlich auch außerhalb von China angeboten werden.

Relevanz für deutsche Unternehmen:

- Das App-Ökosystem in China ist bereits vollständig abgekoppelt – wiederum heißt es: Entweder lokal investieren oder kein Marktzugang.
- Perspektivisch ist eine Entwicklung für Harmony OS unumgänglich.

Teil 3

GEOPOLITIK-MANAGEMENT

07 STRATEGIE: GEOPOLITISCHE RISIKOPROFILE VON UNTERNEHMEN UND SZENARIEN

Vom Abstrakten zum Konkreten

Der Analyse folgt die Handlung. Wie und wo sollte das Unternehmen in mehr geopolitische Resilienz investieren? Durch welche Investitionen erreiche ich den besten »Return on Investment«? Schließlich kann jeder Resilienz-Euro nur einmal ausgegeben werden.

In unseren Gesprächen mit Topmanagement und Strategieabteilungen hören wir immer wieder: Die Sensibilität für das Thema steigt, aber die Ratlosigkeit ist unter anderem groß, weil es in den Unternehmen kein Erfahrungswissen gibt. Im unipolaren Moment gab es schließlich keine vergleichbaren Situationen. Und jene, die geopolitische Resilienz intern treiben wollen, stellen oft fest: Die Kosten für Resilienzmaßnahmen lassen sich sehr konkret berechnen, oft bis auf den Cent genau. Die Vorteile hingegen sind wesentlich schwerer zu quantifizieren. In unternehmensinternen Diskussionen gewinnen bekanntlich oft jene, die mit konkreten Zahlen argumentieren.

In den folgenden Kapiteln beschreiben wir Methoden, die dabei helfen können, informierte Entscheidungen zu geopolitischen Risiken zu treffen. Im ersten Teil werden wir vorstellen, wie geopolitische

Szenarien bei der Risikoabschätzung helfen. Darauf aufbauend werden wir Unternehmensprofile definieren, die konkrete Hinweise geben, welche Risikovektoren für das Unternehmen besonders relevant sind. Auf dieser Grundlage lassen sich erste strategische Grundsatzentscheidungen treffen.

Die folgenden Kapitel 8 und 9 beschreiben konkrete Resilienzprojekte: den Aufbau eines geopolitisch resilienteren Unternehmens (Kapitel 8) und das Sonderthema der forensischen Analyse von Hardware-Lieferketten (Kapitel 9).

Warum Unternehmen das graue Nashorn »Geopolitik« übersehen haben

Bevor wir über Handlungsoptionen für Unternehmen nachdenken, lohnt es sich zu reflektieren, warum das graue Nashorn der Geopolitik in vielen Unternehmen zu spät erkannt bzw. nicht gehandelt wurde. Dafür gibt es systemische Gründe, die in der Organisationsstruktur von Unternehmen angelegt sind. Stafford Beer, einer der bekanntesten Managementtheoretiker des 20. Jahrhunderts (und Mitbegründer der Management-Kybernetik) unterscheidet fünf verschiedene »Systeme« in einer Organisation (vgl. Grafik 15):[178]

- System 1 (»Lokales Management«): Operative Einheiten, die die eigentliche wertschöpfende Aktivität des Unternehmens ausführen (zum Beispiel Vertriebsteams)
- System 2 (»Lokale Regulierung«): Koordinierung der operativen Einheiten (um zum Beispiel sicherzustellen, dass sich zwei konkurrierende Vertriebsteams im selben Unternehmen nicht ständig Accounts klauen)
- System 3 (»Taktisch-operatives Management«): Optimierung des Ressourceneinsatzes (zum Beispiel Budgetverteilung zwischen

verschiedenen operativen Einheiten): Hier geht es um das Management des »Hier und Jetzt« der Unternehmenspraxis

- System 4 (»Strategisches Management«) ist zuständig für Zukunftsanalyse und Planung
- System 5 (»Normatives Management«) ist die oberste Entscheidungsebene, bei der alle Konflikte landen, die in den unteren Systemebenen nicht geklärt werden konnten

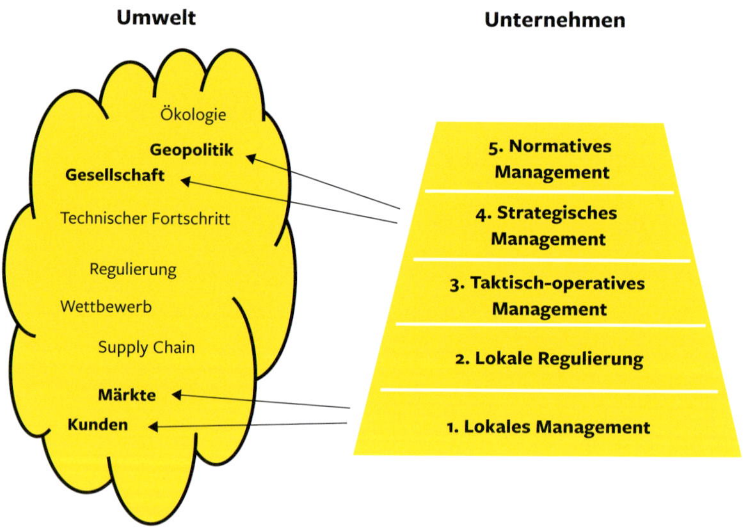

Grafik 15: Systeme einer Organisation und Umwelt (angelehnt an Gomez/Meynhardt/Lambertz)[179]

Das graue Nashorn ist ein Problem, das auftritt, wenn System 4 nicht richtig funktioniert. System 4 ist dafür zuständig, das Umfeld des Unternehmens zu verstehen – inklusive der Dinge, die selbstverständlich erscheinen. Das größte Problem von System 4 ist, dass es sich zu schnell daran gewöhnt, in einem allzu komfortablen Umfeld zu agieren. Das ist ein ziemlich weit verbreitetes Problem – nicht nur in Unternehmen. Denken wir zurück an die Finanzkrise 2008/2009: Hier hat das »System 4« der Zentralbanken nicht funktioniert – es hatte sich einfach an die guten Zeiten der »Great Moderation« gewöhnt.[180] »Forecasting« fand natürlich die ganze Zeit statt – aber eben so eng gefasst, dass die Forecasts nur Entwicklungen innerhalb der als »natürlich« angenommenen Rahmenbedingungen umfassten. Ein systemisches Risiko wie das Platzen der Spekulationsblase wurde vom System 4 der Zentralbanken einfach nicht in Betracht gezogen.

Und hier wird es interessant: Das Platzen der Spekulationsblase ist im Nachgang oft als »schwarzer Schwan« bezeichnet worden – also quasi als Naturgewalt, die nicht vorhersehbar war. Wie in der Einleitung erwähnt, halten wir das für eine falsche Schlussfolgerung. Die Finanzkrise war sogar relativ einfach vorhersehbar – wenn man denn die zahlreich vorhandenen Daten verarbeitet und in entscheidungsrelevante Informationen transformiert hätte.

Überspitzt könnte man formulieren, dass System 4 dazu da ist, in die Luft zu gucken. Dass Luft entscheidend ist zum Überleben, fällt nämlich erst auf, wenn sie nicht mehr da ist. So ähnlich ist das mit geopolitischer Stabilität. Die zentrale Frage lautet natürlich, warum das System 4 so oft versagt. Kurz gefasst: weil sich Unternehmen und andere Organisationen einfach an den unipolaren Moment gewöhnt und ihre System-4-Fähigkeiten eingebüßt haben. Das »Globally Integrated Enterprise«, das für den unipolaren Moment optimiert war, hat nämlich ein extrem schwachbrüstiges System 4. Das Ganze hat etwas mit der Weltanschauung des Neoliberalismus zu tun: Man geht davon aus, dass alle wichtigen Informationen für ein Unternehmen durch Marktsignale bereitgestellt werden.[181] Wenig überraschend, dass die meisten Corporate-Strategy-Abteilungen vor allem auf quantitative Modellierungen spezialisiert sind. Die Integration komplexer geopolitischer Risiken ist dann extrem schwierig.

Wie groß das Problem tatsächlich ist, zeigt sich unter anderem in Lieferketten. Wir sprechen hierzu mit Wolfgang Partsch, dem Erfinder des Begriffs »Supply Chain Management«. Der ordnet das Problem historisch wie folgt ein: »Im Grunde war es ein Wettlauf zwischen der Komplexität der Lieferketten auf der einen und den Steuerungsmöglichkeiten für Unternehmen auf der anderen Seite. Bis in die Neunzigerjahre existiert da eine Balance. Die bereits erwähnte Einführung von SAP R/3 ab 1993 erhöhte zunächst Transparenz in den Ketten mit dem ersten ›Electronic Data Interchange‹ (EDI) zwischen den Unternehmen, die in einer Lieferkette miteinander verbunden waren. Doch ab den 2000er-Jahren entwickelten sich Lieferkettenkomplexität und -Steuerungsfähigkeiten in unterschiedlichen Geschwindigkeiten. Die Komplexität der Lieferketten ging durch die Decke. Ab den 2010er-Jahren waren globale Netzwerke kaum noch durchschaubar. Die Managementsysteme stagnierten aber eher. Zwar lief dann alles auf der Cloud – aber es waren und sind nach wie vor einzelne Unternehmen, die jeweils ihre eigene Lieferkette managen. Die großen negativen Externalitäten dieser Hyperkomplexität wurden übersehen.«

Während der Coronapandemie wurde das Ausmaß des Problems deutlich. Parallelen mit dem Bankensektor und der Finanzkrise 2008/2009 sind, zumindest im Rückblick, ebenfalls offenkundig. Alle machten mit. Keiner blickte mehr genau durch. Irgendwann wurde die Gesamtrechnung für die versteckten negativen Externalitäten präsentiert. Immerhin lässt sich bei den hyperkomplexen Lieferketten in der Regel keine böse Absicht der Beteiligten unterstellen, sondern allenfalls Fahrlässigkeit im Sinne mangelnden Risikobewusstseins – im Unterschied zu den bewusst versteckten Paketen notleidender Immobilienkredite in den USA, welche die Finanzkrise auslösten.

In den nächsten Kapiteln werden wir Instrumente beschreiben, die es dem System 4 im Unternehmen ermöglichen, mit der Geopolitik umzugehen und produktiv in die Luft zu gucken. Es wird klar werden, dass dies weder ohne System 5 – nämlich Rückendeckung vom Chef – noch ohne ein Redesign der Systeme 1, 2 und 3 gehen wird.

Geopolitisches Risikoprofil von Unternehmen

Nicht jedes Unternehmen ist gleichermaßen von geopolitischen Interferenzen betroffen. Je nach Produktportfolio, Lieferkette und Marktschwerpunkt variieren die geopolitischen Risiken. Aber wie genau? Hierzu müssen wir den geopolitischen Fußabdruck des Unternehmens bestimmen. Was heißt das?

Die Wirtschaftswissenschaftler Stewart Black von der INSEAD und Allen Morrison von der Arizona State University haben ein so einfaches wie prägnantes Modell entwickelt, einen allgemeinen »Fußabdruck« von Unternehmen zu beschreiben.[182] Grafik 16 zeigt auf der vertikalen Achse die »Upstream«-Aktivitäten eines Unternehmens – darunter fallen Produktentwicklung und Produktion –, also alles, was vor dem Vertrieb stattfindet. Die horizontale Achse zeigt die »Downstream«-Aktivitäten des Unternehmens – das ist der Produkt- oder Dienstleistungsvertrieb.

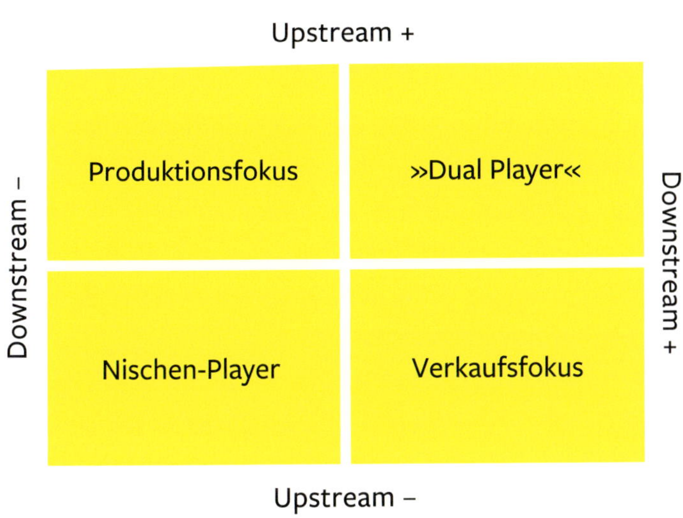

Grafik 16: »Fußabdrücke« von Unternehmen (Black/Morrison)

Damit ergeben sich vier verschiedene Unternehmensprototypen:

- Unternehmen im **Quadrant 1** entwickeln und/oder produzieren in einem bestimmten Land. Für sie geht es um Zugang zu Rohmaterialien oder zum Arbeitsmarkt. Verkauft werden die meisten Produkte außerhalb des Produktionslandes – hier findet also Warenexport statt.
- Unternehmen im **Quadrant 2** haben sowohl einen Produktions- als auch einen Verkaufsfußabdruck in einem bestimmten Land. Diese Unternehmen haben also viele »Assets« in dem jeweiligen Land und sind dementsprechend besonders exponiert.
- Unternehmen im **Quadrant 3** haben weder viel Produktion noch Verkauf in dem betreffenden Land – sie sind »Nischen-Player«.
- Für Unternehmen in **Quadrant 4** ist das betreffende Land ein reiner Absatzmarkt. Die Produkte werden woanders hergestellt. Für den Verkauf müssen also Waren importiert werden.

Wir können dieses einfache Modell nun nutzen, um die geopolitischen Risikovektoren mit dem geopolitischen Fußabdruck von Unternehmen abzugleichen. Wir nennen das Ergebnis dieser Analyse »Geopolitisches Risikoprofil« (GRP).

Wir konzentrieren uns hier vor allem auf den Fußabdruck in den zwei wichtigsten geopolitischen Regionen: China und die USA. Tabelle 7 stellt dar, welche Unternehmen besonders von den drei geopolitischen Risikovektoren betroffen sind.

Wie kann dieses Risikoprofil helfen, strategische Entscheidungen zu treffen? Um dies zu verdeutlichen, analysieren wir beispielhaft ein Unternehmen in China aus Quadrant 2 (also sowohl mit Produktions- als auch mit Vertriebsfokus). Für dieses Unternehmen stellen sich angesichts der geopolitischen Entwicklungen schwierige Fragen: Soll der chinesische Markt weiterhin bedient werden, erfordert die Teilung des

	Up-stream China	**Down-stream China**	**Up-stream USA**	**Down-stream USA**
Geopolitische Ereignisse				
Lieferketten-unterbrechungen Taiwan				
Geotech Statecraft				
Exportkontrollen				
Zölle				
Investitions-kontrollen				
Schwarze Listen				
Datenlokalisierung				
Cybersecurity/ Verschlüsselungs-vorschriften				
Marktzugangs-barrieren				
Konsumboykotte China				
Teilung IT-Stack				
	mittel	hoch	gering	gering

Tabelle 7: Geopolitisches Risikoprofil: Risikovektoren vs. unternehmerischer Fußabdruck

IT-Stacks hohe Investitionen in chinesische Technologien. Gleichzeitig bestehen erhebliche regulatorische Risiken für die Lieferketten. Ebenso wenig ausgeschlossen werden können Disruptionen durch Ereignisse. Grafik 17 stellt schematisch die strategischen Optionen des Unternehmens dar. Zusammengefasst:

- Will das Unternehmen ein »Two Stack«-Unternehmen werden, so ist erstens eine Vertiefung des Engagements in China notwendig (Produktentwicklung, Forschung). Dies ermöglicht die Produktion von »USA-freien« Gütern und Dienstleistungen. Zweitens benötigt das Unternehmen eine Strategie, um die Anfälligkeit bezüglich Geotech Statecraft zu minimieren.
- Ist eine solche Vertiefung in China aus kommerziellen oder Risikomanagement-Gründen keine Option, ergibt sich eine »Cashcow«-Strategie: Das Engagement wird in absehbarer Zeit zurückgefahren und Assets werden in China veräußert. In der Konsequenz bedeutet dies, dass die betroffenen Assets »verkaufsfertig« gemacht werden müssen. Das kann unter anderem eine Reorganisation des Unternehmens oder die Kapselung der unternehmensinternen IT-Systeme beinhalten.

Diese strategische Polarisierung erklärt auch aktuelle Entwicklungen bei den Direktinvestitionen europäischer Unternehmen in China. Die Direktinvestitionen konzentrieren sich bei jenen Unternehmen, die eine »Two Stack«-Strategie gewählt haben. 34 Prozent aller Direktinvestitionen europäischer Unternehmen in China zwischen 2018 und 2021 entfielen auf Volkswagen, BMW, Daimler und BASF.[183] In den Folgejahren kam neben Automobil- und Chemieindustrie dann noch Siemens mit größeren Investitionen hinzu – gegen den Trend sinkender Gesamtinvestitionen.[184] Für viele kleinere Unternehmen war der China-Exit die Strategie der Wahl: 2020 und 2021 ist die Zahl der Di-

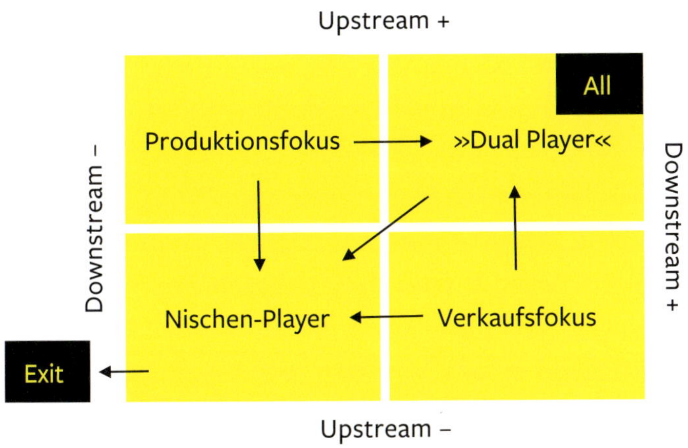

Grafik 17: Strategische Optionen

vestments um 65 Prozent im Vergleich zu den Jahren 2017 bis 2019 gestiegen.[185] Und in einer Umfrage der Deutschen Handelskammer in China vom Sommer 2024 hat sich die Anzahl der deutschen Unternehmen, die ihr China-Geschäft veräußern oder dies konkret in Erwägung ziehen, seit 2020 auf rund 9 Prozent verdoppelt.[186]

Szenarien: Herausforderung der normativen Kraft des »Normal«

Wie sich ein Unternehmen im geopolitischen Kontext in Zukunft positionieren will, hängt davon ab, wie sich die drei Risikovektoren disruptive Ereignisse, Geotech Statecraft und digitale Spaltung entwickeln werden. Dies zu erkennen, ist Aufgabe vom erwähnten System 4 in einem Unternehmen. Ein wichtiges Instrument, um diese Entwicklungen antizipieren zu können, sind Szenarien. Szenarienarbeit hat in vielen Unternehmen keinen guten Ruf. Oft sind die Szenarien zu ab strakt, eine Ableitung konkreter Projekte ist schwierig. Die Tendenz von Szenariospezialisten, erst mal ausführlich über ihre Methodik zu berichten, hilft im Unternehmensalltag auch nicht so richtig.

Das Problem ist nicht die Methode, entscheidend ist die richtige Umsetzung. Für uns sind Szenarien keine akademische Übung, sondern ein Werkzeug. Ziel ist es, die Entwicklungen der drei geopolitischen Risikovektoren in Bezug auf das Unternehmensprofil antizipieren zu können.

Gleichzeitig sind unsere Szenarien bewusst einfach gehalten. Wir beschränken uns auf drei Fälle: einen »Base Case«, einen »Best Case« und einen »Worst Case«. In diesem System ist der Base Case immer das wahrscheinlichste Szenario. Dieses einfache Schema hat den Vorteil, die weitere Arbeit deutlich zu vereinfachen und jede Menge Komplexität aus dem Prozess zu nehmen. Tabelle 8 stellt die drei Szenarien in aller Kürze dar. Echte schwarze Schwäne außen vor gelassen, ist auf Grundlage der Trends der jüngeren Vergangenheit und Gegenwart eine Vorausschau von ein bis drei Jahren möglich. Danach wird es schon sehr spekulativ.

Diese Szenarien eignen sich hervorragend, um implizite Annahmen über die zukünftigen Rahmenbedingungen zu hinterfragen, in denen ein Unternehmen agiert. Das größte Risiko dabei ist die Tendenz, die geopolitischen Entwicklungen als temporäre Krise zu verstehen, die schon wieder abflauen wird. Dies verleitet zu einer Überwinterungsmentalität, die auf die taktische Überbrückung der Krise fokussiert, getreu dem Motto: Der nächste Frühling kommt bestimmt. Szenarien sind ein Instrument, diese Überwinterungsmentalität zu überwinden und andere Perspektiven für mögliche, plausible und wahrscheinliche Zukünfte zu gewinnen.

Es mag überraschen, aber es ist gar nicht entscheidend, dass Szenarien am Ende auch eintreten. Viel wichtiger ist es, das Unternehmen im Sinne von Resilienzkapazitäten zu trainieren und die Zusammen-

Base Case	Best Case	Worst Case
schrittweise Verschärfung	**kontrollierter geopolitischer Wettbewerb**	**harter Konflikt**
▪ Der geopolitische Wettbewerb zwischen den USA und China nimmt weiter zu, aber beide Seiten sind bemüht, eine unkontrollierte Eskalation zu vermeiden und das Risiko disruptiver Ereignisse (insbesondere bezüglich Taiwan) zu minimieren. ▪ US-Unternehmen sehen sich zunehmenden Einschränkungen beim Einsatz von Technologien chinesischen Ursprungs in sensiblen ICT-Einsätzen gegenüber; Exportkontrollen, die darauf abzielen, Chinas Zugang zu fortschrittlicher US-Technologie zu beschränken, erweitern sich. ▪ Chinas Reaktion auf den wachsenden Druck der USA wird durch Bedenken hinsichtlich der Aufrechterhaltung günstiger Investitionsbedingungen in einem Umfeld mit langsamerem Wirtschaftswachstum gemildert. ▪ Während die Bemühungen zur Diversifizierung globaler Technologielieferketten nur langsam Fortschritte machen, führt eine schrittweise Verschärfung der US-Kontrollen dazu, dass eine wachsende Zahl von Herstellern und Komponentenklassen Gefahr läuft, von politikbedingten Störungen betroffen zu werden. ▪ Die mit Taiwan verbundenen Risiken bleiben hoch, mit einem erheblichen Risiko für einen Unfall oder eine Fehlkommunikation, die eine Krise in der Taiwanstraße und eine Eskalation der Politik auslösen könnten.	▪ Langsame wirtschaftliche Wachstumsraten in China und/oder ein neuer KI-Winter führen zu einer Mäßigung der geopolitischen Kräfte, die die Konfrontation zwischen den USA und China antreiben. ▪ Washington und Peking vermeiden zusätzliche ernsthafte Eskalationen in ihrem Technologie- und Handelskonflikt und verbessern langsam die Zusammenarbeit in einigen Bereichen wie der globalen Gesundheit und dem Klimawandel. ▪ Die meisten bestehenden US-Technologieeinschränkungen gegenüber China bleiben bestehen, aber die Politiken, die die globale Fragmentierung des Handels und der Datenflüsse vorantreiben, lockern sich. ▪ China verfolgt eine geschäftsfreundlichere Politik, um ausländische Investitionen anzuziehen, während es weiterhin die inländische Innovation unterstützt. ▪ Die Risiken in Bezug auf Taiwan bestehen weiterhin, aber das Risiko von Unfällen oder unbeabsichtigter Eskalation wird reduziert, da beide Seiten ihre konfrontativen Taktiken mäßigen und offene Kommunikationslinien aufrechterhalten.	▪ Die Strategie der USA zur Eindämmung des technologischen Aufstiegs Chinas schlägt fehl. ▪ Technologische Durchbrüche in China schaffen einen »Sputnik-Moment« in Washington; die Verbesserungen chinesischer Unternehmen in Bereichen wie Chips, Quanten und KI führen zu einer erheblichen Eskalation des Drucks durch US-geostrategische Maßnahmen in Richtung China. ▪ US-Verbündete weigern sich, dem US-Vorbild bei Exportkontrollen und anderen einschränkenden Politiken zu folgen. ▪ Unilaterale US-Politikmaßnahmen und chinesische Reaktionen führen zu Störungen der Technologielieferketten. ▪ Die Spannungen rund um Taiwan eskalieren erheblich. Chinas Aktivitäten im Graubereich werden aggressiver, während ein ermutigtes Peking auf den Druck der USA reagiert. ▪ Während beide Seiten konfrontativere Strategien verfolgen, führt dies schließlich zu einer neuen Krise in der Taiwanstraße. ▪ Globale Unternehmen beginnen mit der Planung für erhebliche Störungen der Technologielieferketten aufgrund eines Konflikts über Taiwan.

Tabelle 8: Drei Szenarien – Übersicht

arbeit innerhalb des Unternehmens zu fördern. Bessere interne Konnektivität gelingt allerdings nur, wenn die drei vorgestellten Szenarien sowohl durch hypothetische als auch durch konkrete *Risikofälle* konkretisiert werden. Diese Risikofälle funktionieren wie die Fitnessgeräte in einem Sportstudio: Jeder Fall spricht eine andere Muskelgruppe im Unternehmen an. Das übergreifende Ziel ist die allgemeine Steigerung der geopolitischen Fitness der Firma. Tabelle 9 stellt konkrete Beispiele dar, die wir bei Sinolytics in Beratungsprojekten mit Tech-Firmen genutzt haben.

Die Beispiele betreffen ganz unterschiedliche Bereiche im Unternehmen – von der CIO-Organisation über die (Handels-)Rechtsabteilung, Produktentwicklung oder HR. Die meisten dieser Abteilungen dürften sich mit dem Thema Geopolitik gar nicht oder nur am Rande beschäftigt haben. Für das Aufbauen neuer Muskelzellen und Kompetenzen ist die Bearbeitung dieser Risikofälle in Projektteams sehr gut geeignet. In der Sprache der Kybernetik: Sie sind ein Weg, in dem System 4 insbesondere mit System 3 kommunizieren kann.

In der Praxis ist eine weitere Spezifizierung dieser Risikofälle notwendig. Beispielhaft haben wir den ersten Risikofall einer Taiwan-Quarantäne weiter aufgeschlüsselt (vgl. Tabelle 10).

Risikofall	Kurzbeschreibung
Risikovektor disruptive Ereignisse	
Taiwan-Quarantäne	Eine Kollision eines amerikanischen und eines chinesischen Militärschiffes nahe Taiwan führt zu einer Eskalationsspirale. China verhängt eine Quarantäne gegen Taiwan, die von der chinesischen Marine und Luftwaffe kontrolliert wird. Jeglicher Luft- und Schiffsfrachtverkehr von Taiwan ausgehend kommt für drei Monate zum Erliegen.
Risikovektor Geotech Statecraft	
TAA-Status von Taiwan	Nach der Übernahme Taiwans durch China streichen die USA Taiwan von der »Trade Agreements Act«-Compliance-Liste.
Cloud-Blockade	Aufgrund neuer Cloud-Bestimmungen in den USA und/oder China ist es nicht länger möglich, Microsoft 365 in China zu nutzen.
Finanz-sanktionen	Die USA schließen chinesische Banken vom CHIPS-Mechanismus aus und üben massiven Druck auf SWIFT aus. Darüber hinaus verbietet die US-Regierung amerikanischen Unternehmen die Verwendung von WeChat in China.
WTO-Exit USA	Die USA treten aus der WTO aus. Damit gilt die Most-Favored-Nation-(MFN)-Klausel nicht mehr.
Fachkräfte-Restriktionen	Die USA verschärfen Visa- und Exportkontrollregeln, die es unmöglich machen, chinesische Bürger in Forschungsprojekten in den USA zu beschäftigen.
Daten-lokalisierung	Die chinesische Regierung stellt das Cybersecurity Law (CSL) »scharf«: Nach einer Übergangsperiode von 12 Monaten müssen alle personenbezogenen und kritischen Daten in China lokalisiert werden. Ein Datenexport wird nicht länger geduldet.
Export-kontrollen	Die USA verschärfen ihre Exportkontrollen für »Critical and Emerging Technologies« (CETs). Produktgruppen des Unternehmens sind direkt betroffen.
Risikovektor Spaltung IT-Stack	
Verschlüsselung	Die chinesische Regierung verbietet die Nutzung ausländischer Verschlüsselungstechnologien in China, inklusive hardwarebasierter Roots of Trust. In China dürfen nach einer Übergangsperiode von 16 Monaten nur noch PCs verwendet werden, die ein chinesisches Betriebssystem installiert haben.

Tabelle 9: Beispiele für Risikofälle

Kontext	▪ Der geopolitische Wettbewerb zwischen den USA und China hat sich über Monate schrittweise verschärft. Militärmanöver beider Seiten rund um Taiwan nehmen zu. ▪ Beide Regierungen fühlen sich unter Druck gesetzt durch »Falken« in ihren eigenen Reihen. Die Kommunikationskanäle zwischen der US-Regierung und der chinesischen Regierung funktionieren nicht gut.
Ereignis	▪ Eine Kollision eines amerikanischen und eines chinesischen Militärschiffes nahe Taiwan führt zu einer Eskalationsspirale. ▪ Nach einem öffentlichen Schlagabtausch, in dem die USA die Unabhängigkeit Taiwans bestätigen, verhängt China eine Quarantäne (»Exclusive Economic Zone«) gegen Taiwan, die von der chinesischen Küstenwache und der Marine kontrolliert wird. Schiffe, die die Quarantäne durchbrechen wollen, werden durch Rammen und Warnschüsse aufgehalten. Einzig Lebensmitteltransporte werden durchgelassen. ▪ Der Luftraum wird komplett gesperrt, die chinesische Luftwaffe kontrolliert die Einhaltung der Sperre.
unmittelbare Konsequenzen	▪ Jeglicher Luft- und Schiffsfrachtverkehr von Taiwan ausgehend kommt für drei Monate zum Erliegen. ▪ Unterseekabel nach Taiwan werden gekappt, die Kommunikation mit taiwanesischen Standorten ist stark eingeschränkt, die Situation vor Ort unklar.
mittelbare Konsequenzen	▪ Ein weltweiter »Run« auf Güter aus Taiwan, insbesondere Halbleiter, setzt ein. ▪ Die USA verhängen Finanzsanktionen gegen China – zunächst gegen die vier größten Banken, das Finanzministerium und die People's Bank of China. Diese Institutionen werden schrittweise vom internationalen Zahlungssystem SWIFT ausgeschlossen. Betroffen sind 3,7 Billionen Dollar chinesischer Assets. ▪ Die USA verschärfen Exportkontrollen gegen China und setzen die SDN-Liste gegen Unternehmen ein, die die Quarantäne unterstützen. Bereits existierende Exportkontrollen werden verschärft, indem die bislang gängigen Ausnahmegenehmigungen nicht mehr erteilt werden. ▪ Der US-Kongress hebt den Most-Favored-Nation-Status Chinas auf, die durchschnittlichen Zölle steigen auf 61 Prozent. ▪ Die chinesische Regierung unterbindet den Abfluss der in China erwirtschafteten Gewinne, indem Banken angewiesen werden, diese unternehmensinternen Dividendenzahlungen auszusetzen.

	▪ Die chinesische Regierung setzt selektiv Unternehmen im Pharma- und Chemiesektor aus G7-Ländern auf die Unreliable Entity List und startet Enteignungen. ▪ China erlässt Exportkontrollen auf Graphit, Gallium, Germanium, Antimonium, Tungsten, seltene Erden, Vanadium, Magnesium, Kupfer, Iridium, Titanium und Siliziumcarbid. Lizenzen für den Export werden nicht mehr erteilt. ▪ China schiebt im großen Maßstab westliche Manager aus China (inklusive Hongkong) ab.

Aufgabe	▪ Modellierung der unmittelbaren und mittelbaren Auswirkungen auf
	  ▪ das Produktportfolio
	  ▪ die eigenen IT-Infrastrukturen
	  ▪ das Management der eigenen China-Aktivitäten
	  ▪ die wichtigsten Kunden
	  ▪ das unternehmensinterne Finanzmanagement und den Cashflow
	Die Modellierung erfolgt in drei Zeitrahmen: 4 Wochen, 12 Wochen, 20 Wochen.
	▪ Design eines internen Krisenreaktionsteams

Tabelle 10: Risikofall Taiwan-Quarantäne

08 UNTERNEHMENSDESIGN: AUFBAU GEOPOLITISCHER MUSKELN

Unternehmensfähigkeiten

Unsere heutigen Unternehmen sind strukturell optimiert für eine globalisierte, geopolitisch weitgehend friktionslose Welt. Wir haben in Teil 1 und 2 beschrieben, wie die drei geopolitischen Risikovektoren dieses Unternehmensmodell überholt haben. Die Frage lautet entsprechend: Wie kann sich ein Unternehmen aufstellen, um geopolitisch resilienter zu werden und produktiv mit den drei Risikovektoren Ereignisse, Geotech Statecraft und digitale Teilung umzugehen?

Die kurze Antwort lautet: Um geopolitische Resilienz aufzubauen, müssen Unternehmen die Angriffsfläche gegenüber den geopolitischen Risikovektoren in ihren Strukturen und Prozessen minimieren. Diese Minimierung der geopolitischen Angriffsfläche bedarf neuer Unternehmensfähigkeiten (»Business Capabilities«)[187] in den folgenden Bereichen (vgl. Grafik 18):

- Innovation und Produktentwicklung
- Datenmanagement und IT-Infrastruktur
- Unternehmenssteuerung
- Marketing

- Geopolitische Risikomanagement-Systeme
- Lieferkettenmanagement

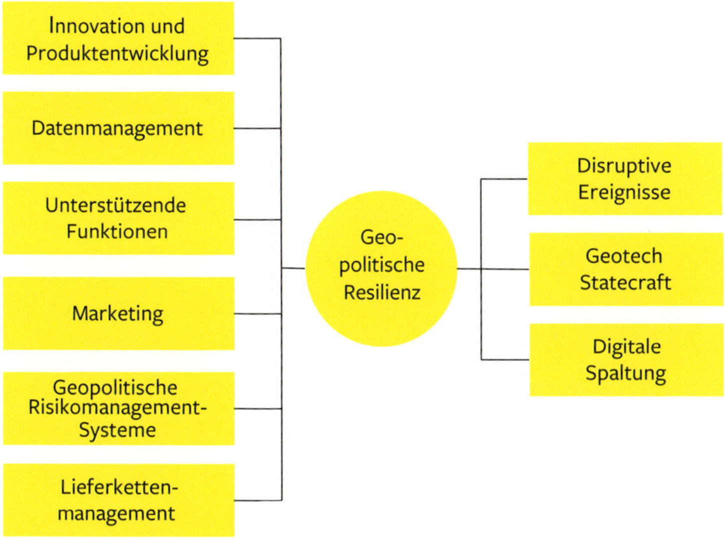

Grafik 18: Fähigkeiten des geopolitisch resilienten Unternehmens

Im Bereich von Innovation und Produktentwicklung geht es vor allem darum, eine Antwort auf die Entwicklung eines separaten IT-Stacks in China zu finden. Im Bereich des Datenmanagements besteht die größte Herausforderung darin, die Anfälligkeit gegenüber Datenexportkontrollen zu verringern bei gleichzeitigem Erhalt der datenzentrischen Innovationsfähigkeiten. Die unterstützenden Funktionen wie HR oder Finanzmanagement müssen ebenfalls von geopolitischen Risikovektoren so weit wie möglich isoliert werden. Eine Querschnittsaufgabe ist es, geopolitisches Risikomanagement im Unternehmen dauerhaft zu verankern. Das Thema Lieferkettenmanagement wiederum ist so wichtig und komplex, dass wir ihm ein eigenes Kapitel (9) widmen.

Das geopolitisch resiliente Unternehmen ist ein Gegenentwurf zum Globally Integrated Enterprise von Sam Palmisano, das wir in Kapitel 2 vorgestellt haben. Es minimiert die Transaktionen und Verbindungen zwischen dem China-Geschäft und dem »westlichen« Geschäft, um den geopolitischen Risikovektoren weniger ausgesetzt zu sein. Statt globaler Integration geht es um Separierung, also Aufteilung. Die Unternehmen folgen also strukturell der geopolitischen Metastruktur der politischen Bipolarisierung.

Diese Separierung ist insbesondere für zwei Arten von Unternehmen interessant: für jene, die mittelfristig den »Exit« in China planen (Quadrant 4, Grafik 17, siehe S. 153), sowie für diejenigen, die in China »all in« gehen wollen (Quadrant 2). Erstere bereiten mit der Separierung den Verkauf der Assets vor, für letztere geht es um die Steigerung der geopolitischen Resilienz. Ein Partner einer Unternehmensberatung bringt es im Interview wie folgt auf den Punkt: »Egal, ob das Unternehmen das China-Geschäft vertiefen oder aber mittelfristig einstellen will – eine Separierung des China-Betriebs ist in beiden Fällen sinnvoll.«

FORD IM ZWEITEN WELTKRIEG

Die Separierung von Unternehmen entlang der geopolitischen Verwerfung ist historisch nichts Neues. Ein Extrembeispiel ist Ford im Zweiten Weltkrieg: Nach der Kriegserklärung des »Dritten Reichs« gegen die USA im Dezember 1941 wurde Ford Deutschland unter staatliche Verwaltung gestellt. Der globale Konzern behielt zwar eine Mehrheitsbeteiligung von 52 Prozent, separierte aber gleichzeitig den deutschen Unternehmensteil rechtlich von der amerikanischen Muttergesellschaft. Bis 1945 spielte Ford Deutschland eine wichtige Rolle in der Rüstungsindustrie. So wurden 1942 rund 40 Prozent der Lkw der Wehrmacht von Ford produziert, zum Teil durch Zwangsarbeit.[188] Nach dem Zweiten Weltkrieg wurde Ford Deutschland dann in den globalen Konzern reintegriert. Dieses düstere Beispiel zeigt: Unternehmen können radikal pragmatisch auf Geopolitik reagieren.

Innovation und Produktentwicklung

Für Tech-Unternehmen ist der Einfluss von Geopolitik auf die eigenen Innovations- und Produktentwicklungspläne besonders unmittelbar. Ein geteilter IT-Stack stellt ein echtes Dilemma dar. Um Marktzugang in China zu erhalten, sind erhebliche Investitionen in den chinesischen IT-Stack notwendig. Diese Investitionen fehlen dann für die Weiterentwicklung der Produkte, die auf dem westlichen Stack beruhen. Im Vergleich zu Unternehmen, die ihre Ressourcen auf einen Stack konzentrieren, muss ein Zwei-Stack-Unternehmen fortlaufend abwägen. Was ist also besser – Maximierung des »Total Addressable Market« (TAM) durch eine Zwei-Stack-Strategie oder eine Priorisierung der Innovationsfähigkeit in einem der Stacks? Wie viel auf dem Spiel steht, verdeutlichen zwei Statistiken:

- Erstens die Höhe des Anteils des chinesischen Geschäfts am Gesamtumsatz: 2024 betrug das Handelsvolumen deutscher Unternehmen mit China knapp 250 Milliarden Euro. Börsennotierte Konzerne in Deutschland und Europa machen in der Regel zwischen 11 und 15 Prozent ihrer Gewinne in China.[189] Dieses Muster zeigt sich nicht nur in Europa: Unter den Top-10-Unternehmen des amerikanischen S&P 500 Index mit dem größten China-Umsatzanteil befinden sich sage und schreibe acht Tech-Unternehmen (Qualcomm 60 Prozent, Texas Instruments 55 Prozent, IPG Photonics 42 Prozent, Western Digital 40 Prozent, NXP 39 Prozent, Qorvo 34 Prozent, Broadcom 33 Prozent, Corning 33 Prozent).[190] Nvidias CEO Jensen Huang weist im Mai 2023 darauf hin: »Wenn wir nicht mehr nach China liefern können, haben wir keine Ausweichoption. Es gibt kein weiteres China, China ist einzigartig.«[191] Ein Manager eines anderen Halbleiterunternehmens sagt uns im Interview: »China ist einfach ein zu wichtiger Markt. Wir brauchen Skalierung. Wenn du in unserer Branche relevant bleiben willst, musst du in China verkaufen. Die Frage ist also nicht, ob du als Halbleiterunternehmen in China bleibst, sondern nur, wie du die geopolitischen Konsequenzen managst.«

- Zweitens: Die Kosten einer Zwei-Stack-Strategie im Bereich Innovation. Laut einer Umfrage der Europäischen Handelskammer in China rechnen Automobilhersteller mit einer Verdoppelung der FuE-Budgets, um in beiden Stacks wettbewerbsfähig zu bleiben.[192] Um in China präsent zu bleiben, haben insbesondere jene Unternehmen massiv in Innovation und Produktentwicklung investiert, die dort bereits tiefe Wurzeln haben. So zeigen die Statistiken zu FuE-Investitionen in China eine deutliche Polarisierung auf (vgl. Grafik 19), die mit der Polarisierung der China-Strategien in Ein- und Zwei-Stack-Unternehmen korrespondiert.

Diese Fakten deuten klar darauf hin, dass viele deutsche Unternehmen mit dem von der Politik geforderten »Decoupling« nicht viel anfangen können. Sich aus China auch nur teilweise zurückzuziehen oder Kooperationen herunterzufahren, ergibt für viele Unternehmen schlicht keinen Sinn. Es gibt eben weltweit »nur ein China«, sowohl

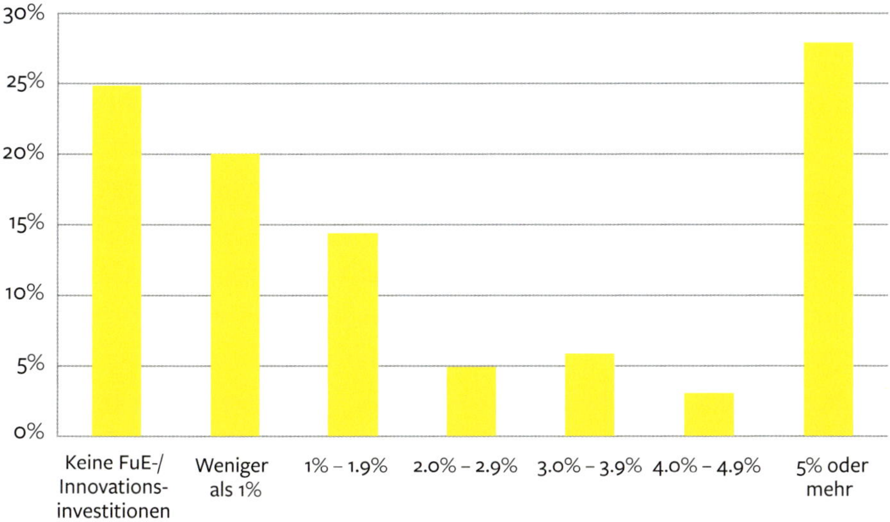

Grafik 19: FuE-Investitionen in China/Anteil am Umsatz in China (EU Chamber of Commerce in China)[193]

was innovative Lieferanten angeht als auch Marktchancen. Nachdem viele dieser Unternehmen lange geschwiegen haben, um in der Öffentlichkeit nicht als zu »chinafreundlich« wahrgenommen zu werden, sind es nun ausgerechnet die Zolleskapaden von Trump, die zum Anlass werden, endlich mal Klartext mit der Politik zu reden. Im April 2025 berichtete die *Frankfurter Allgemeine Zeitung* über ein »Non-Paper«, das einige CEOs deutscher Unternehmen unterzeichnet haben.[194] In diesem Papier heißt es unter anderem:

> »Kooperationen mit chinesischen Unternehmen sind entscheidend, um bei Innovationen mithalten zu können und Einblicke in lokale Entwicklungen zu gewinnen. Diese Partnerschaften müssen jedoch auf Reziprozität basieren, das heißt, ein beidseitiger Wissensaustausch ist essenziell. Es kann heute auch vorkommen, dass die chinesische Seite das wertvollere Wissen hat und sich daraus starke Schutzbedürfnisse in China ergeben.«

Und weiter:

> »Um im chinesischen Markt relevant zu bleiben, braucht es mehr Einsatz, nicht weniger. Dies umfasst verstärkte Investitionen in Forschung und Entwicklung (R&D), auch für globale Märkte.«

So deutliche Worte hörte man bislang selten von deutschen Unternehmen. Hier erkennen deutsche CEOs an, dass sich das Blatt in China gewendet hat, und machen ihre Interessen öffentlich. Gleichzeitig gibt es Stimmen, die eine robustere Politik gegenüber China-Importen nach Deutschland fordern. So veröffentlicht der VDMA im Juni 2025 ein Positionspapier, in dem chinesische Subventionen und Verstöße gegen EU-Regularien angeprangert werden.[195]

Für eine Lokalisierung von Innovation und Produktentwicklung spricht neben der Wettbewerbsfähigkeit in China noch ein weiteres Argument: Geotech Statecraft. Denn geistiges Eigentum kann Exportkontrollen unterliegen, und zwar unabhängig davon, ob ein Patent angemeldet wird. Am Beispiel der USA wird dies deutlich: Exportkontrollen, die auf der International Traffic in Arms Regulation (ITAR) oder den Export Administration Regulations (EAR) beruhen, gelten für alle Exporte und Re-Exporte, inklusive »deemed exports«. Damit ist die Weitergabe von Informationen zu exportkontrollierten Gütern gemeint.[196] Das wiederum bedeutet: Ist eine »foreign person« Teil eines Teams, das exportkontrollierte Güter entwickelt, kann bereits dies einen Export in das Land der Herkunft der betreffenden Person darstellen und bedarf einer Genehmigung. Im Extremfall könnte bereits ein Gespräch am Kaffeeautomaten mit dem Kollegen mit chinesischer Staatsbürgerschaft ein Problem sein. Da Unternehmen die Staatsbürgerschaft ihrer Mitarbeiter oft gar nicht im HR-System gelistet haben und sich verständlicherweise damit schwertun, Teams nach Staatsbürgerschaft zusammenzustellen, kann dies in der Praxis eine ganze

Reihe von Folgeproblemen hervorrufen. Das heißt wiederum: Um den Geotech-Statecraft-Risikovektor zu verkleinern, ist es notwendig, den »Export« geistigen Eigentums über die geopolitischen Konfliktlinien zu minimieren.

An dieser Stelle sei noch einmal darauf hingewiesen, wie sehr sich diese Lokalisierungsstrategie (Quadrant 2, Grafik 17, siehe S. 153) von dem traditionellen Ansatz der Herstellung *globaler* Produkte in China (Quadrant 1, Grafik 17) unterscheidet. Jense Eskelund, Präsident der Europäischen Handelskammer in China, beschreibt den Unterschied so: »Während einige europäische Unternehmen aufgrund des Deriskings ihre ursprünglich für China geplanten Investitionen überdenken, hat die laufende Kampagne der chinesischen Regierung zur technologischen Autarkie ausländische Investoren dazu gedrängt, ihre Produktion und Technologien weiter ins Land zu verlagern. Dieser Trend könnte den Ansatz ›In China, für China‹ in ein neues Licht für Unternehmen rücken, da er statt einer Wahl für einige zur Bedingung werden könnte, um ihre Rentabilität – oder sogar ihre Präsenz – in China aufrechtzuerhalten.«[197]

Volkswagen gehört zu den Vorreitern, wenn es um die Entwicklung geistigen Eigentums »in China für China« geht. 1,4 Milliarden Dollar investierten die Wolfsburger in ein Joint Venture mit Horizon Robotics (spezialisiert auf autonomes Fahren), weitere 700 Millionen Dollar in die Kooperation mit Xpeng, ein hoch gehandeltes E-Mobility-Startup. Gerade die Xpeng-Kooperation zeigt, wie sehr sich die Zeiten verändert haben: Bislang waren die Kooperationen westlicher Automobilhersteller mit chinesischen Partnern mehr oder weniger erzwungene Entwicklungshilfe. Xpeng hingegen ist Technologieführer und wird Volkswagens E-Auto-Plattform in China maßgeblich entwickeln.[198]

Bei VW stellt sich also heute schon die Frage, wie viele Gemeinsamkeiten überhaupt noch zwischen dem China- und dem »Rest of World«-Geschäft bestehen. Ralf Brandstätter, Mitglied des Vorstands von VW China, gibt die Strategie klar vor: »Lokalisierte Technologieentwicklung gibt uns mehr Autonomie, um unsere Position im hochdynamischen Autosektor zu stärken.«[199] Das geistige Eigentum, das in Kooperation mit Xpeng entwickelt wird, soll jedenfalls in China lokalisiert werden – und zwar ganz bewusst aus geopolitischen Gründen.[200]

Der deutsche Automobilzulieferer Conti agiert ähnlich und hat bereits eine »In China für China«-Entwicklungsstrategie vorgegeben. CEO Nikolai Setzer beschreibt es so: Conti werde »[...] insbesondere im Bereich Software die Forschung, Innovation und Produktentwicklung lokalisieren, um schneller zu sein«.[201] Auch Contis Konkurrent Bosch geht diesen strategischen Weg. Im Januar 2023 verkündeten die Schwaben, über eine Milliarde Dollar in China investieren zu wollen, vor allem in Forschung und Entwicklung in einem neuen Forschungszentrum in Jiangsu.[202] Der Maschinenbauer Trumpf, führend im Bereich der High-End-Laser für die Halbleiterproduktion, geht ähnlich vor. CEO Nicola Leibinger-Kammüller weist auf die Bedeutung des chinesischen Marktes hin: »Rückzug ist keine Option – wir müssen uns anpassen.«[203] Stephan Mayer, zuständig für das China-Geschäft, führt aus: »Wir wollen in China als chinesisches Unternehmen wahrgenommen werden – und wir lokalisieren so viel wie möglich in China.«[204] Die Übernahme des chinesischen Unternehmens Jiangsu Jinfangyuan (JFY) spielt hierbei eine zentrale Rolle. Die gleiche Entwicklung vollzieht sich in der Chemieindustrie.

Auch BASF investiert weiter umfassend in China, unter anderem mit seiner Tochter Cellasto, die Komponenten zur Reduzierung von Lärm, Vibration und Rauigkeit (NVH) herstellt. Cellasto plant zurzeit den Bau eines zweiten Werks in Shanghai für rund 60 Millionen Euro. Der Produktionsstart ist für das Jahr 2027 vorgesehen. Mit seiner Produktionsausweitung will Cellasto vor allem vom rasanten Wachstum des chinesischen E-Auto-Marktes profitieren. NVH-Komponenten minimieren unerwünschte Geräusche und Vibrationen in Fahrzeugen.

Mit dem Schritt richtet sich der Chemieriese noch mehr auf China aus. »BASF hat seit dem Markteintritt in China vor 140 Jahren erheblich investiert«, erklärte Jeffrey Lou, Präsident und Vorstandsvorsitzender von BASF China. »Die heutige Erweiterung ist ein starkes Bekenntnis zur Nähe zum lokalen Markt und unseren Kunden.«[205] Diese Kundennähe gilt übrigens nicht nur für China – BASF hat sich bewusst dazu entschieden, Produktion und Absatz in möglichst geopolitisch kongruenten Räumen in Einklang zu bringen.

Siemens verfolgt eine ähnliche »In der Region für die Region«-Strategie, bei der lokale Wertschöpfungsketten in den jeweiligen Märkten konsequent aufgebaut werden.[206] In China betreibt Siemens inzwischen eigenständige F&E-Zentren mit chinesischen Ingenieuren, die Produkte speziell für den lokalen Markt entwickeln. Gleichzeitig verfügt der Konzern über vollständige Produktionskapazitäten in den USA, verbunden mit dem Ziel, künftige Handelsbeschränkungen und Zölle zwischen den USA und China abfedern zu können und in beiden Märkten handlungsfähig zu bleiben.

Und es sind nicht nur deutsche Unternehmen, die in China nicht »de-risken«, wie von Politikern gefordert, sondern die Wetten erhöhen. Automobilhersteller wie Toyota und Tesla forcierten ihre Entwicklungskooperationen im Bereich autonomes Fahren.[207] Teslas Engagement der letzten Jahre in China ist, zumindest aus dem Jahr 2025 betrachtet, bemerkenswert. Im Oktober 2021 kündigte Tesla an, ein Forschungszentrum in Shanghai zu eröffnen, das erste außerhalb der USA.[208] Ebenfalls in Shanghai entstand eine neue »Megapack«-Batterieproduktionsanlage.[209] Für den Autoindustrie-Analysten Michael Dunne schien damals die Lage klar: »China wird [...] das größte Produktionszentrum Teslas werden. Das Gravitationszentrum von Tesla wird China sein.«[210] Angesichts der Entwicklungen in den letzten Monaten haben wir da unsere Zweifel. Nun kommt Elon Musk die Geotech Statecraft seines politischen Idols Trump teuer zu stehen. Im Frühjahr 2025 stoppte er infolge des von Trump losgetretenen Zollkriegs den Verkauf der Flaggschiffmodelle S und X in China. Wirtschaftlich für Tesla noch problematischer dürfte werden: Zahlreiche Komponenten des angekündigten Robotaxis »Cybercab« und des Elektro-Sattelschleppers »Semi« sollten in China gefertigt werden. Die Markteinführung der beiden wichtigsten Hoffnungsträger von Tesla verzögert sich (Stand Juni 2025) nun auf unbestimmte Zeit.[211] Eine Verlagerung der Produktion in die USA scheint kurzfristig kaum möglich. Vielleicht ergeben sich daraus erhebliche Marktchancen für europäische Automobilhersteller, die wie VW auf die Vertiefung von Kooperationen mit China setzen.

Datenmanagement und IT-Infrastruktur

Daten und die eigene IT-Infrastruktur sind die Arterien global operierender Unternehmen. Die Vision des »Globally Integrated Enterprise« basiert auf einer nahtlosen globalen Unternehmens-IT (kein Wunder, dass es der IBM-CEO Palmisano war, der diese Vision formulierte). Ohne sie wäre das Management globaler Unternehmen unmöglich – geschweige denn die Nutzung von Datenanalyse zur Optimierung von Produkten und Prozessen. Insbesondere für Unternehmen, die auf Hardware-Lieferketten angewiesen sind, ist Echtzeit-Management dieser Lieferkette wichtig. Dass diese Datenarterien wieder in das Bewusstsein des Managements gelangt sind, hat mit dem geopolitischen Risiko von Datenexporten zu tun. Wie in Kapitel 6 erwähnt, nehmen Restriktionen bezüglich des Transfers von Daten über Staatsgrenzen hinweg rapide zu. Insbesondere das Chinese Cybersecurity Law von 2017 (CSL – vgl. Kapitel 5) war für viele Unternehmen ein »Hallo wach«-Moment. Über die konkreten Vorschriften des CSL hinaus gibt es allerdings weitere Gründe für eine zunehmende Datenlokalisierung in China.

In einer exklusiven Umfrage von Voice e. V. – dem Verband der IT-Anwender in Deutschland – geben 65 Prozent an, dass die geopolitischen Spannungen die IT-Strategie des Unternehmens beeinflussen. 41 Prozent wählen ihre IT-Partner auch unter dem Gesichtspunkt der geopolitischen Risikominimierung aus. Eine Umfrage der Europäischen Handelskammer in China ergab, dass 10 Prozent der befragten europäischen Unternehmen in China bereits eine vollständige Separierung der IT vorgenommen haben, 75 Prozent haben ihre Systeme zumindest teilweise getrennt.[212] Es sind vor allem die großen Unternehmen, die hier voranschreiten (vgl. Grafik 20).

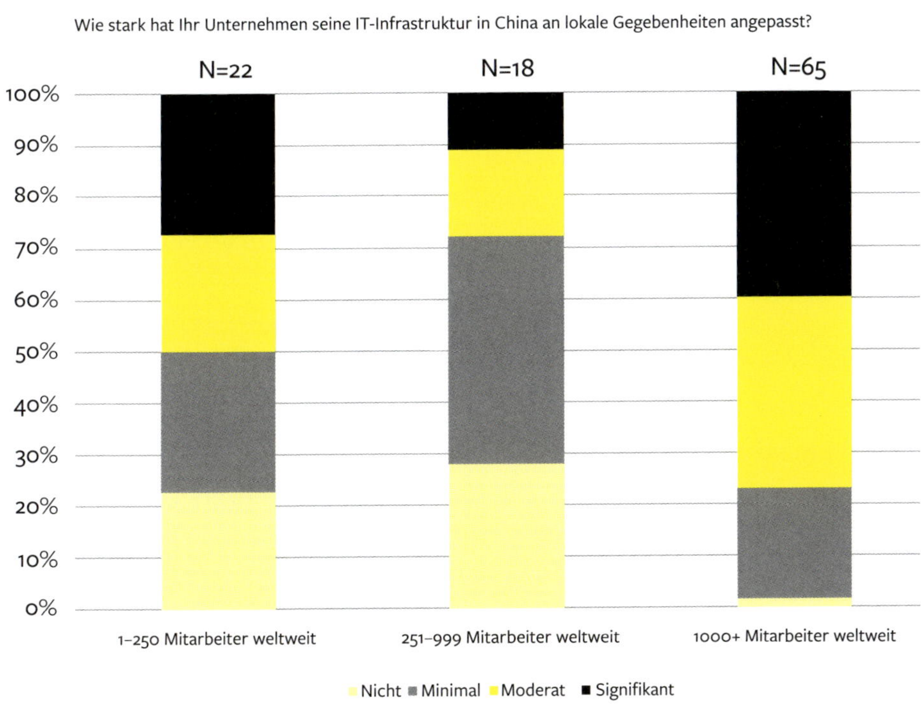

Grafik 20: IT-Infrastruktur-Lokalisierung in China (EU Chamber of Commerce in China)[213]

Hierunter fallen separate E-Mail-Adressen und Mitarbeiter-IDs. Spezifische Endgeräte, die nur auf China-Reisen genutzt werden und keine Verbindung zum Unternehmensnetzwerk aufweisen, werden trotz vieler Nachteile immer häufiger genutzt.[214] Jeder dieser Schritte ist kostenintensiv und ineffizient. 47 Prozent der Mitglieder der Europäischen Handelskammer in China geben an, dass die Datenregulierung einen negativen Effekt auf das eigene Geschäft hat.[215] Für Unternehmen geht es zunehmend um die richtige Balance zwischen diesen Kosten und der gesteigerten geopolitischen Resilienz getrennter Systeme.

Für Hersteller und Anbieter von »Connected Devices« besteht eine große Herausforderung darin, die »Backend«-Infrastruktur für diese Geräte zu trennen. Deutlich wird das am Beispiel der »Connected Vehicles«. Insbesondere die Fähigkeit des (teil-)autonomen Fahrens hängt von hochauflösenden digitalen Karten ab. Deren Verfügbarkeit ist in China an Lizenzen gebunden, die nur an chinesische Anbieter vergeben werden. So nutzt Tesla in China Kartenanwendungen von Baidu, nicht von Google.[216]

Noch komplizierter für Automobilhersteller sind die Datenlokalisierungsvorschriften. Die Infrastruktur für (teil-)autonomes Fahren ist extrem teuer und datenintensiv. Die Fahralgorithmen müssen fortlaufend mit Videos und Fotos aus dem Fahrbetrieb weiter trainiert werden. In den USA verfügt Tesla über einen Datensatz von über mehrere Milliarden gefahrenen Meilen, die von einem gigantischen Rechenzentrum mit über 85 000 Hochleistungschips verarbeitet werden. Videodaten aus China darf Tesla aufgrund der Datenschutzregulierung allerdings nicht exportieren. Der Aufbau eigener Rechenzentren in China ist aufgrund der Exportkontrollen auf High-End-Chips kaum machbar. Es bleibt nur eine Partnerschaft mit einem chinesischen Cloud-Provider. Bezüglich des Datenmanagements wird Tesla in China also komplett anders aussehen als in den USA.

Gerd Niehage, langjähriger CIO in multinationalen Unternehmen wie Hella, ZF, B. Braun und zuletzt als CTIO bei Swisscom, wirbt für flexible IT-Architekturen zur Steigerung der Resilienz von Unternehmen gegenüber permanenten und immer schneller und häufiger auftretenden Krisen. Statt auf globale Systeme, die mit viel Aufwand harmonisiert werden, setzt er auf dezentrale Strukturen, die durch interne und externe Datenökosysteme miteinander verknüpft sind. Dieser datenzentrische Ansatz ermöglicht die Verwendung von KI und gibt den Unternehmen sofort die notwendigen Insights für schnellere Entscheidungen und einen höheren Automatisierungsgrad.

Für deutsche CIOs ist allerdings nicht nur China ein Problem. Das erratische Verhalten der Trump-Administration hat das Vertrauen in US-Technologie massiv erschüttert – und zwar nicht, weil die US-Unternehmen als »feindlich« wahrgenommen werden, sondern weil der Eindruck besteht, dass sich diese Unternehmen dem Druck der US-Regierung nicht entziehen können. In der exklusiven Voice-Umfrage geben 79 Prozent der CIOs an, dass die Abhängigkeit von US-Technologie ein Risiko ist. Vielleicht hilft ein Blick auf die Strategie des einzigen deutschen Cloud-Akteurs von globaler Bedeutung.

SAP managt geopolitische Risiken vor allem mit einer »Cloud-Regionalisierungsstrategie«. Das bedeutet: Die Walldorfer betreiben separate Cloud-Infrastrukturen in China und den USA. In China arbeitet SAP mit lokalen Partnern wie Alibaba Cloud zusammen, um die Compliance mit chinesischen Datensicherheitsgesetzen zu gewährleisten. Ein »Sovereign Cloud«-Konzept ermöglicht es wiederum den SAP-Kunden, ihre Daten in einem bestimmten Rechtsraum zu halten, ohne dass die Daten die jeweiligen Grenzen überschreiten.[217]

OPEN SOURCE UND GEOPOLITIK

Gerade in Deutschland wird im Kontext der geopolitischen Risiken von IT oft über Open Source diskutiert. Das Argument: Da Open Source niemandem gehöre, sei die Anfälligkeit gegenüber Geotech Statecraft geringer. Und aufgrund der Transparenz des Codes sei eine Überprüfung hinsichtlich absichtlich eingebauter Schwachstellen (»Backdoors«) jederzeit möglich. Klingt gut – ist aber reichlich naiv. Open Source hat vielmehr ein massives geopolitisches Problem.[218] Erstens gibt es sehr wohl Geotech-Statecraft-Instrumente, die »greifen«, denn die in Kapitel 5 beschriebenen »schwarzen Listen«, die »jegliche Transaktion« untersagen, würden sich auch auf die Arbeit in Open-Source-Projekten erstrecken. Zweitens ist der potenzielle IT-Sicherheits-Review eben nicht das Gleiche wie ein tatsächlich ausgeführter. Der Fall XZ Utils hat gezeigt, dass die Infiltration von Open-Source-Projekten durch staatliche Akteure – mit dem Ziel des Einbaus von Exploits – keine Fiktion ist.[219]

In den USA ist Open Source bereits auf der geopolitischen Agenda. Das für seine chinakritischen Positionen bekannte Select Committee on the Chinese Communist Party des Kongresses hat bereits Warnungen an das RISC-V-Konsortium und an die Eclipse Foundation in Brüssel ausgesprochen (letztere unterstützt Open Harmony – eine Open-Source-Variante von Huaweis Harmony OS).[220] Höchste Zeit, das Thema geopolitische Resilienz auch in Open-Source-Projekten ernst zu nehmen!

Unternehmenssteuerung: Ab wann droht der Kontrollverlust?

Eine weitgehende Isolierung des China-Geschäfts – inklusive des taktischen Managements – schafft neben den höheren Kosten noch ein weiteres Problem: Kontrolle. Wie weit darf also eine Separierung des China-Geschäfts gehen, bevor ein Kontrollverlust einsetzt? Diese Frage muss sich auch ARM stellen. In Europa wird die Bedeutung des amerikanischen Halbleiterunternehmens ARM oft unterschätzt. Aus geopolitischer Sicht ist es aber aufgrund seiner Dominanz im Bereich der energieeffizienten Chiparchitekturen wohl eines der wichtigsten Tech-Unternehmen weltweit. 2018 gründete ARM ein Joint Venture mit der Private-Equity-Firma Hopu Investment in China, und zwar in einer Minderheitsbeteiligung. Die Gründe für das Engagement waren politisch – solche Gemeinschaftsunternehmen mit Minderheitsbeteiligung waren zu diesem Zeitpunkt das »Eintrittsticket« in den chinesischen Markt. Für viele Unternehmen hat diese Konstruktion auch leidlich gut funktioniert – im Falle von ARM wurde daraus allerdings ein Wirtschaftskrimi. Im Sommer 2020 entschied ARM, den CEO des Joint Ventures, Allen Wu, zu ersetzen. Wu ignorierte dies, stellte ein eigenes Sicherheitsteam zusammen und weigerte sich, das Siegel des Unternehmens (in China nach wie vor entscheidend für die Prokura) auszuhändigen. Im September 2021 erklärte Wu schließlich öffentlich, dass ARM China nun unabhängig sei und in den nächsten Jahren den Börsengang in China anstrebe.[221] Es ist kaum denkbar, dass Wu diese Revolte ohne Rückendeckung seitens der KPC durchführte. Die *Financial Times* zitiert einen chinesischen Regierungsvertreter, der anonym bleiben will: »Wir wollen den Zugang zu ARM-Technologie zu diesem Zeitpunkt nicht verlieren. Der Halbleiterkrieg zwischen den USA und China eskaliert, und ARM ist ein wichtiger Verbündeter von Chinas Halbleiterindustrie.«[222] Man kann davon ausgehen, dass ARM diese Art von Verbundenheit nicht besonders schätzte – insbesondere da ARM seinen eigenen Börsengang plante. Softbank, der japanische Eigentümer von ARM, warnt potenzielle Investoren im August 2023: »Trotz unserer erheblichen Abhängigkeit von ARM China, sowohl als Einnahmequelle als auch als Zugang zum wichtigen [chinesischen] Markt, operiert ARM China unabhängig von uns.« Und: »In der Vergangenheit hatten wir einige Probleme, zeitnahe und akkurate Informationen von ARM China zu erhalten.«[223] Diese Aussagen scheinen doch leicht untertrieben.

Gerd Niehage hat im vorigen Kapitel ein Dilemma adressiert, das über die Frage der richtigen IT-Infrastrukturkonfiguration hinausgeht: Je vollständiger die Integration des China-Geschäfts in den globalen Konzern, desto geringer das Risiko eines Kontrollverlusts. Aber: Im Gegenzug steigt dann die geopolitische Angriffsfläche. Und je niedriger dieses Integrationslevel ist, desto höher ist die Gefahr des Kontrollverlusts. Zwischen »vollständiger Integration« und »vollständiger Abkoppelung« bzw. Veräußerung gibt es jedoch zahlreiche Optionen.

- **Minimierung des HR-Footprints:** »Professional Employer Organizations« (PEOs) ermöglichen es Unternehmen, Compliancerisiken in China zu minimieren. PEOs fungieren als Arbeitgeber und übernehmen Löhne, Steuern und Compliancemanagement, während der »Co-Arbeitgeber« das tägliche Management und die Geschäftsprozesse steuert. Laut Ines Liu, Rechtsanwältin bei Dezan Shira & Associates, erlebt das PEO-Modell aufgrund der geopolitischen Spannungen gerade einen Boom.
- **Lokalisierung des Managements:** Bereits die Coronapandemie hat den Trend zur Lokalisierung des Managements stark beschleunigt. In einer Umfrage der Europäischen Handelskammer in China gaben 29 Prozent der Unternehmen an, die Führungsetage mit chi-

nesischen Staatsangehörigen zu besetzen. Ein langjähriger Manager eines in China tätigen deutschen Unternehmens sagt uns in einem Interview, dass sich dieser Trend im Grunde nicht mehr drehen lässt – zumal China für deutsche Manager unattraktiver wird. 2023 wurde eine ganze Reihe von Managern amerikanischer Unternehmen (unter anderem Bain, Capvision und Mintz)[224] in Haft genommen, 2024 erwischte es auch einen Volkswagen-Manager.[225] Wer will da noch in China arbeiten?

- **Lokalisierung der Finanzströme:** Neben dem HR-Bereich geht es um das Finanzmanagement und die Unternehmensstruktur. Hier zeichnet sich ab, dass die in China erwirtschafteten Gewinne vor Ort reinvestiert werden.[226]
- **Lokalisierung der Governance:** Immer mehr Unternehmen gehen dazu über, ihre China-Geschäfte in »Carve-outs« oder »Spin-offs« zu organisieren. Unter anderem haben AstraZeneca, Sequoia Capital und GGV Capital diesen Schritt vollzogen.[227] Kyndryl, die nun selbstständige ehemalige IT-Servicesparte der IBM mit einem Jahresumsatz von 17 Milliarden US-Dollar, plant seit 2023 das Spin-off des China-Geschäfts. Die *Financial Times* zitiert einen Kyndryl-Manager: »Das Unternehmen hat festgestellt, dass es zunehmend schwierig wird, als US-Firma im Daten- und Technologiesektor in China tätig zu sein. Man stellt sich die Frage, wann die anderen großen Tech-Unternehmen den gleichen Schritt vollziehen.«[228]
- **»Überwinterungsstrategie«:** Für Unternehmen, die ihr Risiko in China vorerst maximal reduzieren, aber dennoch einen Fuß in der Tür behalten wollen, besteht die Option eines Carve-outs mit sogenannter Management-Buy-Back-Klausel, also einer vertraglichen Regelung, die eine Rückforderung von bereits ausgezahlter variabler Vergütung, Boni oder Prämien vorsieht. Dies ist von vielen Unternehmen nach der Invasion der Ukraine in Russland angewandt worden.

Die Wahl des Organisationsmodells fällt auf ein Spektrum der Zentralisierung

Organisations-modell	Holding-Gesellschaft	Strategischer Architekt
Grad der Steuerung durch die Konzern-zentrale	Finanzielle Kontrolle	Strategische Leitlinien
Integrationsgrad in der Organisation	Stand-alone businesses	Getrennte Abläufe und Prozesse
Beschreibung	▪ Konzernleitung gibt nur strategische Orientierung und Finanzziele vor ▪ Tochtergesellschaften treffen ihre eigenen Entscheidungen ▪ Geschäftsbereiche be-treiben ihre eigenen Funktionen und Services	▪ Konzernleitung gibt Standardrichtlinien und (wo sinnvoll) bereichs-übergreifende Zusam-menarbeit vor ▪ Hohe operative Flexibi-lität der Geschäfts-einheiten ▪ Zentrale Services in Kernbereichen (z.B. IT)

Tabelle 11 stellt die verschiedenen Organisationsmodelle im Spektrum von geringer vs. hoher Kontrolle dar.

Marketing: Wenn Herkunft zum Risiko wird

Marken sind ein Versprechen an den Kunden.[230] Insbesondere im Tech-Sektor und dem generellen Vertrauensverlust in »Big Tech« spielt dies eine wichtige Rolle. Steven Weber, Professor an der University of California in Berkeley, betont:

»Die Steuerung der Markenentwicklung und die Aufrechterhaltung des Gleichgewichts zwischen ihren globalen Eigenschaften

Strategischer Kontrolleur	Zentraler Betreiber
Strategische Planung	Operative Steuerung
Abgestimmte Abläufe und Prozesse	Einheitliche Organisationseinheit
▪ Konzernleitung steuert wertschöpfende, funktionsübergreifende Elemente mit klaren Anforderungen ▪ Einheitliche Prozesse zur Förderung von Wertschöpfung ▪ Meist zentrale Services, außer z. B. Recht	▪ Konzernleitung steuert direkt, integriert Fähigkeiten und verwaltet die Organisation aktiv ▪ Alle Funktionen und Services werden zentral intern bereitgestellt und gepflegt

Tabelle 11: Organisationsmodelle (McKinsey)[229]

und ihren regionalen Spezifika wird eine entscheidende Funktion der Organisation im Zentrum des Unternehmens sein. Für Organisationen, bei denen die Marke eng mit der internen Unternehmenskultur verbunden ist – oder zumindest mit dem, was Kunden und Außenstehende als interne Unternehmenskultur wahrnehmen –, wird dieser Balanceakt besonders herausfordernd sein.«[231]

Dieser Balanceakt wird zunehmend schwieriger, und das nicht nur für Tech-Unternehmen im engeren Sinne. Lange galten Marken als überstaatliche Symbole – universell, global, kulturell anschlussfähig. Das Zeitalter der geopolitischen Entkopplung verändert diese Realität grundlegend. Marken sind nicht mehr nur Ausdruck von Design, Qualität oder Identität, sondern zunehmend auch politische Signale.

Ein iPhone steht in China nicht mehr nur für Innovation, sondern auch für amerikanische Technologiehegemonie. Umgekehrt wird Huawei im Westen als Chiffre für Überwachung und Staatskapitalismus wahrgenommen. Marken werden politisch gelesen – ob sie wollen oder nicht.

Diese politische Aufladung ist kein PR-Problem, sondern eine neue strategische Dimension der Markenführung. Herkunft, Symbolik, Sprache und selbst Unternehmenswerte geraten unter geopolitische Beobachtung. Unternehmen müssen lernen, sich in dieser Arena zu bewegen – mit der Sensibilität von Diplomaten.

Besonders sichtbar wird diese Entwicklung im chinesischen Markt, wo westliche Marken heute in einem Spannungsfeld aus Nationalstolz, kultureller Selbstbehauptung und politischer Kontrolle agieren. Wer hier bestehen will, muss mehr tun als Übersetzung – er muss kulturell *andocken*. Deutsche Autohersteller fahren hier voraus. Audi verwendet in China nicht mehr in allen Kampagnen die vier klassischen Ringe, sondern reduziert oder variiert sein Logo, je nach Kontext. Man wählt bewusst andere Testimonials, Geschichten und Ästhetiken. Es geht nicht um oberflächliche Anpassung, sondern um eigenständige Markenidentität im chinesischen Raum. Die klassische Marketingformel »One Brand – One Voice« ist passé. Erfolgreiche Marken brauchen heute parallele Identitäten, die sich kulturell differenzieren, aber strategisch verbunden bleiben.

Deutsche Marken befinden sich dabei übrigens in einer ganz guten Ausgangslage. Im Gegensatz zu US-Konzernen, die sich offen als Soft-Power-Akteure positionieren, oder französischen Luxusmarken, die sich kulturell aufladen, setzen viele deutsche Marken auf funktionale Neutralität. Nivea (Beiersdorf) verfolgt etwa in China eine bewusst unpolitische Strategie: lokale Testimonials, Gesundheitsfokus, keine Wertediskussionen. Siemens wiederum zeigt sich technologieoffen und partnerorientiert. Kulturelle Neutralität ist im Zeitalter der Politisierung der Marken zumindest kein Nachteil.

Grundsätzlich gilt: Unternehmen müssen heute nicht nur im *Produkt* lokal denken, sondern auch im *Narrativ*. Und sie müssen sich gleichzeitig gegenüber westlichen Heimatmärkten erklären, warum sie so stark in China aktiv bleiben. Markenführung wird zur doppelten Erklärungspflicht. Hiermit entsteht ein neues Aufgabenprofil für CMOs und Brand Leader weltweit:

- **Geopolitische Sensibilität:** Markenverantwortliche müssen Entwicklungen in Washington, Brüssel oder Peking beobachten – nicht nur in der Marketingwelt.
- **Kulturelle Dualität:** Eine Marke muss in Shanghai anders sprechen als in San Francisco – ohne schizophren zu wirken.
- **Krisenfestigkeit:** Social Listening, Echtzeit-Reaktion und Szenarienmanagement sind Pflicht – Marken stehen unter ständiger Beobachtung.
- **Lokalisierung:** Plattformstrategien müssen sich an getrennte Ökosysteme anpassen – von WeChat bis LinkedIn.
- **Globale Teams, lokale Tiefe:** Wer in geopolitischen Märkten arbeitet, braucht transnationale Teams mit kultureller Verankerung.

Markenführung wird damit auch immer mehr zur interdisziplinären Aufgabe zwischen Kommunikation, Strategie, Politik und Technologie.

Ein Sonderfall sind Luxusmarken aus Frankreich und Italien. Chanel und Louis Vuitton, Prada oder Gucci gelang es in der Vergangenheit oft besser als Industriekonzernen, geopolitische Stürme zu überstehen, weil sie als Träger kultureller Fantasie und Ästhetik wahrgenommen werden. Doch auch hier ist Vorsicht geboten. Kampagnen, die kulturelle Stereotype bedienen oder politische Themen streifen, können schnell Shitstorms auslösen. Auch kulturelle Immunität ist endlich. Zudem leben Luxusmarken im Westen zunehmend mit dem Risiko, dass ihre Lieferketten als »unehrlich« wahrgenommen werden, getreu dem Motto: Billig produziert in China, teuer gebrandet in Europa. Das könnte besonders bei US-Kunden in Zukunft schlechter ankommen. Und schon stehen europäische Marketeers zwischen den Fronten des amerikanisch-chinesischen Handelskonflikts.

Für chinesische Marken sind geopolitische Spannungen wiederum ein doppeltes Risiko: Einerseits stehen sie unter dem Generalverdacht, politische Interessen oder gar staatliche Kontrolle zu repräsentieren, insbesondere natürlich Technologieunternehmen wie Huawei, TikTok oder auch die aufstrebenden E-Auto-Marken von BYD oder SAIC. Andererseits fehlt vielen dieser Marken die kulturelle Verankerung und das Vertrauen westlicher Konsumenten. Herkunft wird zur Hypothek: »Made in China« steht im Westen seltener für Effizienz oder Innovationskraft, sondern häufiger für Preisaggressivität, Qualitätszweifel oder politische Nähe zur KPC. In einem geopolitisch aufgeladenen Umfeld wird jede Äußerung, jedes Sponsoring, jede Personalentscheidung zur potenziellen Sollbruchstelle.

In Reaktion darauf verfolgen viele chinesische Unternehmen eine indirekte Markenstrategie: Sie kaufen etablierte europäische Marken wie Grundig, Junghans, MG oder Smart und nutzen deren kulturelles Kapital als Eintrittstor in westliche Märkte. Der Markenaufbau erfolgt dann nicht unter eigener Flagge, sondern durch Repositionierung dieser Traditionsmarken mit neuen Technologien, Plattformstrategien und einem globalen Anspruch. Diese Strategie ermöglicht chinesischen Firmen, geopolitische Abwehrreflexe zu umgehen, erfordert aber langfristige Investitionen in Vertrauen, Qualität und narrative Konsistenz. Denn die westliche Öffentlichkeit verzeiht Herkunft nicht, wenn Haltung, Stil und Transparenz fehlen. Klar ist: Auch die chinesischen Marketeers lernen schnell. Sie sind sich der geopolitischen Belastung bewusst, die mit einer Marke verbunden ist, die China zugeordnet wird. Oder wie ein in China ansässiger Risikokapitalmanager es gegenüber Viola Zhou und Russell Brandom auf den Punkt bringt: »Die Minen, auf die Huawei und TikTok getreten sind, sind die wichtigsten Lektionen für Unternehmer, die ins Ausland gehen. Als Konsequenz daraus halten sich die Unternehmen jetzt mit ihrer chinesischen Herkunft zurück und verpacken sich als internationale Firmen.«[232]

Der Trick, sich durch die Übernahme von heimischen Traditionsmarken zu positionieren, funktioniert übrigens auch in China. Der Aufbau einer chinaspezifischen Marke ist wegen der Größe des Landes und Marktes sehr teuer. So führt das urschwäbische Maschinenbauunternehmen Trumpf die chinesische Marke JFY nach der Übernahme weiter und investierte weiter in deren Bekanntheit und Markenführung.

Datenreiche Unternehmen sind den geopolitischen Gewittern in besonderer Form ausgesetzt, auch was die Gefahren für die eigene Marke angeht. Vor allem Consumer-Tech-Marken sind immer auch ein Versprechen in Bezug auf Datenschutz und Cybersicherheitsstandards. Eine Frage steht eigentlich immer im Raum: »Was versprechen wir, was wir im Hinblick auf Kundendaten tun beziehungsweise niemals tun würden?« Die Marke Apple stützt sich in hohem Maße auf die Kommunikation einer bestimmten Praxis des Datenmanagements: Das Unternehmen hat es sich zur Aufgabe gemacht, seine Produkte durch ein eindeutiges Datenschutzversprechen von androidbasierten Geräten zu unterscheiden und auf ein Verantwortungskonzept zu verweisen, das über die Einhaltung von Vorschriften hinausgeht. Das Gleiche gilt für Cybersicherheitsstandards.[233] Daher ist die Übertragung von Kunden- oder Mitarbeiterdaten über die Trennlinie hinweg sowohl ein Complianceproblem als auch ein ernsthaftes Markenproblem geworden. Obwohl Zoom den Datenverkehr seiner Videokonferenzdienste nie in großem Umfang über China geleitet hat, führte ein

Fehler in seinen Routingprotokollen im Jahr 2020 zu einer globalen PR-Krise für das Unternehmen.[234]

Diese enge Beziehung zwischen Daten und Marke wird in der Marketingliteratur jedoch nicht vollständig konzeptualisiert. Wir schlagen vor, diese Geschäftsfähigkeit »Datenbeziehungsmanagement« zu nennen.[235] Das Datenbeziehungsmanagement zielt darauf ab, die Widersprüche zwischen den unterschiedlichen Richtlinien für den Umgang mit Daten in China, den USA und der datenschutzverliebten EU auszugleichen. Nehmen wir ein Szenario mit grauen Exporten. Hersteller von Konsumgütern können nicht vollständig kontrollieren, ob Geräte reexportiert werden. Dies kann zu erheblichen Problemen führen. Kein westlicher Hersteller möchte, dass Geräte mit chinaspezifischen Sicherheitsvorkehrungen (einschließlich chinaspezifischem Verschlüsselungscode und in China gehostetem Cloud-Datenspeicher) unter der globalen Marke außerhalb Chinas verkauft werden. Unternehmen müssen sich darüber im Klaren sein, dass das Versprechen an westliche IT-Stack-Kunden ein ganz anderes ist als das Versprechen an den chinesischen Markt.

Negative Kundenreaktionen auf ein anhaltendes Engagement in China können zu einem erheblichen Problem werden. Im Zusammenhang mit der Kontroverse um die Zwangsarbeit der Uiguren sahen sich die Technologieunternehmen einer zunehmenden Überprüfung ihrer Geschäfte in China gegenüber, nicht nur in Bezug auf ihre eigenen Betriebe, sondern auch entlang ihrer hochkomplexen Lieferkettenstufen.[236] Markenaktivismus zu politischen Themen ist zwar nichts Neues, aber die Geopolitik verleiht der Herausforderung eine weitere Dimension.[237] Die Unvereinbarkeit von Markenversprechen in einer zweigeteilten IT-Stack-Welt geht dann ans Eingemachte der Marken- und Marketingstrategie.[238]

Was heißt das unter dem Strich? Marken sind heute mehr als nur wirtschaftliche Assets, sie sind auch symbolische Stellvertreter ihrer

Herkunft, ihrer Kultur und ihrer strategischen Ausrichtung. In einer Welt wachsender geopolitischer Spannungen ist Markenführung zu einem diplomatischen Kraftakt geworden. Wer erfolgreich bleiben will, braucht nicht nur exzellentes Marketing, sondern auch ein feines Gespür für Machtverhältnisse, kulturelle Codes und politische Stimmungen. Das Zeitalter der geopolitisch naiven Globalmarke ist vorbei. Willkommen in der Ära der geopolitisch intelligenten Markenstrategie.

Geopolitische Risikomanagement-Systeme im Unternehmen verankern

Unternehmen müssen Risiken eingehen. Risiken sind eine Grundlage wirtschaftlichen Handelns. Wir sind immer wieder erstaunt, wie selbstverständlich dies für Unternehmer und wie fremd dieses Konzept vielen Politikern ist. Ohne Risiko kein Geschäft. Ziel muss es sein, die Grundlage für informierte Entscheidungen unter den Bedingungen geopolitischer Unsicherheit zu schaffen. Und in den meisten Unternehmen gibt es schon etablierte und bewährte Prozesse und Strukturen, die man dafür nutzen kann. Das zentrale Stichwort hier lautet »Enterprise Risk Management«, kurz ERM. Laut Investopedia wird ERM definiert als Methode, die Risiken aus der gesamtunternehmerischen Perspektive betrachtet.[239] ERM ist keine neue Erfindung. Die globale Expansion von Unternehmen nach dem Zweiten Weltkrieg war begleitet von der Entwicklung neuer Managementsysteme, um der gestiegenen Komplexität gerecht zu werden. Die meisten global operierenden Unternehmen haben heute einen ERM-Prozess definiert. Für Unternehmen, die an der New York Stock Exchange gelistet sind, ist dies sogar Pflicht.[240] Mit ISO 31000 gibt es eine internationale Norm für ERM.

ISO 31000 »RISIKOMANAGEMENT-SYSTEM«

ISO 31000 basiert auf drei Prinzipien: Erstens wird Risikomanagement als Führungsaufgabe im Unternehmen verankert, zweitens geht es um eine »Top-down«-Logik, und drittens ist ISO 31000 bezüglich der *Art* von Risiken agnostisch. Wichtig ist die Ganzheitlichkeit des Ansatzes. Risikomanagement nach ISO 31000 reicht von der strategischen bis auf die operative Ebene des Unternehmens. Wesentlich für die Umsetzung von ISO 31000 ist der Risikobeauftragte im Unternehmen. In den meisten Fällen wird dies der CFO sein.

Im Zentrum des ERM steht die Fokussierung auf »Enterprise-Level«-Risiken. Es geht also nicht um die Risiken, die auf Produktebene oder in Einzelbereichen des Unternehmens entstehen können, sondern um das ganze Unternehmen, insbesondere um solche Risiken, die aus der Perspektive der Einzelbereiche nicht immer klar erkennbar sind. ERM wurde bislang vor allem für das Management finanzieller Risiken genutzt. Cyberrisiken sind in den letzten Jahren dazugekommen. Die gleichen Prozesse und Strukturen lassen sich, das zeigt der Blick in viele Unternehmen, hervorragend für das geopolitische Risikomanagement nutzen. Damit steht nicht nur ein etablierter Prozess zur Verfügung, sondern auch eine Klärung der Verantwortlichkeiten. In vielen Unternehmen verantwortet der Chief Financial Officer (CFO) das ERM. Wir halten dies für eine gute Lösung, auch wenn die Risiken, die es zu managen gilt, andere Fachbereiche betreffen. Teil des ERM sollte ein regelmäßiger Review der Risiken sein, inklusive Bericht an das Management bzw. den Aufsichtsrat.

Das ERM-Template erzwingt nicht nur eine intensive Beschäftigung mit Geopolitik, sondern auch eine Konkretisierung dieses Risikos. Der entscheidende Schritt besteht im Wechsel von passiver Beobachtung zum aktiven Management des geopolitischen Risikos. Noch mal: Es geht nicht um Risikominimierung um jeden Preis. Am Ende soll das ERM nur transparent machen, welche Risiken das Unternehmen eingeht, um dies mit der allgemeinen Risikoaffinität des Unternehmens in Einklang zu bringen.

Teil eines ERM sollte die interne Unternehmenskommunikation zu geopolitischen Risiken sein. Dies ist aus zwei Gründen wichtig: Erstens dominiert die Geopolitik die Schlagzeilen. Mitarbeiter stellen sich ohnehin die Frage, wie sich das eigene Unternehmen zur nächsten von Trump ausgelösten Zolllawine oder zu chinesischen Subventionen in der eigenen Branche verhält. Wenn die Führung keine Informationen und Entscheidungen teilt, läuft nur der Flurfunk heiß. Zweitens sind die Mitarbeiter selbst oft Akteure in diesem Risikokontext, meist ohne es zu wissen. Ein Beispiel aus der Praxis, das vielleicht erst mal banal klingt, ist die Verwendung von Landkarten im Marketing- oder Vertriebskontext. Die Grenzen Tibets sind ebenso umstritten wie die genaue Bezeichnung von Taiwan. Wir können aus eigener Erfahrung berichten, dass die unbedachte Verwendung von Landkarten, die politisch aufgeladen sind, zu mittelgroßen PR-Krisen führen kann, gerade wenn die politische Situation eh schon angespannt ist. Für den Druck einer amerikanischen Ausgabe eines Buchs von Thomas musste im letzten Moment eine neue Druckerei gefunden werden. Das Buch sollte ursprünglich in China gedruckt werden. Doch dann stellten die chinesischen Zensoren fest, dass Taiwan auf einer Infografik eingezeichnet war. Hier ist es also auf jeden Fall hilfreich, auch Vertriebs- und Marketingteams für geopolitische Risiken zu sensibilisieren.

Geopolitik als Chance?

Kann Geopolitik auch eine Chance für Unternehmen sein? Bislang haben wir vor allem die Risiken betont und wie diese intelligenter antizipiert und eingehegt werden können. Aber natürlich ergeben sich auch Möglichkeiten, von der Geopolitisierung der Wirtschaft zu profitieren.

Auf der strategischen Ebene könnte eine Fokussierung auf nur einen Stack einen relativen Vorteil gegenüber jenen Unternehmen schaffen, die sich auf beide Stacks einlassen und so jeden Forschungseuro teilen müssen. Ob hier Vor- oder Nachteile überwiegen, sollte »Top of Mind« bei jedem Unternehmen sein, das von dem sich spaltenden IT-Stack betroffen ist.

Darüber hinaus ergeben sich neue Dynamiken durch die zahlreichen Markteintrittsbarrieren. Der 6G-Markt in den USA und Europa wird ohne Huawei natürlich ganz anders aussehen. Es ist absehbar, dass diese »geopolitische Marktbereinigung« Investoren anlockt. Und dann wäre da noch eine neue Klasse von Unternehmen, die sich bewusst als »Defense Tech« positionieren. Bekanntestes Beispiel dürfte Palantir sein. Palantirs CEO Alex Karp wird nicht müde, das Unternehmen als »patriotisch« zu verkaufen und die Datenanalyseplattformen insbesondere im Verteidigungs- und Sicherheitssegment zu positionieren. In Deutschland unterstützen Venture-Capital-Plattformen wie Project A Start-ups im Bereich »Defense Tech«.

Auf taktischer Ebene ergeben sich ebenfalls Gelegenheiten. Der interessanteste Fall ist hier Qualcomm. Es ist der 28. Januar 2018. In zwei Tagen findet die jährliche Aktionärsversammlung von Qualcomm statt, einem der wichtigsten Tech-Unternehmen. Qualcomm-Patente stecken in jedem Handy. Dieses Jahr interessieren sich die Aktionäre allerdings weniger für die Einnahmen aus Patentlizenzen, denn im Raum steht ein Übernahmeangebot: Broadcom aus Singapur bietet 117 Milliarden Dollar. Das wäre die größte Tech-Übernahme der Geschichte. Das Qualcomm-Management ist wenig begeistert und sucht fieberhaft nach einer Abwehrstrategie. Aktienrückkäufe? Neue Aktien ausschütten? Gibt es einen »Weißen Ritter«-Investor? Keine der Optionen scheint gut zu sein.

Am Ende kommt die Rettung aus einer unerwarteten Richtung: der Politik. Hatte die frisch gewählte Trump-Administration nicht lautstark für eine robustere Wirtschaftspolitik geworben? Für mehr nationale Sicherheit und weniger »Freihandelsideologie«? Qualcomm greift nach dem Strohhalm. Achtundvierzig Stunden vor dem Shareholdermeeting bittet Qualcomm die zuständige Investitionskontrollbehörde CFIUS darum, die geplante Übernahme unter dem Gesichtspunkt von US-Sicherheitsinteressen zu prüfen. Das Timing ist gut, denn die Trump-Regierung führt gerade einen Feldzug gegen das chinesische Telekommunikationsunternehmen Huawei. Qualcomms Patente im 5G-Bereich scheinen da geostrategisch relevant. Und in der Tat: Sobald die Nachricht der CFIUS-Überprüfung publik wird, geraten Broadcoms Pläne durcheinander. Noch bevor CFIUS zu einem Abschlussbericht kommt, untersagt Präsident Trump die Übernahme.

Aus Sicht von Unternehmen, die Investitionen planen, stellt eine solche Geopolitisierung der Investitionskontrollen ein erhebliches Prozessrisiko dar. Es gibt allerdings noch eine andere Perspektive auf die Dinge. Und hier wird der Qualcomm-Fall relevant: Wäre es aus Sicht der Zielunternehmen eines feindlichen Übernahmeversuchs nicht attraktiv, ebenjene geopolitisch begründeten Investitionskontrollen für die eigene Verteidigung zu nutzen? Im Vergleich zu anderen Instrumenten des unternehmerischen »Defense Manual« bei feindlichen Übernahmen wie die Aktienverwässerung, die Übertragung von Aktien an Stiftungen (»Giftpille«), die Veräußerung wesentlicher Assets (»Crown Jewel Defence«) oder das Hoffen auf einen »Weißen Ritter« bietet die bewusste Einbindung von politischen Kontrollbehörden einige Vorteile: Die direkten Kosten sind gering, die vorhandene Aktionärsstruktur bleibt unverändert. Die Strategie der »geopolitischen Giftpille« Qualcomms könnte also Schule machen. Doch auch diese ist freilich mit erheblichen Risiken verbunden.

Abschließend wollen wir aber dennoch eine Warnung aussprechen und vor geopolitischer Hybris warnen, und zwar anhand des Beispiels Micron. Das Halbleiterunternehmen aus Boise/Idaho ist einer der Marktführer im Bereich Memory-Chips. Verkäufe in China macht 2022 rund 11 Prozent des globalen Umsatzes aus. 2018 begann Micron eine Lobbykampagne in Washington , die sich vor allem gegen die chinesischen Konkurrenten Fujian Jinhua und Yangtze Memory Technologies Corp (YMTC) richtete. Das Ziel war es, Markteintrittsbarrieren für die chinesische Konkurrenz zu erwirken. Neben einer Klage gegen Fujian Jinhua wegen Verletzung geistigen Eigentums (in der Folge wird Fujian Jinhua 2018 auf die »Entity List« gesetzt) unterstützte Micron offenbar eine undurchsichtige Initiative mit dem Namen »China Tech Threat«.[241] Insgesamt gab Micron zwischen 2018 und 2022 rund 9,5 Millionen Dollar für Lobbying aus und veröffentlichte 170 Eingaben in Washington, von denen sich 67 Prozent mit der chinesischen Konkurrenz beschäftigen.

Microns Aktivitäten wurden allerdings auch in China genau beobachtet. 2023 berichtete die chinesische Nachrichtenagentur Xinhua über Microns Aktivitäten.[242] Der Xinhua-Bericht wurde dann Ausgangspunkt einer Gegenkampagne in China. Die Cyberspace Administration of China (CAC) untersagte die Verwendung von Micron-Produkten in Unternehmen im Bereich der kritischen Infrastrukturen. Die Retourkutsche für das Gerichtsverfahren in den USA folgte ebenfalls: Das chinesische Halbleiterunternehmen YMTC verklagte Micron ebenfalls wegen Verletzung geistigen Eigentums.[243] Micron hatte versucht, geopolitisches 3D-Schach zu spielen. Und wurde am Ende von der chinesischen Regierung mattgesetzt.

09 RISIKOMANAGEMENT FÜR HARDWARE-LIEFERKETTEN

»Decoupling« und »De-Risking«: Politische Lieferkettenträume

Unvorhergesehene Disruptionen gehören zum Alltag des Lieferkettenmanagers. Im Grunde ist die Lieferkette eine Dauerkrise. Unternehmen haben sich darauf eingestellt, und die Lieferketten-Kommandozentralen globaler Unternehmen sind oft beeindruckend. Echtzeit-Daten zeigen auf Monitoren mit zoombaren Weltkarten an, wo es aktuell Probleme gibt: Streiks in einem Hafen, Baustellen auf wichtigen Verkehrswegen, Piraterie-Risiken, Stau im Suez- oder Panamakanal. Die Liste ist lang. In der Beratungspraxis stellen wir immer wieder fest, dass Unternehmen oft ein beeindruckendes Business Continuity Management (BCM) haben, also sehr gut auf kurzfristige Ereignisse in der Lieferkette reagieren können. BCM ist der Schnellkraftmuskel des Unternehmens, und meist ist er gut trainiert.

Geopolitische Risiken sind aber mehr als nur disruptive Ereignisse: Wir haben ausführlich über die Risikovektoren Geotech Statecraft und die Teilung des IT-Stacks berichtet. Was Unternehmen oft fehlt, ist der »Ausdauermuskel« für den Marathon der geopolitischen Disruption. In der politischen Diskussion klingt es ja ganz einfach: Da Unternehmen durch ihre Abhängigkeit von China erpressbar geworden seien, sollten sich die Unternehmen möglichst schnell Produktionsstandorte und Absatzmärkte außerhalb Chinas suchen.

DEUTSCHLANDS IMPORTABHÄNGIGKEIT VON CHINA – WIE GROSS IST SIE WIRKLICH?

Deutschlands und Chinas Ökonomie sind miteinander verbunden. Die Frage, wie stark abhängig Deutschland von China sei, ist gar nicht so einfach zu beantworten. Das Institut der deutschen Wirtschaft Köln (IW) kalkuliert *Importabhängigkeiten* mithilfe des Anteils Chinas an bestimmten Warengruppen.[244] Ergebnis: Von insgesamt 14 300 Warengruppen finden sich circa 200 mit einem China-Importanteil von mindestens 50 Prozent. Darunter wiederum befinden sich

- 89, die dem Warenklassifikationsabschnitt »chemische Erzeugnisse« zuzuordnen sind, darunter fünf seltene Erden,
- 80, die dem Warenklassifikationsabschnitt »Maschinen, Apparate, mechanische Geräte und elektrotechnische Waren« zuzuordnen sind. Unter den Top 20 der wertmäßig wichtigsten Gruppen befinden sich unter anderem Laptops (10 Mrd. Euro Importwert), Fotoelemente für Solaranlagen (1,6 Mrd. Euro), jede Menge EDV-Zubehör, Neodym-Dauermagnete (400 Millionen Euro).

Im Vergleich zum Vorjahr haben sich die Importvolumina kaum verändert. Interessant ist, dass sich die Warengruppen mit diesen »Abhängigkeiten« von Jahr zu Jahr stark verändern – 2024 sind im Vergleich zur Vorjahresstudie 69 weggefallen und 79 hinzugekommen. Kann man angesichts dieser Veränderungen also einfach von Importanteil auf »Abhängigkeiten« schließen? Wohl kaum – denn dann wäre eine solch schnelle Veränderung nicht erklärbar. Klar wird, dass wir mit einer Makrosicht auf ökonomische Rahmendaten nicht wirklich weiterkommen. Dazu sind Lieferketten und die aus ihnen resultierenden Interdependenzen einfach zu komplex.

Abhängigkeit von Importen ist nur eine Seite der Medaille. Die andere wäre Abhängigkeit vom Zugang zum chinesischen Markt. Der Anteil der Exporte nach China am deutschen Gesamtexport lag 2024 bei 5,8 Prozent – so niedrig wie letztmals 2010.[245]

Die politisch beworbene Idee des »Decoupling« von Lieferketten führt bei den meisten Unternehmern und Managern zu Kopfschütteln. Decoupling sei auf absehbare Zeit schlichtweg eine Illusion. Wir teilen diese Auffassung, denn Lieferketten sind hochkomplexe Netzwerke, die sich nur schwer von einem einzelnen Unternehmen beeinflussen lassen. Kurzfristig erzwingen können selbst die größten Unternehmen eine solche Verlagerung nicht. Auch die Gestaltungsmacht der »Systemkopfunternehmen« wird stark überschätzt, denn es reicht ja nicht, die direkten Zulieferer auf der ersten Ebene (»Tier-1«) zur Verlagerung ihrer Produktion zu überzeugen. Wenn auf Tier-2, -3 und -4 alles beim Alten bleibt, ist bezüglich der geopolitischen Resilienz kaum etwas gewonnen – eher im Gegenteil: Es entsteht die *Illusion* geopolitischer Resilienz.

Bereits ein flüchtiger Blick auf wenige Zahlen zeigt den Grad der Komplexität von Tech-Lieferketten. Eine Studie zum Automobilhersteller GM aus dem Jahr 2020 identifizierte 856 Lieferanten auf Tier-1-Ebene (dies erscheint uns eher wenig).[246] Diese hatten wiederum mehr als 18 000 Lieferanten auf den Ebenen Tier-2 und -3 – und das ist natürlich nicht das Ende der Lieferkette.

Ein differenzierterer Ansatz des »Decoupling« wird oft als »De-Risking« bezeichnet: Hier steht an erster Stelle, die kritischsten Abhängigkeiten in der Lieferkette zu identifizieren. Damit ist zumindest sichergestellt, dass die für geopolitische Resilienz zur Verfügung stehenden Ressourcen zielgerichtet eingesetzt werden. Auch diese Übung ist in der Praxis komplex. Björn Conrad, Gründer und CEO der auf politische Lieferkettenrisiken spezialisierten Beratungsfirma Sinolytics, beschreibt es so: »Um geopolitische Lieferkettendisruption zu verstehen, brauc3hen wir andere Werkzeuge. Unternehmen müssen nicht nur Transparenz für die gesamte Lieferkette bis ins x-te Glied herstellen, sondern auch die geopolitischen Risikovektoren auf diese Lieferkette projizieren. Beides zusammenzubringen – eine hochspezialisierte Lieferkettenanalyse und die Risikovektoranalyse –, das ist die hohe Kunst.«

Im Kern geht es also um die Zusammenführung zweier sehr unterschiedlicher Analyseansätze. Auf der einen Seite geht es um die forensische Analyse der Lieferkette, auf der anderen Seite um ein tiefes Verständnis der geopolitischen Risikovektoren, die auf die Lieferkette projiziert werden. Grafik 21 stellt diesen Ansatz, den wir in der Beratungspraxis bei Sinolytics verwenden, schematisch dar.

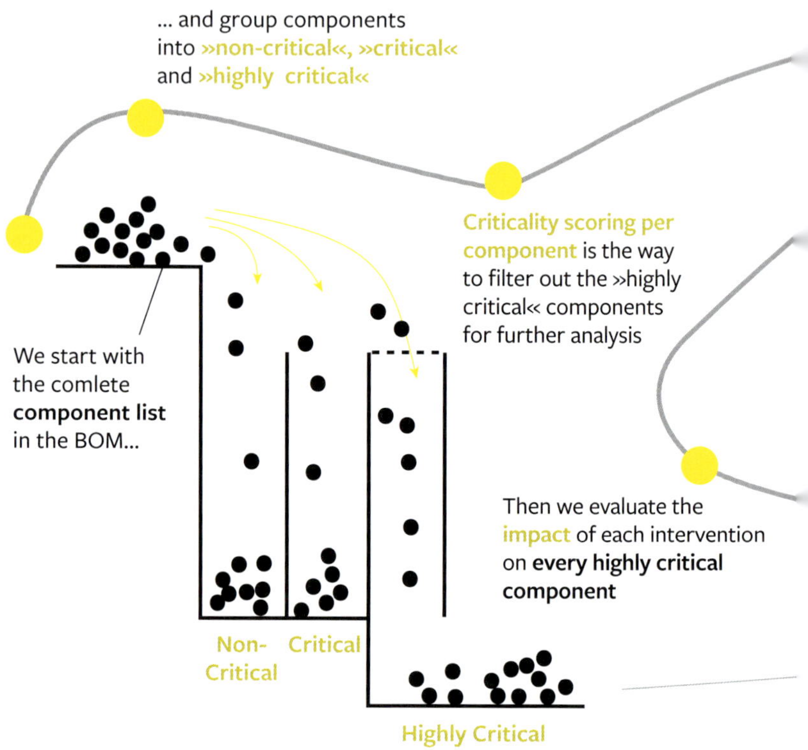

Grafik 21: Lieferkettenanalyse und Risikovektorprojektion (Sinolytics)

Forensische Lieferkettenanalyse

Welche Komponenten bezieht Ihr Unternehmen, sei es für den Eigenbedarf (zum Beispiel IT-Infrastruktur) oder für die Herstellung der Produkte? Die Antwort fällt in der Regel komplizierter aus, als die meisten Entscheider in Unternehmen ohnehin schon mit einem mulmigen Gefühl im Bauch vermuten. Das erste Ergebnis bei der Suche lautet sehr oft: Viele Unternehmen wissen es nicht genau, weil die Daten oft fragmentiert sind. Das mag überraschen, schließlich nutzen die meisten Unternehmen seit Jahrzehnten Enterprise-Resource-Plan-

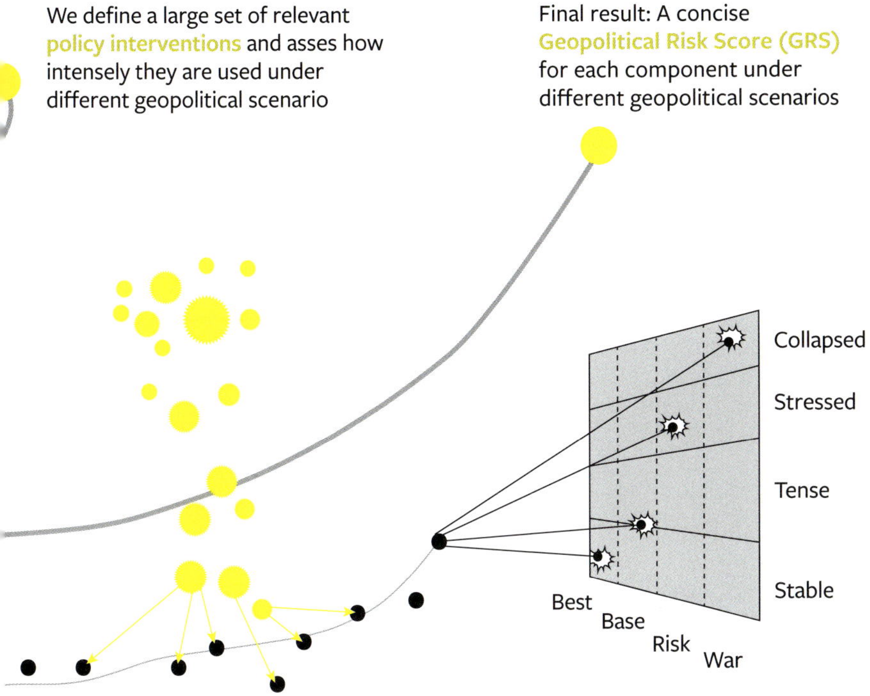

ning-Systeme, die eine solche Analyse vereinfachen sollten. In der Realität haben wir es allerdings mit unvollständigen Datensätzen zu tun, die oft in verschiedenen Systemen gespeichert sind. Die Zusammenführung und Strukturierung dieser Datensätze steht am Anfang der meisten Lieferkettenanalysen – und nimmt meistens viel mehr Zeit in Anspruch als geplant.

Ziel des ersten Schritts ist die Erstellung einer vollständigen »Bill of Materials« (BOM), die idealerweise das konkrete Produkt, dessen Lieferanten und den Herstellungsort enthält. Diese BOM ist in den meisten Fällen extrem lang. Bei einem modernen Rechenzentrum bei-

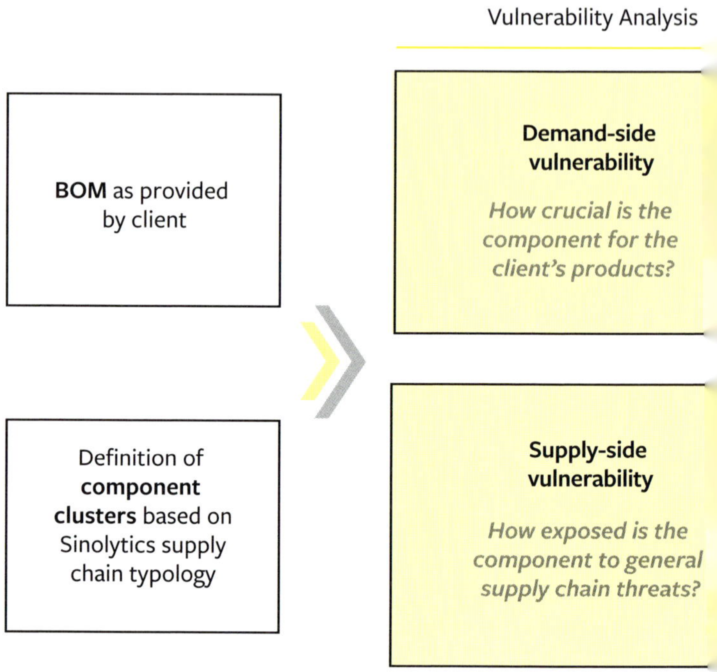

Grafik 22: Angebots- und Nachfrage-Kritikalität (Sinolytics)

spielsweise kommen schnell 50 000 Komponenten zusammen. Eine genaue Analyse aller Komponenten ist aufgrund der schieren Menge nicht sehr zielführend.

Deswegen ist in einem zweiten Schritt die Reduzierung der Komplexität notwendig. Risiken zu filtern, ist natürlich ein Risiko in sich. In der Praxis bewährt hat sich ein eher einfacher Ansatz, der sich auf zwei Aspekte fokussiert: die Angebots- und Nachfrage-Kritikalität (vgl. Grafik 22 und 23). Die Nachfrage-Kritikalität beantwortet die Frage: Wie wichtig ist die Komponente für das Unternehmen? Hierzu zählen unter anderem Faktoren wie der Einfluss auf den Umsatz, der Anteil an den Beschaffungskosten und die Möglichkeiten des Ersatzes bzw. der Inventarisierung der Komponenten. Die Angebots-Kriti-

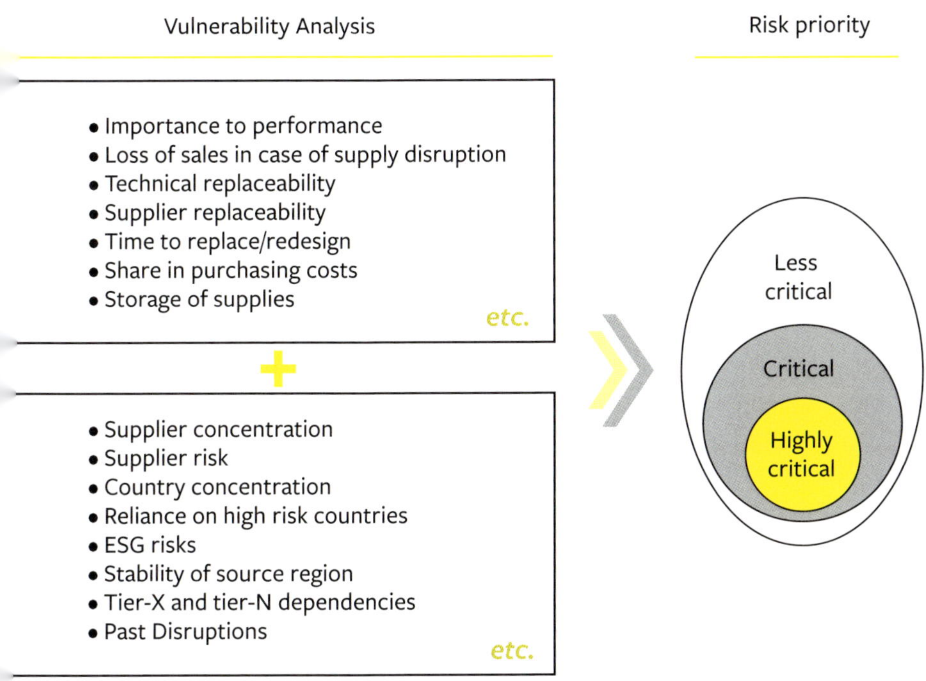

kalität beantwortet die Frage: Wie exponiert ist die Komponente gegenüber Lieferkettenrisiken? Hier ist unter anderem zu beachten, wie hoch die Lieferantenkonzentration ist und wie riskant das Herkunftsland ist. Bei einem modernen Rechenzentrum kommen wir zum Beispiel auf circa 300 hochkritische Komponenten – jeweils gepaart mit dem Hersteller und dem Produktionsort.

Projektion geopolitischer Risikovektoren

Sind die Abhängigkeiten bei Komponenten, Herstellern und Produktionsort identifiziert (»Triplets«), haben wir die Grundlage für den nächsten Schritt: die Projektion der geopolitischen Risikovektoren auf

Grafik 23: Komponenten-Priorisierung (Sinolytics)

die Lieferkette. Hier ist eine vertiefte Analyse insbesondere der Geotech-Statecraft-Faktoren notwendig, die wir in Kapitel 5 vorgestellt haben. Diese Analyse kann sich allerdings nicht nur auf den Status quo – also bereits geltende Regulierung – beziehen. Idealerweise gelingt es, die Trends von Geotech Statecraft zu antizipieren. Hierzu zwei konkrete Beispiele aus den USA:

- Die geltende ICTS-Regulierung für »Connected Vehicles« basiert auf einer Schadenstheorie, die eine Ausweitung auf alle »Connec-

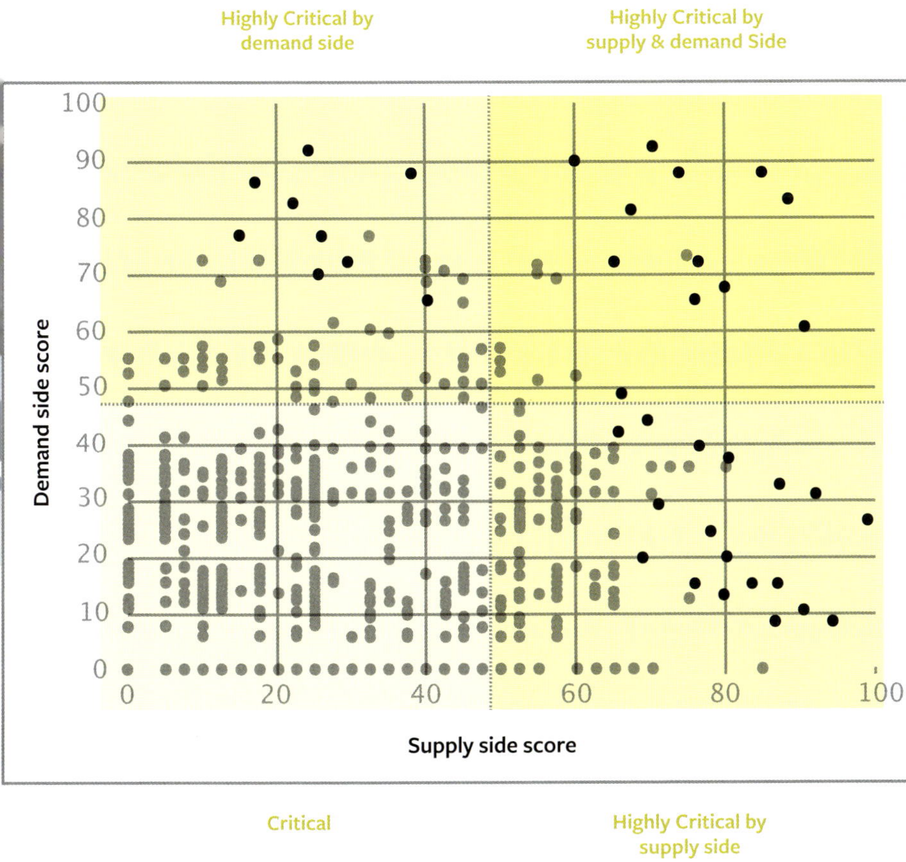

ted Devices« in naher Zukunft wahrscheinlich macht. Es ist also sinnvoll, dies als Annahme in die Projektion mit aufzunehmen.

- Ebenso wahrscheinlich ist, dass die zurzeit in den Halbleiterexportkontrollen gültigen Schwellenwerte weiter abgesenkt werden. Auch hier kann man eine gut begründete Annahme treffen und diese in die Projektion aufnehmen.

Um eine solche vertiefte Analyse der Geotech Statecraft insbesondere in den USA und China kommt man also nicht herum. Kombiniert man

Battery	**Best** **Base** **Risk**	No shortage of cells and minimal price increase of cells sourced from JP CN export limits on materials increase price of NCA cells from JP; week-long disruptions also due to chips shortage Strong impact by chips shortage for battery management; month-long supply disruptions due to sea blockade
Chargers & Adapters	**Best** **Base** **Risk**	No impact on CN exports to EU, but higher tariffs for chargers exported from CN to US Charger exports from CN to EU hit by tariffs; impacted by chips shortage; SONY moving production to outside CN High tariffs on CN chargers, but can be mostly covered by non-CN production; supply disruptions due to shortage
EC Motors		Slight price increase of rare earths, magnets and motors, but with minimal impact on company Professional tools affected by some price increase of CN motors (EU tariffs); less impact on non-CN motors Shortage of EC motors from CN and non-CN due to trade restrictions on magnets and motors
Electronic Modules/ Semi-conductors	**Best** **Base** **Risk**	Week-long supply delay of semiconductors from Taiwan, especially Infineon and Microchip affected Massive shortage of chips made by TSMC and general chips shortage; many battery products cannot be produced Complete stop of TSMC exports, leftover capacities occupied by others; company cannot get most chips it needs

- ● Company production has to stop (partly) and products cannot be delivered
- ● High price increase for Company products and/or temporary shortage
- ● Low impact for Company (marginal price increases/ infrequent supply disruptions)

Tabelle 12: Projektion geopolitischer Risikovektoren auf die Lieferkette (Sinolytics)

diese Geotech-Statecraft-Analyse mit den vorgestellten Szenarien und projiziert sie auf die einzelnen Komponenten in der Lieferkette, ergibt sich das in Tabelle 12 dargestellte Bild.

Ein Geopolitical Risk Score für jede Komponente

Am Ende der Übung entsteht ein granulares Bild, in dem die geopolitischen Risiken einzelner Komponenten ebenso klar erkennbar sind wie die Optionen, die möglichen oder gar wahrscheinlichen Risiken zu mitigieren (vgl. Grafik 24).

Bewährt hat sich in diesem Zusammenhang die Einführung eines »Geopolitical Risk Score« (GRS). Er berechnet sich aus einer Vielzahl von Geotech-Statecraft- und ereignisbezogenen Risikofaktoren, und in der Praxis indexieren wir ihn auf einen Wert zwischen 1 (niedrig) und 100 (hoch).

Der Wert dieser Übung wird deutlich, wenn wir uns einen (realen) Einzelfall genauer anschauen: Lithiumbatterien. Tabelle 13 fasst den errechneten GRS für die angenommenen Szenarien.

In der Analyse der Lithiumbatterie-Lieferketten sind aus geopolitischer Sicht vier Faktoren besonders relevant:

- Erstens besteht eine große Abhängigkeit von wenigen Lieferanten – in diesem Fall bezieht der Kunde sogar 99,9 Prozent von einem einzigen Lieferanten. Dieser Lieferant produziert seine Batterien zwar in Japan, Kanada und den USA. Das Problem: China dominiert die »Upstream«-Lieferkette des Lieferanten, unter anderem Kathoden, Elektrolyse und Lithium. Im Fall von Exportbeschränkungen durch China würde es unweigerlich zu einer Lieferkettenunterbrechung kommen. Es ist anzunehmen, dass einige der Lieferanten des Batterieherstellers die nun knappen Rohmaterialien an den Höchstbietenden verkaufen.
- Zweitens besteht das Risiko, dass China im Falle einer Krise mehrere Instrumente aus dem Geotech-Statecraft-Werkzeugkasten nutzen wird, unter anderem Exportbeschränkungen für Batterierohstoffe, Kathodenaktivmaterialien und Maschinen zur Batterieherstellung.
- Drittens: Für Batterien und ihre Verwendung in Datenzentren sind Technologien wie Printed Circuit Boards (PCBs) und kritische Halbleiterrohstoffe ebenfalls in die Risikobetrachtung miteinzu-

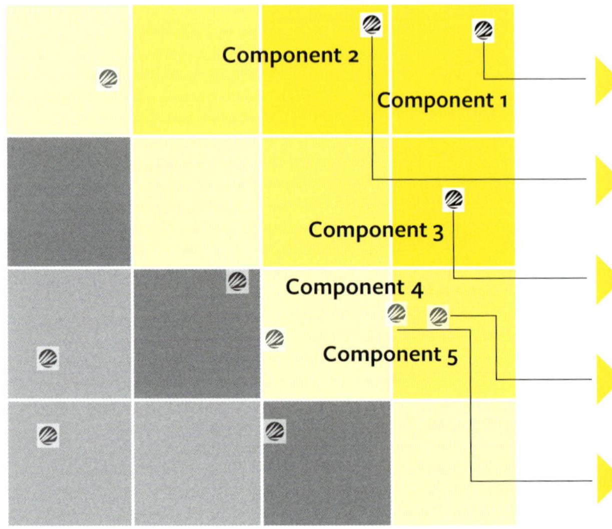

Grafik 24: Geopolitical Risk Score auf Komponentenebene (Sinolytics)

beziehen, da sie in Battery Management Systems (BMS) eine zentrale Rolle spielen.

- Viertens: Entscheidend für die Risikobewertung sind die Auswirkungen auf die globalen Märkte, sollte es zur Anwendung dieser Beschränkungen kommen. Selbst für einen Endkunden in den USA, der seine Batterien aus den nichtchinesischen Produktionsstätten des Batteriezulieferers bezieht, dürften sich hier zahlreiche Probleme ergeben, da die Nachfrage das Angebot deutlich übersteigen würde. Zur besseren Risikoeinschätzung ist es in der Folge notwendig, sich die anderen Kunden des Lieferanten genau anzuschauen. An wen dürfte der Lieferant im Krisenfall wohl am ehesten liefern? Wenn mein Unternehmen eher unten auf der

Geopolitical Risk Profiles for each component

- Geopolitical Risk Score (GRS) at component level
- Detailed description of relevant supply chain risks
- Summary of most impactful policy interventions (risk drivers)
- **Design of component-specific mitigation options & assessment of effectiveness**

Design of component-specific mitigation actions

Influence supplier operations
(push suppliers to reduce risk by production relocation, etc.)

Adjust supplier network
(double & mixed sourcing, geographic diversification, etc.)

Resilience in product design
(redesign products to allow for diverse/redundant sourcing, etc.)

Strategic inventory
(stockpiling, adjust warehouse infrastructure/location, etc.)

Political lobbying
(forecast & possibly influence disruptive policy actions, etc.)

[...]

Prioritätenliste steht, verschärft sich das Problem. Ein solches Risikomuster auf Komponentenebene legt auf jeden Fall nahe, zumindest einen zweiten Lieferanten in die Lieferkette aufzunehmen. Im Idealfall wäre dies ein Unternehmen mit einem anderen geografischen Produktionsschwerpunkt und einer anderen Kundenstruktur.

Risikomitigierung

Ein genaues Bild der geopolitischen Lieferkettenrisiken zu gewinnen, ist aufwendig und natürlich kein Selbstzweck. Im nächsten Schritt müssen die Handlungsoptionen ausgelotet werden. Die gute Nach-

Lithiumbatterien: Scenario Risk Score			
Base case: 35	Best case: 12	Risk case: 57	War case: 57
Intensität: Risikovektor Geotech Statecraft Akteur			
Exportbeschränkungen für Batterierohstoffe und -komponenten			China
Exportbeschränkungen für Batteriezellen, -module und -ladegeräte			China
Exportbeschränkungen für Printed Circuit Boards (PCBs) und Rohstoffe			China
Exportbeschränkungen für kritische Halbleiterrohstoffe			China
Wichtige Lieferanten			**Anteil**
Unternehmen X			99,9%

Tabelle 13: GRS für Lithiumbatterien (Sinolytics)

richt ist: Es gibt einige Hebel, um geopolitische Lieferkettenrisiken zu minimieren. Leider gibt es auch zwei schlechte Nachrichten: Erstens lassen sich nicht alle Risiken mitigieren, und zweitens wird es in den meisten Fällen Geld und Zeit kosten. Es kommen vier Ansätze infrage:

- **Inventarisierung:** Aufbau von Puffern durch die vorausschauende Lagerhaltung kritischer Komponenten.
- **Geopolitisch getrennte Lieferketten:** Aufbau möglichst weitgehend getrennter »roter« und »blauer« Lieferketten.
- **Second Sourcing:** Minimierung der Abhängigkeiten von einem einzigen Lieferanten.
- **Vertikale Integration:** Expansion des Unternehmens entlang der Lieferkette (»Make statt Buy«).

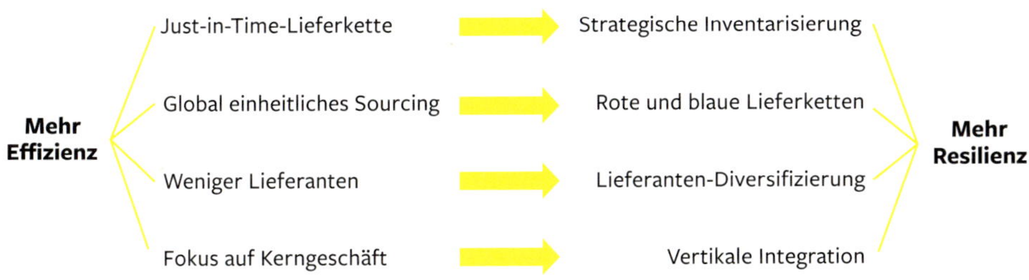

Grafik 25: Risikomitigierungsansätze für Hardware-Lieferketten

Bei allen vier Ansätzen verschiebt sich die Balance in der Lieferkette von »mehr Effizienz« zu »mehr Resilienz« (vgl. Grafik 25). Damit entwickelt sich ein Lieferkettenparadigma, das sich deutlich von jenem des hypereffizienten Lieferkettenidealbilds des »Globally Integrated Enterprise« unterscheidet.

Den Aufbau eines Inventars kritischer Komponenten sehen wir als Mittelding zwischen taktischer BCM und strategischer Risikomitigierung. Entscheidend ist erst mal, dass das Unternehmen jene kritischen Komponenten identifiziert hat. Inventarisierung ist natürlich teuer und gerade bei dem hohen Innovationstempo der Tech-Branche gar nicht so banal. Wir sehen hier insbesondere eine neue Rolle für IT-Channel-Partner, die in vielen Fällen die Vertragspartner der IT--Anwenderunternehmen sind. Die Minimierung des geopolitischen Risikos durch eine garantierte Vorhaltung kritischer Komponenten sowie ein garantierter Zugriff des Kunden auf diese Komponenten ist im Grunde eine Premiumdienstleistung.

Der Aufbau getrennter Lieferketten klingt in der Theorie recht einfach: Je nach Zielland sollte das Produkt durch eine »blaue« (für die USA) oder eine »rote« Lieferkette (für China) unterstützt werden. Die Politik favorisiert diesen Ansatz, übersieht dabei aber gerne die Herausforderungen in der Unternehmenspraxis. Die Statistiken zeigen, dass die Veränderungen graduell sind. Der China Diversification Index

(CDI) der Unternehmensberatung Kearney zeigt eine stetige, aber eben auch langsame Entwicklung zu mehr Diversifizierung. Der CDI kalkuliert dabei den Anteil Chinas an den US-Importen in einer Gruppe von südostasiatischen Ländern (Bangladesch, China, Indien, Indonesien, Kambodscha, Malaysia, Pakistan, Philippinen, Singapur, Sri Lanka, Taiwan, Thailand und Vietnam). Der Anteil Chinas sank zwischen 2014 und 2024 von 69 Prozent auf 43 Prozent (vgl. Grafik 26).

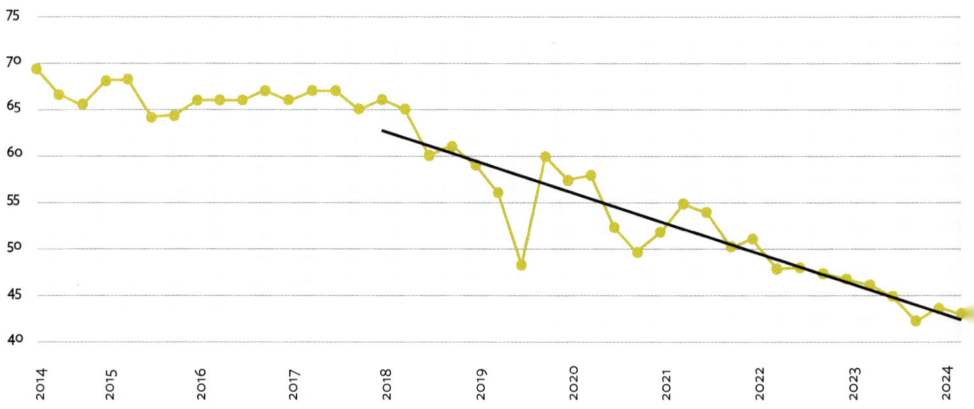

Grafik 26: China Diversification Index – Anteil Chinas an US-Importen aus der Gruppe »Low Cost Countries« 2014 bis 2024 in Prozent (Kearney)[247]

Hauptgewinner dieser Entwicklung sind die anderen südostasiatischen Länder in der Gruppe »Low Cost Countries« (vgl. Grafik 27).

Spätestens an dieser Stelle wird deutlich, wie widersprüchlich die Politik der aktuellen Trump-Regierung ist. Die Zollankündigungen im März und April 2025 richteten sich zur Überraschung aller Analysten auch gegen Länder, die absolut zentral sind, um die Lieferkettenabhängigkeiten von China zu minimieren. Hierzu zählen unter anderem Mexiko, Vietnam, Malaysia und Indien. Das betrifft unter anderem die Hersteller von digitalen Endgeräten massiv; so haben Apple, Dell oder HP in den letzten Jahren massiv in diesen Ländern investiert.[249] Trumps

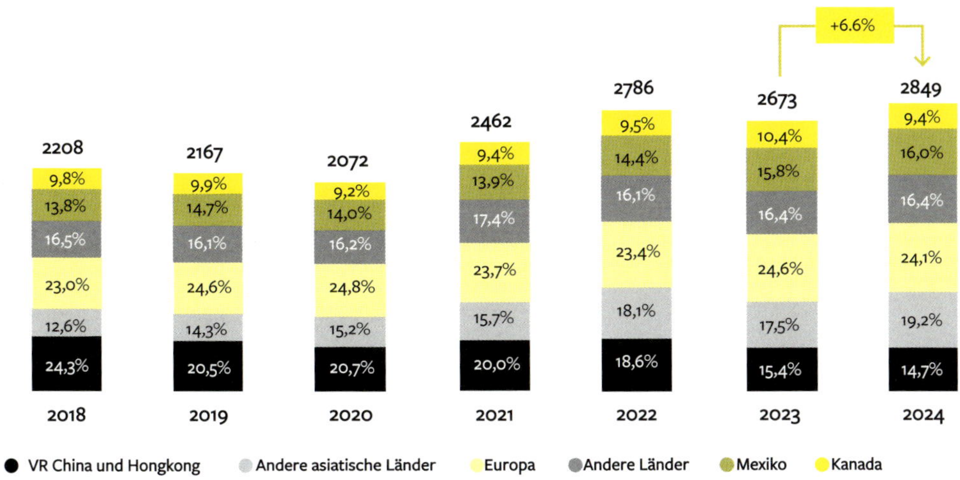

Grafik 27: Hergestellte Waren – US-Importmix 2018 bis 2024, in Mrd. Dollar (Kearney)[248]

neue Zölle bestrafen also jene Unternehmen, die sich in den letzten Jahren darum bemüht haben, Lieferketten geopolitisch resilienter zu machen. So hat Apple die Produktion des iPhones in den letzten Jahren diversifiziert – 50 Prozent der in den USA verkauften Geräte werden in Indien hergestellt. Pech nur, wenn Trump nun auch Indien mit einem Importzoll in Höhe von 26 Prozent belegt und Apple dann auch noch droht, weitere 25 Prozent auf iPhone-Importe aus Indien aufzuschlagen.[250]

Die dritte Mitigierungsstrategie fokussiert sich auf das Second Sourcing: Für jede kritische Komponente sollten mindestens zwei Lieferanten gewählt werden. Empirisch gesehen hat sich dieser Zusammenhang zwischen geopolitischen Risiken und Second Sourcing bestätigt.[251] Auch hier ist es entscheidend, die ganze Lieferkette des Produkts zu kennen. Es hilft wenig, wenn die Lieferanten in deren Tier-2 oder -3 dieselben Muster aufweisen.

Die vierte Mitigierungsstrategie fokussiert sich auf die vertikale Integration entlang der Lieferkette. Also »make« statt »buy« – und damit die Umkehrung eines lange vorherrschenden Prozesses der Fokussierung auf das »Kerngeschäft«. Wir fragen uns schon länger, wer eigentlich auf die Idee gekommen ist, die Kontrolle über die eigene Lieferkette nicht als Kerngeschäft zu bezeichnen. Auch hier wirkt die Freihandelsideologie des unipolaren Moments und des »Globally Integrated Enterprise« deutlich nach. Empirisch gesehen deutet alles darauf hin, dass Unternehmen tatsächlich mit vertikaler Integration auf geopolitische Risiken reagieren.[252] Während politische Unsicherheiten normalerweise zu einer Abschwächung von Investitionen führen,[253] können also geopolitische Lieferkettenrisiken einen gegenteiligen Effekt haben. Es ist vermutlich kein Zufall, dass mit BYD ausgerechnet ein chinesisches Unternehmen die Resilienz gegen geopolitische Unwetter besonders konsequent durch Vertikalisierung erhöht – und zwar in bis dato undenkbaren Dimensionen. Während europäische und amerikanische Automobilhersteller versuchen, im Lieferkettenwirrwarr den Überblick zu behalten, entwickelt und produziert BYD rund drei Viertel seiner Komponenten selbst oder durch eng angebundene Tochterunternehmen. Darunter fallen auch die besonders kritischen Elemente der Batterien, Elektromotoren, Steuerelektronik und Chips. Für großes Aufsehen haben in jüngerer Zeit Bau und Inbetriebnahme der eigenen Schiffsflotte gesorgt, mit denen das BYD-Hauptquartier gegen alle gängigen Managementparadigmen sogar den Transport der »Electric vehicles« in seine Exportmärkte in die eigenen Hände nimmt. Kann ein Automobilkonzern Schiffstransport besser als ein Reeder? Nicht zwingend, aber es macht ihn unabhängig von Reedereien.

Es geht auch eine Nummer kleiner: Der deutsche Motorgerätehersteller Stihl setzt bei den immer wichtiger werdenden Batterien auf mehr »Inhouse«-Produktion in Europa mit dem Ziel, »Lieferketten resilienter zu gestalten«.[254]

Klar ist: Geopolitische Risikomitigierung stößt an Grenzen, egal wie detailliert die Risikoanalyse ist. Das Ziel ist es, rationale Entscheidungen zu diesen Risiken zu treffen – nicht die Risikominimierung um jeden Preis. Es wäre hilfreich, wenn die Politik sich dieser Komplexität ebenso bewusst wäre.

Eine Warnung zum Schluss: Warum quantitative Datenanalyse alleine nicht reicht

»The currency of today's supply chains is data.«[255] Während wir diesem Leitsatz grundsätzlich zustimmen, wollen wir zum Abschluss dennoch eine Warnung aussprechen. Aufgrund der Komplexität der Lieferketten spricht natürlich viel für einen datenbasierten Ansatz. Tatsächlich können zahlreiche Aspekte der Lieferkette mit einer Kombination aus internen Datensätzen und Datenbanken von auf Lieferketten spezialisierten Beratungen analysiert werden. Allerdings haben solche rein quantitativen Ansätze ihre Grenzen.

Zum einen ist China ein intransparenter Markt. Die Abhängigkeiten zwischen Unternehmen, Eignerstrukturen, Produktionsstandorten sind oft eine »Black Box« – und zwar mit Absicht. Hier lässt sich eine tiefe China-Expertise nicht einfach durch eine abstrakte Datenanalyse ersetzen. Beispielsweise kommen wir in der Bewertung von Eignerstrukturen in China immer wieder zu signifikant anderen Schlüssen, als es rein datenbasierte Modelle tun.

Zweitens bedarf es insbesondere im Bereich der geopolitischen Entwicklungen ebenfalls einer nuancierten Expertenbewertung. Nehmen wir als Beispiel die Interpretation von chinesischen Militärmanövern rund um Taiwan. Diese werden oft als Indikator für die Wahrscheinlichkeit bestimmter Szenarien verwendet. Im Oktober 2024 fand ein solches Militärmanöver namens »Joint Sword-2024B« unter Einsatz erheblicher Ressourcen statt: 17 Kriegsschiffe und 124 Militärflugzeuge nahmen an der Übung teil und übten für vierundzwanzig Stunden den Fall einer Blockade Taiwans. Aus der Ferne sah es also erst mal nach einer Eskalation aus. Für China-Experten stellte sich das Bild allerdings komplett anders dar: Die Übung war eine vorhersehbare Reaktion auf eine Rede des neuen Präsidenten Taiwans, William Lai, zum Nationalfeiertag am 10. Oktober. Diese Rede war in ihrer Tonalität wesentlich milder als eine Rede vier Wochen früher. Das Manöver des chinesischen Militärs war dementsprechend ebenfalls eher »milde« gehalten, unter anderem wurden keine Schießübungen durchgeführt. Was also für den Laien wie eine Eskalation aussah, war für Experten eher beruhigend: China und Taiwan »kommunizieren« in den üblichen Mustern, Eskalations- und Deeskalationssignale funktionieren. Aber das sollte bitte Ihr Unternehmen nicht ermutigen, eine systematische Risikoanalyse der eigenen Lieferkette weiter vor sich herzuschieben.

10 WRAP-UP: DIE ZEHN WICHTIGSTEN MANAGEMENTREGELN IM DIGITALEN KALTEN KRIEG

1. Geopolitische Muskeln aufbauen

Unternehmen agieren in Strukturen, die sich in der »geopolitischen Pause« nach 1990 bewährt haben. Der ehemalige CEO von IBM, Sam Palmisano, hat das Idealbild eines »Globally Integrated Enterprise« (GIE) 2006 formuliert. Für die neue Welt des Tech Cold War sind diese Strukturen nicht geeignet: »Corporate functions« wie Government Relations, Enterprise Risk Management, Trade, Compliance und Strategic Foresight agieren oft nebeneinander – es fehlt »connectivity« und ein gemeinsames Verständnis geopolitischer Risiken. Unternehmen brauchen ein neues Leitbild: das eines »Geopolitical Enterprise« (GPE).

2. Geopolitik ist Chefsache

Geopolitisches Risikomanagement gelingt nur, wenn es »Top-down« eingefordert und umgesetzt wird. Da die gesamte Wertschöpfung des Unternehmens betroffen ist, kann das Thema auch nur an der Unternehmensspitze verhandelt werden. Der »geopolitische CEO« schwingt keine Reden in Davos, sondern fokussiert sich auf den Aufbau eines »geopolitischen Puffers«.

3. Radar anschalten und intern allen verfügbar machen

Entscheidend ist zunächst das Erkennen der spezifischen Risiken – und zwar auf allen Ebenen des Unternehmens. Hier empfiehlt es sich, nicht über das Organigramm nachzudenken, sondern über »Business Capabilities« (also spezifische Fähigkeiten oder Kapazitäten, die es in einer Organisation ermöglichen, klar benannte Ziele oder Ergebnisse zu erreichen). Geopolitische Sensibilität muss in allen relevanten Unternehmensteilen geweckt werden.

4. Risikointelligenz erhöhen

Ziel ist es, die geopolitische Resilienz zielgerichtet und kosteneffizient zu erhöhen. Unternehmen sind dazu da, Risiken einzugehen – es kann also nicht um absolute Risikominimierung gehen, sondern um informierten und intelligenten Umgang mit Risiken.

5. Grundsatzentscheidung zu IT-Stack treffen

Unternehmen müssen sich heute entscheiden, ob sie in Zukunft »Dual Stack«-Player sein wollen oder aber auf einen IT-Stack setzen. Für beide Strategien gibt es für viele Unternehmen gute Argumente. Wer sich jedoch nicht klar entscheidet, wird nur lavieren und nicht die notwendigen Business Capabilities entwickeln, die für die eine oder andere Strategie notwendig sind.

6. Zwei Stacks? Fünf Schritte!

Im Zentrum einer Dual-Stack-Strategie sollten dabei fünf Business Capabilities stehen: (a) die Lokalisierung von R&D und geistigem Eigentum in der geopolitischen Zielregion, (b) die Lokalisierung von Daten, (c) die Separierung von Lieferketten in geopolitischen Zielregionen, (d) die Isolierung von »Business Operations« wie HR und Finance in der geopolitischen Zielregion, und (e) die Allokation von Foresight und Risikomanagement-Ressourcen.

7. »Geotech Statecraft« verstehen

Ein Haupttreiber geopolitischer Risiken sind Policy-Entscheidungen in Washington, Peking und gelegentlich in Brüssel (»Geotech Statecraft«). Unternehmen müssen hier Szenarien entwickeln, die es ihnen ermöglichen, Policy-Entwicklungen zu antizipieren. Der Aufbau oder Einkauf einer solchen Washington- und Peking-Expertise bleibt keinem internationalen Unternehmen erspart.

8. Achillesferse Lieferkette

Graue Nashörner greifen Lieferketten oft als Erstes an. Um geopolitische Risiken zu reduzieren, ist (nahezu) immer eine forensische Analyse der Lieferkette notwendig. Eine solche Analyse startet mit der »Einkaufsliste« (Bill of Materials) des Unternehmens. Entscheidend ist das Herausfiltern unternehmenskritischer Komponenten. Für diese Komponenten ist eine sogenannte »Tier-N«-Analyse notwendig, die bis auf die Rohstoffebene reichen kann. Am Ende der Analyse sollte ein Dashboard entstanden sein, in dem ein Unternehmen anhand von Szenarien das geopolitische Risiko jeder einzelnen Komponente bewerten kann.

9. Nicht mit dem Feuer spielen

Geopolitik ist 4D-Schach. Der Versuch, geopolitische Verwerfungen aktiv auszunutzen, mag im Einzelfall verführerisch sein – zum Beispiel das Fordern von Markteintrittsbarrieren für Konkurrenten unter Hinweis auf geopolitische Risiken. Ein Blick in die Vergangenheit und Gegenwart zeigt: Solche Strategien gehen in der Regel nach hinten los. Graue geopolitische Nashörner lassen sich ungern von einzelnen Unternehmen domestizieren, selbst wenn diese besonders groß und vermeintlich besonders mächtig sind (siehe jüngst Apple, das glaubte, dank politischer Protektion keine Lieferkettenresilienz aufbauen zu müssen).

10. »Geopolitischer Schutzschirm« statt »Weißer Ritter«

M&A wird in der Zeit des neuen Kalten Kriegs immer komplizierter – wie unter anderem das Beispiel Elmos zeigt. Daraus ergeben sich neue Möglichkeiten, feindliche Übernahmen durch einen »geopolitischen Schutzschirm« zu unterbinden. Das »Corporate Defense Manual« wird um die »geopolitische Giftpille« erweitert. Wer Unternehmen übernehmen will, sollte dies antizipieren.

Dank

Wir danken unseren Interviewpartnern, dem Sinolytics-Team und dem Stimson Center. Zudem danken wir dem Murmann-Team für die hervorragende Zusammenarbeit, insbesondere Dr. Peter Felixberger, Lukas Becker und Michel Kreuz, sowie Alexander Voss für die Recherche bei Daten und Fakten und Klaus Fricke für das Lektorat.

ANHANG

ANMERKUNGEN

Alle in den Anmerkungen aufgeführten Links wurden im Zeitraum 10. bis 17. Juli 2025 zuletzt aufgerufen.

1 Micklethwait, John and Adrian Woolridge. 1995. *The Company: A Short History of a Revolutionary Idea.* Random House Publishers: New York.

2 Taleb, Nassim N. 2008. *The Black Swan: The Impact of the Highly Improbable*. Penguin: London. (Dt. 2008: *Der schwarze Schwan: Die Macht höchst unwahrscheinlicher Ereignisse.* Knaus: München.)

3 Wucker, Michele. 2015. *The Gray Rhino: How to Recognize and Act on the Obvious Dangers We Ignore,* Macmillan: New York.

4 Kahneman, Daniel. 2011. *Thinking, fast and slow.* Macmillan: New York. (Dt. 2012: *Schnelles Denken, langsames Denken.* Siedler: München.)

5 Bitkom, Dr. Ralf Wintergerst. 2024. »Digitalisierung der Wirtschaft«. https://www.bitkom.org/sites/main/files/2024-02/240229Bitkom-ChartsDigitaliserung-der-Wirtschaftfinal.pdf.

6 Parker, Hannah. 2025. »Apple will put $500 million into a Pentagon backed rare earths company«. *Quartz.* https://qz.com/apple-500-million-rare-earths-mp-materials.

7 https://www.manager-magazin.de/politik/friedrich-merz-der-us-regierung-ist-das-schicksal-europas-weitgehend-gleichgueltig-a-ca212288-2f97-44bc-80c1-47a3a1e7e8a5.

8 Bagger, Thomas. 2019. »The World According to Germany: Reassessing 1989«. *The Washington Quarterly* 41, 2018. Issue 4, p. 53-63. https://doi.org/10.1080/0163660X.2018.1558609.

9 Bagger, Thomas. 2021. »Deutschland, wir müssen reden«. *Internationale Politik* 04, 2021, S. 66–71. https://internationalepolitik.de/de/deutschland-wir-muessen-reden.

10 Palmisano, Samuel J. 2006. »The Globally Integrated Enterprise«. *Foreign Affairs* 85, no. 3 (May). https://www.foreignaffairs.com/world/globally-integrated-enterprise.

11 White House. 2000. »Clinton Address on PNTR for China, 3/8/00«. *Tech Law Journal.* http://www.techlawjournal.com/cong106/pntr/20000308sp.htm.

12 Ibid.

13 Sager, Erick und Xavier Jaravel. 2019. »Trade with China benefited US consumers«. *LSE Business Review.* LSE Blogs. https://blogs.lse.ac.uk/businessreview/2019/08/20/trade-with-china-benefited-us-consumers/.

14 Kennedy, Scott. 2016. »The WTO in Wonderland: China's Awkward 15th Anniversary«. CSIS. https://www.csis.org/analysis/wto-wonderland-chinas-awkward-15th-anniversary.

15 Fukuyama, Francis. 1992. *The End of History and the Last Man.* Harper Perennial: New York. (Dt. 1992: *Das Ende der Geschichte.* Kindler: München.)

16 Friedman, Thomas. 2005. *The World is Flat: The Globalized World in the Twenty-first Century.* Farrar, Straus and Giroux: New York. (Dt. 2006: *Die Welt ist flach: Eine kurze Geschichte des 21. Jahrhunderts.* Suhrkamp: Frankfurt a.M.)

17 »Q&A with Charles Krauthammer«. 2005. C-SPAN. https://www.c-span.org/video/?186409-1/columnist-charles-krauthammer-dies-68.

18 Krauthammer, Charles. 1990. »The Unipolar Moment«. *Foreign Affairs* 70, no. 1 (January): p. 23–33. https://www.foreignaffairs.com/articles/1990-01-01/unipolar-moment.

19 World Economic Forum. 2022. »›We are in a geopolitical recession‹ – Ian Bremmer on globalization, populism and the power of crisis«. https://www.weforum.org/stories/2022/06/ian-bremmer-crisis-geopolitical-recession-davos-2022/.

20 Siehe auch Waltz, Kenneth. 2000. »Structural Realism After the Cold War«, *International Security,* 25/1, p. 27

21 Mearsheimer, John J. 2001. *The Tragedy of Great Power Politics.* W. W. Norton & Company: New York. Hans J. Morgenthau, Albert A. Michelson und Leonard Davis. 1973. *Politics among nations: The struggle for power and peace.* 5th ed. A.A. Knopf: New York. Gaddis, John Lewis. 2005. *Strategies of Containment. A Critical Appraisal of American National Security Policy during the Cold War.* Oxford University Press: Oxford, p. 284 f.

22 Siehe Cohrs, Patrick O. 2022. *The New Atlantic Order: The Transformation of International Politics; 1860–1933.* Cambridge University Press: Cambridge.

23 OECD. https://www.oecd.org/en/data/insights/statistical-releases/2025/03/unemployment-rates-updated-march-2025.html#:~:text=The%20OECD%20unemployment%20rate%20remained,Figure%201%20and%20Table%201).

24 Autor, David H., David Dorn und Gordon H. Hanson. 2016. »The China Shock: Learning from Labor Market Adjustment to Large Changes in Trade«. National Bureau of Economic Research, Working Paper 21906. https://www.nber.org/system/files/working_papers/w21906/w21906.pdf. Autor, David, David Dorn und Gordon H. Hanson. 2021. »On the Persistence of the China Shock«. National Bureau of Economic Research, Working Paper 29401. https://www.nber.org/system/files/working_papers/w29401/w29401.pdf.

25 Greenwald, Glenn. 2015. *No Place to Hide: Edward Snowden, the NSA, and the U.S. Surveillance State.* Picador: London/New York. (Dt. 2014. *Die globale Überwachung. Der Fall Snowden, die amerikanischen Geheimdienste und die Folgen.* Droemer: München.)

26 Farrell, Henry und Abraham Newman. 2023. *Underground Empire: How America Weaponized the World Economy.* Henry Holt and Company: New York.

27 Castro, Daniel. 2013. »How Much Will PRISM Cost the U.S. Cloud Computing Industry?« ITIF. https://www2.itif.org/2013-cloud-computing-costs.pdf. Kehl, Danielle. 2014. »Surveillance Costs: The NSA's Impact on the Economy, Internet Freedom and Cybersecurity.« New America's Open Technology Institute. https://web.archive.org/web/20140912153658/http://oti.newamerica.net/sites/newamerica.net/files/policydocs/Surveillance_Costs_Short%20Version.pdf.

28 Center for Security and Emerging Technology. 2020. »Made in China 2025: Key Area Technology Roadmap« (translated excerpt). https://cset.georgetown.edu/wp-content/uploads/t0181_Made_in_China_roadmap_EN.pdf.

29 Black, J. Stewart und Allen J. Morrison. 2022. *Enterprise China: Adopting a Competitive Strategy for Business Success.* Wiley: New York, p. 40.

30 World Economic Forum. 2023. Tooze, Adam. »This is why ›polycrisis‹ is a useful way of looking at the world right now«. (Interview mit Radio Davos.) https://www.weforum.org/stories/2023/03/polycrisis-adam-tooze-historian-explains/.

31 World Trade Organization, General Agreement on Tariffs and Trade. 1975. Council of Representatives: »Draft Report on Work since the Thirtieth Session. Addendum«. https://www.wto.org/gatt_docs/English/SULPDF/92170660.pdf.

32 Federal Reserve Bank of St. Louis. »Trade Balance: Goods and Services, Balance of Payments Basis«. https://fred.stlouisfed.org/series/BOPGSTB#.

33 Swanson, William. 2012. »Birth of a Cold War Vaccine«. *Scientific American.* 306 (4), p. 66–69. https://www.researchgate.net/publication/223987498_Birth_of_a_Cold_War_Vaccine.

34 World Bank Group. 2025. »GDP (current US$)«. https://data.worldbank.org/indicator/NY.GDP.MKTP.CD.

35 Bolt, Jutta, und Jan Luiten van Zanden. 2024. »Maddison Style Estimates of the Evolution of the World Economy: A New 2023 Update«. *Journal of Economic Surveys,* vol. 39/2, p. 1–41. https://doi.org/10.1111/joes.12618.

36 Kennedy, Paul. 1988. *The Rise and Fall of the Great Powers: Economic Change and Military Conflict from 1500 to 2000.* Random House: New York. (Dt. 1989: *Aufstieg und Fall der großen Mächte: Ökonomischer Wandel und militärischer Konflikt von 1500 bis 2000.* S. Fischer: Frankfurt a.M.)
37 Lind, Jennifer und Daryl G. Press. 2025. »Strategies of Prioritization: American Foreign Policy After Primacy«. *Foreign Affairs* July/August 2025. https://www.foreignaffairs.com/united-states/strategies-prioritization-lind-press.
38 World Bank Group. N.d. »Urban Development«. https://www.worldbank.org/en/topic/urbandevelopment/overview.
39 World Bank Group. N.d. »Urban population (% of total population) – China, United States«. https://data.worldbank.org/indicator/SP.URB.TOTL.IN.ZS?locations=CN-US.
40 2025. »Fortune Global 500 Ranking (2024)«. *Fortune.* https://fortune.com/ranking/global500/.
41 General Administration of Customs of the People's Republic of China (GACC). 2025. »Statistics 2025«. http://english.customs.gov.cn/statics/report/preliminary.html.
42 Rogers, Nic und Ray Wang. 2024. »A Change in Fortune: U.S. Firms Overtake China's in Fortune Global 500«. CSIS. https://www.csis.org/blogs/trustee-china-hand/change-fortune-us-firms-overtake-chinas-fortune-global-500.
43 Soltani, Ehsan und Bruno Venditti. 2025. »Mapped: How China Overtook the U.S. in Global Trade (2000-2024)«. *Visual Capitalist.* https://www.visualcapitalist.com/cp/how-china-overtook-u-s-in-global-trade-dominance-2000-2024/#:~:text=China's%20Trade%20Surge%20Over%20Time,Sudan%2C%20Tanzania%2C%20and%20Vietnam.
44 Statista. »Entwicklung der weltweiten Exporte im Warenhandel von 1948 bis 2024«. https://de.statista.com/statistik/daten/studie/37143/umfrage/weltweites-exportvolumen-im-handel-seit-1950/.
45 World Bank Group. »Foreign direct investment, net inflows (BoP, current US$)«. https://data.worldbank.org/indicator/BX.KLT.DINV.CD.WD.
46 McKinsey Global Institute. Seong, Jeongmin u.a. 2025. »Geopolitics and the geometry of global trade: 2025 update«. https://www.mckinsey.com/mgi/our-research/geopolitics-and-the-geometry-of-global-trade-2025-update.
47 Ibid.
48 Statista. »Welthandel: Entwicklung der einfuhrbeschränkenden Maßnahmen für den Handel mit Waren weltweit nach Importwert und Anteil an weltweiten Einfuhren von 2009 bis 2024«. https://de.statista.com/statistik/daten/studie/1449277/umfrage/entwicklung-der-weltweiten-relativen-und-absoluten-importbeschraenkungen/#:~:text=Das%20Volumen%20der%20weltweiten%20Importbeschr%C3%A4nkungen,Pandemie%20haben%20Einfuhrbeschr%C3%A4nkungen%20deutlich%20zugenommen.
49 OECD. 2025. *OECD Inventory of Export Restrictions on Industrial Raw Materials 2025*, p. 6. https://www.oecd.org/en/publications/oecd-inventory-of-export-restrictions-on-industrial-raw-materials-2025_facc714b-en.html.
50 Strasser, Robert B. 1998. *The Landmark Thucydides.* Schuster & Schuster: New York.
51 Allison, Graham T. 2017. *Destined for War: Can America and China Escape Thucydides's Trap?* Houghton Mifflin Harcourt: Boston.
52 Kennan, George F. 1947. »The Sources of Soviet Conduct«. *Foreign Affairs,* (July). https://www.foreignaffairs.com/articles/russian-federation/1947-07-01/sources-soviet-conduct.
53 White House. 2022. »National Security Strategy«. https://web.archive.org/web/20250119202427/https://www.whitehouse.gov/wp-content/uploads/2022/10/Biden-Harris-Administrations-National-Security-Strategy-10.2022.pdf.
54 White House. 2022. »Remarks by National Security Advisor Jake Sullivan at the Special Competitive Studies Project Global Emerging Technologies Summit«. https://web.archive.org/web/20250119095005/https://www.whitehouse.gov/briefing-room/speeches-remarks/20

22/09/16/remarks-by-national-security-advisor-jake-sullivan-at-the-special-competitive-studies-project-global-emerging-technologies-summit/.

55 White House. 2023. »Remarks by National Security Advisor Jake Sullivan on Renewing American Economic Leadership at the Brookings Institution«. https://web.archive.org/web/20250118095412/https://www.whitehouse.gov/briefing-room/speeches-remarks/2023/04/27/remarks-by-national-security-advisor-jake-sullivan-on-renewing-american-economic-leadership-at-the-brookings-institution/.

56 Biden, Joseph R. 2020. »Why America Must Lead Again: Rescuing U.S. Foreign Policy After Trump«. *Foreign Affairs* (March/April). https://www.foreignaffairs.com/articles/united-states/2020-01-23/why-america-must-lead-again.

57 Bade, Gavin. 2023. »Joe Biden wants a ›new economic world order.‹ It's never looked more disordered«. *Politico.* https://www.politico.com/news/2023/05/25/joe-bidens-economy-trade-china-00096781.

58 Costigliola, Frank. 2023. *Kennan: A Life Between Worlds.* Princeton University Press: Princeton.

59 Rudd, Kevin. 2022. »The World According to Xi Jinping: What China's Ideologue in Chief Really Believes«. *Foreign Affairs.* https://www.foreignaffairs.com/china/world-according-xi-jinping-china-ideologue-kevin-rudd.

60 He, Liu. 2015. »A Comparative Study of Two Global Crises«. *Frontiers of Economics in China* 10, no. 3 (September): 396–413. http://journal.hep.com.cn/fec/EN/10.3868/s060-004-015-0017-0.

61 Jiang, Jon (Yuang). 2020. »Understanding the Intersection of the Belt and Road Initiative and China's Supply-Side Structural Reform«. The Jamestown Foundation. https://jamestown.org/program/understanding-the-intersection-of-the-belt-and-road-initiative-and-chinas-supply-side-structural-reform/.

62 Bishop, Bill. 2020. »Xi's April speech; Ant Financial gets a regulatory reminder; Census begins«. *Sinocism.* https://sinocism.com/p/xis-april-speech-ant-financial-gets.

63 McMorrow, Ryan u.a. 2023. »Chinese tech groups suffer as foreign investors take flight«. *Financial Times*, June 11, 2023. https://www.ft.com/content/7d6c3c8a-97dc-4b98-8421-f881f185661e.

64 Nye, Joseph S. Jr. 2018. »How Sharp Power Threatens Soft Power«. *Foreign Affairs.* https://www.foreignaffairs.com/articles/china/2018-01-24/how-sharp-power-threatens-soft-power. Siehe auch Walker, Christopher und Jessica Ludwig. 2017. »The Meaning of Sharp Power: How Authoritarian States Project Influence«. *Foreign Affairs.* https://www.foreignaffairs.com/articles/china/2017-11-16/meaning-sharp-power.

65 Rudd, Kevin. 2022. »The World According to Xi Jinping: What China's Ideologue in Chief Really Believes«. *Foreign Affairs.* https://www.foreignaffairs.com/china/world-according-xi-jinping-china-ideologue-kevin-rudd.

66 Hass, Ryan. 2023. »What America Wants From China«. *Foreign Affairs.* https://www.foreignaffairs.com/united-states/what-america-wants-china-hass.

67 US Census Bureau. 2025. »U.S. Trade in Goods with China«. https://www.census.gov/foreign-trade/balance/c5700.html.

68 Jaishankar, Subrahmanyam. 2020. *The India Way: Strategies for an Uncertain World.* HarperCollins Publishers India: New Delhi.

69 *The Economist.* 2023. »How to survive a superpower split: We analyze the crafty countries that don't want to pick sides«. https://www.economist.com/international/2023/04/11/how-to-survive-a-superpower-split. *The Economist.* 2023. »Can the West win over the rest? In a more transactional world the price of influence is going up«. https://www.economist.com/leaders/2023/04/13/can-the-west-win-over-the-rest.

70 Bremmer, Ian. 2021. »The Technopolar Moment: How Digital Powers Will Reshape the Global Order«. *Foreign Affairs* 100, no. 6 (October). https://www.foreignaffairs.com/articles/world/ian-bremmer-big-tech-global-order.

71 Areddy, James T. 2023. »The China Hawk in Washington Rattling Corporate Boardrooms«. *The Wall Street Journal.* https://www.wsj.com/articles/thechinahawkin-washington-rattling-corporate-boardrooms-a9c10117.

72 Select Committee on the CCP. 2023. »Chairman Gallagher's Opening Remarks«. Select Committee on Strategic Competition between the United States and the Chinese Communist Party. https://selectcommitteeontheccp.house.gov/media/press-releases/chairman-gallaghers-opening-remarks.

73 Chen, Ling S. und Miles M. Evers. 2023. »›Wars without Gun Smoke‹: Global Supply Chains, Power Transitions, and Economic Statecraft«. *International Security* 48 (2), p. 164–204. https://doi.org/10.1162/isec_a_00473 (p. 182).

74 Baldwin, Richard und Rebecca Freeman, Angelos Theodorakopoulos. 2023. »Hidden Exposure: Measuring US Supply Chain Reliance«. *Brookings Papers on Economic Activity,* Fall 2023, p. 79–134. https://muse.jhu.edu/pub/1/article/935416/pdf, (p. 110).

75 Goethe, Johann W. »Aus meinem Leben. Dichtung und Wahrheit«. In: Karl Richter u.a. (Hrsg.). 1985. *Johann Wolfgang Goethe. Sämtliche Werke nach Epochen seines Schaffens.* Münchner Ausgabe. Bd. 16. Carl Hanser Verlag: München/Wien.

76 Tuchman, Barbara. 2004. *The Guns of August.* Presidio Press: Novato. (Dt. 2013: *August 1914.* S. Fischer: Frankfurt a.M.) Clark, Christopher. 2013. *The Sleepwalkers: How Europe Went to War in 1914.* Penguin Press: London. (Dt. 2013: *Die Schlafwandler: Wie Europa in den Ersten Weltkrieg zog.* DVA: München.)

77 Miller, Chris. 2022. *Chip War. The Fight for the World's Most Critical Technology.* Simon & Schuster: New York. (Dt. 2023: *Der Chip-Krieg. Wie die USA und China um die technologische Vorherrschaft auf der Welt kämpfen.* Rowohlt: Hamburg.)

78 Black, J. Stewart und Allen J. Morrison. 2021. »The Strategic Challenges of Decoupling: Navigating your company's future in China«. *Harvard Business Review.* https://hbr.org/2021/05/the-strategic-challenges-of-decoupling.

79 Duhigg, Charles und Keith Bradsher. 2012. »How the U.S. Lost Out on iPhone Work«. *The New York Times,* January 21, 2012. https://www.nytimes.com/2012/01/22/business/apple-america-and-a-squeezed-middle-class.html.

80 McGee, Patrick. 2025. *Apple in China: The Capture of the World's Greatest Company.* Scribner: New York. (Dt. 2025: *Apple in China: Von der Werkbank zum Würgegriff – wie sich der iPhone-Konzern in eine gefährliche Abhängigkeit begeben hat.* Plassen: Kulmbach.)

81 Hatton, Tim et al. 2023. »Rebuilding Our Semiconductor Workforce«. Lightcast. https://lightcast.io/resources/research/rebuilding-our-semiconductor-workforce.

82 Kleinhans, Jan-Peter und Nurzat Baisakova. 2020. »The Global Semiconductor Value Chain: A Technology Primer for Policy Makers«. Interface. https://www.interface-eu.org/publications/global-semiconductor-value-chain-technology-primer-policy-makers. Bradley Martin et al. 2023. »Supply Chain Interdependence and Geopolitical Vulnerability: The Case of Taiwan and High-End Semiconductors«. RAND Corporation. https://www.rand.org/pubs/research_reports/RRA2354-1.html?utm_campaign=&utm_content=1679927101&utm_medium=rand_social&utm_source=linkedin.

83 Welch, Jennifer et al. 2024. »Xi, Biden and the $10 Trillion Cost of War Over Taiwan«. Bloomberg News. https://www.bloomberg.com/news/features/2024-01-09/if-china-invades-taiwan-it-would-cost-world-economy-10-trillion.

84 Harper, Kyle. 2023. *Plagues Upon the Earth: Disease and the Course of Human History.* Princeton University Press: Princeton.

85 Helpman, Elhanan. 2004. *The Mystery of Economic Growth.* Harvard University Press: Cambridge.

86 Rosecrance, Richard. 1987. *The Rise of the Trading State: Commerce and Conquest in the Modern World.* Basic Books: New York. (Dt. 1987: *Der neue Handelsstaat: Herausforderungen für Politik und Wirtschaft.* Campus: Frankfurt a.M.) Gilpin, Robert und Jean M. Gilpin. 1987. *The Political Economy of International Relations.* Princeton University Press: Princeton. Schmidt, Eric. 2023. »Innovation Power. Why Technology Will Define the Future of Geopolitics«. *Foreign Affairs,* (February). https://www.foreignaffairs.com/united-states/eric-schmidt-innovation-power-technology-geopolitics.

87 Whitford, Harry N. 1926. »Rubber and the Philippines«. *Foreign Affairs* 4, no. 4 (July), p. 677–679. https://www.foreignaffairs.com/articles/philippines/1926-07-01/rubber-and-philippines.

88 Harp, Stephen L. 2015. *A World History of Rubber: Empire, Industry, and the Everyday.* Wiley: New York.

89 Immerwahr, Daniel. 2019. *How to Hide an Empire: A History of the Greater United States.* Farrar, Straus and Giroux: New York. (Dt. 2019: *Das heimliche Imperium: Die USA als moderne Kolonialmacht.* S. Fischer: Frankfurt a.M.)

90 Blois, Matt. 2023. »The industrialization of the Haber-Bosch process«. *C&EN.* https://cen.acs.org/food/agriculture/The-industrialization-Haber-Bosch-process/101/i26.

91 Barr, James. 2011. *A Line in the Sand: Britain, France and the Struggle that Shaped the Middle East.* Simon & Schuster: London.

92 Manning, Robert A. 2014. »The Shale Revolution and the New Geopolitics of Energy«. Atlantic Council. https://www.atlanticcouncil.org/wp-content/uploads/2014/10/Shale_Revolution_and_the_New_Geopolitics_of_Energy.pdf.

93 Burns, William und Marie Louise Kelly. 2021. »Transcript: NPR's Full Conversation With CIA Director William Burns«. *NPR,* July 22, 2021. https://www.npr.org/2021/07/22/1017900583/transcript-nprs-full-conversation-with-cia-director-william-burns.

94 White House. 2022. »Remarks by National Security Advisor Jake Sullivan at the Special Competitive Studies Project Global Emerging Technologies Summit«. The White House. https://web.archive.org/web/20250119095005/https://www.whitehouse.gov/briefing-room/speeches-remarks/2022/09/16/remarks-by-national-security-advisor-jake-sullivan-at-the-special-competitive-studies-project-global-emerging-technologies-summit/.

95 Tang, Frank. 2023. »Xi Jinping says China must quicken pace of tech self-reliance to prevent being ›strangled by foreign countries‹«. *South China Morning Post,* February 2, 2023. https://www.scmp.com/economy/china-economy/article/3208882/xi-jinping-says-china-must-quicken-pace-tech-self-reliance-prevent-being-strangled-foreign-countries.

96 Wolf, Philipp. 2024. »Russia's use of Swiss components in weapons highlights sanctions-enforcement headaches«. *Neue Zürcher Zeitung.* 17.07.2024. https://www.nzz.ch/english/keeping-dual-use-goods-away-from-russia-ld.1839404.

97 Ding, Jeffrey und Allan Dafoe. 2021. »Engines of Power: Electricity, AI, and General Purpose Military Transformations«. https://arxiv.org/pdf/2106.04338.pdf (p. 27 ff.).

98 Varas, Antonio und Raj Varadarajan. 2020. »How Restrictions to Trade with China Could End US Leadership in Semiconductors«. Boston Consulting Group. https://web-assets.bcg.com/img-src/BCG-How-Restricting-Trade-with-China-Could-End-US-Semiconductor-Mar-2020_tcm9-240526.pdf.

99 Bureau of Industry and Security. »Entity Lists«. https://www.bis.gov/entity-list#:~:text=The%20%22Entity%20List%22%20is%20a,for%20certain%20technologies%20and%20goods. Siehe auch: https://www.ecfr.gov/current/title-15/subtitle-B/chapter-VII/subchapter-C/part-744/appendix-Supplement%20No.%204%20to%20Part%20744.

100 Palmer, Alex W. 2023. »›An Act of War‹: Inside America's Silicon Blockade Against China«. The New York Times. https://www.nytimes.com/2023/07/12/magazine/semiconductor-chips-us-china.html.

101 Freifeld, Karen und Alexandra Alper. 2021. »Huawei, SMIC suppliers received billions worth of licenses for U.S. goods«. Reuters, October 21, 2021. https://www.reuters.com/business/us-house-panel-grants-request-disclose-data-blacklisted-firms-2021-10-21/.
102 Segal, Adam. 2021. »Huawei, 5G, and Weaponized Interdependence«. In: *The Uses and Abuses of Weaponized Interdependence,* hrsg. v. Drezner, Daniel W., Henry Farrell und Abraham Newman, p. 149–169. Brookings Institution Press: Washington (p. 157).
103 Brayton-Lewis, Cristina und Kristina Zissis. 2020. »BIS Issues Rules on the Scope of Entity List Restrictions and Significantly Limits Activities Involving Huawei«. White & Case LLP. https://www.whitecase.com/insight-alert/bis-issues-rules-scope-entity-list-restrictions-and-significantly-limits-activities.
104 Bureau of Industry and Security. 2020. »Addition of Entities to the Entity List, Revision of Entry on the Entity List, and Removal of Entities From the Entity List«. 15 CFR Part 744. https://www.federalregister.gov/documents/2020/12/22/2020-28031/addition-of-entities-to-the-entity-list-revision-of-entry-on-the-entity-list-and-removal-of-entities.
105 Patel, Dylan, Afzal Ahmad und Myron Xie. 2023. »China AI & Semiconductors Rise: US Sanctions Have Failed«. SemiAnalysis. https://www.semianalysis.com/p/china-ai-and-semiconductors-rise.
106 Bureau of Industry and Security. 2014. »US Space Industry ›Deep Dive‹ Assessment: Impact of US Export Controls on the Space Industrial Base«. https://www.bis.doc.gov/index.php/documents/technology-evaluation/898-space-export-control-report/file.
107 Capito, Charles L., James M. Brower, Joseph A. Benkert und Nicholas A. Weigel. 2022. »Commerce Department Plan to Nix ›Emerging‹ and ›Foundational‹ Technologies Distinction in Export Controls«. Morrison Foerster. https://www.mofo.com/resources/insights/220624-emerging-and-foundational-technologies-distinction. Torres Trade Law. 2022. »BIS's New Approach to Identifying ›Emerging and Foundational Technologies‹«. https://www.torrestradelaw.com/posts/BIS%E2%80%99s-New-Approach-to-Identifying-%E2%80%9CEmerging-and-Foundational-Technologies%E2%80%9D/285.
108 Bureau of Industry and Security. 2022. »Implementation of Additional Export Controls: Certain Advanced Computing and Semiconductor Manufacturing Items; Supercomputer and Semiconductor End Use; Entity List Modification«. Federal Register 87 FR 62186. https://www.federalregister.gov/documents/2022/10/13/2022-21658/implementation-of-additional-export-controls-certain-advanced-computing-and-semiconductor. Bureau of Industry and Security. 2022. »Written Presentation of Assistant Secretary Thea D. Rozman Kendler: Public Briefing«.https://www.bis.doc.gov/index.php/documents/product-guidance/3182-2022-10-28-bis-written-presentation-public-briefing-on-advanced-computing-and-semiconductor-manufacturing-items-rule/file.
109 Bureau of Industry and Security. 2025. »Framework for Artificial Intelligence Diffusion«. https://www.federalregister.gov/documents/2025/01/15/2025-00636/framework-for-artificial-intelligence-diffusion#p-60.
110 Bureau of Industry and Security. 2025. »Department of Commerce Announces Recission of Biden-Era Artificial Intelligence Diffusion Rule, Strengthens Chip-Related Export Controls«. https://www.bis.gov/press-release/department-commerce-rescinds-biden-era-artificial-intelligence-diffusion-rule-strengthens-chip-related.
111 Bureau of Industry and Security. 2025. »Guidance on Application of General Prohibition 10 (GP10) to People's Republic of China (PRC) Advanced-Computing Integrated Circuits (ICs)«. https://www.bis.gov/media/documents/general-prohibition-10-guidance-may-13-2025.pdf.
112 National Science and Technology Council. 2024. »Critical and Emerging Technologies List Update«. https://www.govinfo.gov/content/pkg/CMR-PREX23-00185928/pdf/CMR-PREX23-00185928.pdf.

113 Bureau of Industry and Security. 2024. »Securing the Information and Communications Technology and Services Supply Chain: Connected Vehicles«. Federal Register 89 FR 15066. https://www.federalregister.gov/documents/2024/03/01/2024-04382/securing-the-information-and-communications-technology-and-services-supply-chain-connected-vehicles.
114 Lighthizer, Robert. 2023. *No Trade Is Free: Changing Course, Taking on China, and Helping America's Workers.* Broadside Books: Northampton. Navarro, Peter und Greg Autry. 2011. *Death by China: Confronting the Dragon – A Global Call to Action.* Prentice Hall Publishing: Upper Saddle River.
115 Fritz, Johannes. 2025. »Trump's Global Minimum Tax Reset Signals the Return of Digital Trade Frictions«. Digital Policy Alert. https://digitalpolicyalert.org/report/Trump-Memorandum-Global-Minimum-Tax-and-DST-Return.
116 Knauth, Dietrich und Daniel Wiessner. 2025. »US court blocks most Trump tariffs, says president exceeded his authority«. Reuters. https://www.reuters.com/world/us/us-court-blocks-trumps-liberation-day-tariffs-2025-05-28/.
117 McDaniel, Christine und Polina Prokof'yeva. 2022. »Section 301 Tariff Exclusions and Extensions, Continued.« Mercatus Center. https://www.mercatus.org/economic-insights/expert-commentary/section-301-tariff-exclusions-and-extensions-continued.
118 Lei, Tu und Chen Qingqing. 2019. »China's potential unreliable entity list emerges«. *Global Times,* July 26, 2019. https://www.globaltimes.cn/content/1159318.shtml.
119 Conger, Kate. 2019. »China Summons Tech Giants to Warn Against Cooperating With Trump Ban«. *The New York Times,* June 8, 2019. https://www.nytimes.com/2019/06/08/business/economy/china-huawei-trump.html.
120 网络安全法 [Cyber Security Law] (National People's Congress, November 7, 2016). http://www.pkulaw.cn/fulltext_form.aspx?Db=chl&Gid=283838. CSL translated in full here: Stanford University. 2018. »Translation: Cybersecurity Law of the People's Republic of China (Effective June 1, 2017)«. DigiChina. https://digichina.stanford.edu/work/translation-cybersecurity-law-of-the-peoples-republic-of-china-effective-june-1-2017/.
121 Laskai, Lorand und Adam Segal. 2019. »The Encryption Debate in China«. Carnegie Endowment for International Peace. https://carnegieendowment.org/2019/05/30/encryption-debate-in-china-pub-79216.
122 Wakabayashi, Daisuke. 2021. »Censorship, Surveillance and Profits: A Hard Bargain for Apple in China«. *The New York Times,* June 17, 2021. https://www.nytimes.com/2021/05/17/technology/apple-china-censorship-data.html.
123 Ibid.
124 Destatis. 2025. »Ein Großteil der importierten Seltenen Erden kamen 2024 aus China«. Pressemitteilung Nr. N019 vom 23. April 2025. https://www.destatis.de/DE/Presse/Pressemitteilungen/2025/04/PD25_N019_51.html.
125 LixFeyMzPO4 beziehungsweise LixFeyMnzMaPO4.
126 https://fms.mofcom.gov.cn/cms_files/filemanager/10364010/attach/202412/107932713cab4fd282e1e4cd5b792bee.pdf?fileName=%E3%80%8A%E4%B8%AD%E5%9B%BD%E7%A6%81%E6%AD%A2%E5%87%BA%E5%8F%A3%E9%99%90%E5%88%B6%E5%87%BA%E5%8F%A3%E6%8A%80%E6%9C%AF%E7%9B%AE%E5%BD%95%E3%80%8B%E8%B0%83%E6%95%B4%E5%86%85%E5%AE%B9.pdf.
127 Morning Consult. N.d. »Chinese Consumer Boycotts Tracker«. https://pro.morningconsult.com/trackers/chinese-consumer-boycotts-tracker.
128 Bohman, Viking und Hillevi Pårup. 2022. »Purchasing with the Party: Chinese consumer boycotts of foreign companies, 2008–2021«. Swedish National China Centre. https://kinacentrum.se/en/publications/chinese-consumer-boycotts-of-foreign-companies/.
129 Bradford, Anu. 2020. *The Brussels Effect: How the European Union Rules the World.* Oxford University Press: Oxford.

130 Porter, Michael E. 1990. »The Competitive Advantage of Nations«. *Harvard Business Review* 68 (March/April), p. 73–93. https://hbr.org/1990/03/the-competitive-advantage-of-nations.
131 European Commission. 2020. »The EU toolbox for 5G security«. https://digital-strategy.ec.europa.eu/en/library/eu-toolbox-5g-security.
132 European Commission. 2023. »Second report on Member States' progress in implementing the EU Toolbox on 5G Cybersecurity«. https://digital-strategy.ec.europa.eu/en/library/second-report-member-states-progress-implementing-eu-toolbox-5g-cybersecurity.
133 Moens, Barbara und Sarah A. Aarup. 2023. »EU's trade ideals face ›economic security‹ reality check«. *Politico EU.* https://www.politico.eu/article/eu-trade-economic-security-strategy-us-china-competition-tariffs/.
134 European Commission. 2023. »Commission recommends carrying out risk assessments on four critical technology areas: advanced semiconductors, artificial intelligence, quantum, biotechnologies«. https://ec.europa.eu/commission/presscorner/detail/en/ip_23_4735.
135 Doll, Nikolaus. 2018. »Die große Sorge vor dem ›Ausverkauf deutschen Know-hows‹.« *Die Welt.* https://www.welt.de/wirtschaft/article173175841/Know-how-Chinas-Unternehmen-auf-Einkaufstour-in-Deutschland.html.
136 »Foreign Trade and Payments Act (Außenwirtschaftsgesetz – AWG)«. N.d. Gesetze im Internet. https://www.gesetze-im-internet.de/englisch_awg/englisch_awg.html.
137 Schoening, Falk und Stefan Kirwitzke. 2021. »New Rules: German government passes far-reaching expansion of foreign investment control«. Hogan Lovells. https://www.engage.hoganlovells.com/knowledgeservices/news/new-rules-german-government-passes-far-reaching-expansion-of-foreign-investment-control_1.
138 Hofer, Joachim. 2023. »Chips: Die Angst vor China beim Thema Chipfabriken-Übernahmen ist absurd«. *Handelsblatt.* https://www.handelsblatt.com/meinung/kommentare/kommentar-die-angst-vor-china-beim-thema-chipfabriken-uebernahmen-ist-absurd/29131438.html.
139 Federal Office for Information Security. N.d. »Second act on increasing the security of IT systems (German IT Security Act 2.0)« https://www.bsi.bund.de/EN/Das-BSI/Auftrag/Gesetze-und-Verordungen/IT-SiG/2-0/it_sig-2-0_node.html. Paragraph 9b.
140 Freidel, Morten. 2019. »BSI-Chef im Gespräch: ›Wirtschaftsspionage ist kontrollierbar‹«. FAZ.NET. https://www.faz.net/aktuell/politik/inland/der-bsi-chef-arne-schoenbohm-ueber-den-cyber-wettlauf-16321318.html.
141 *Tagesspiegel* Background. 2025. »Kritische Infrastruktur: Formulierung im Koalitionsvertrag gelöscht«. https://background.tagesspiegel.de/digitalisierung-und-ki/briefing/kritische-infrastruktur-formulierung-im-koalitionsvertrag-geloescht.
142 CDU, CSU, SPD. 2025. »Verantwortung für Deutschland: Koalitionsvertrag zwischen CDU, CSU und SPD. 21. Legislaturperiode« (p. 12). https://www.spd.de/fileadmin/Dokumente/Koalitionsvertrag2025_bf.pdf.
143 CDU, CSU, SPD. 2025. »Verantwortung für Deutschland: Koalitionsvertrag zwischen CDU, CSU und SPD. 21. Legislaturperiode« (p. 50). https://www.spd.de/fileadmin/Dokumente/Koalitionsvertrag2025_bf.pdf.
144 Solomon, Rory. 2013. »Last In, First Out: Network Archaeology of/as the Stack«, Amodern. https://amodern.net/article/last-in-first-out. De Seta, Gabriele. 2021. »Digital Infrastructure, Liminality, and World-Making Via Asia | Gateways, Sieves, and Domes: On the Infrastructural Topology of the Chinese Stack«. *International Journal of Communication* 15, p. 2669–2692. https://ijoc.org/index.php/ijoc/article/view/13972.
145 Seta, Gabriele de. 2021. »Digital Infrastructure, Liminality, and World-Making Via Asia | Gateways, Sieves, and Domes: On the Infrastructural Topology of the Chinese Stack«. *International Journal of Communication* 15, p. 2669–2692. https://ijoc.org/index.php/ijoc/article/view/13972 (p. 2679).

146 Baums, Ansgar und Nicholas Butts. 2025. *Tech Cold War. The Geopolitics of Technology*. Lynne Rienner Publishers: Boulder.
147 Kelly, Kevin. 2011. *What Technology Wants*. Penguin Publishing Group: New York.
148 Miller, Chris. 2012. *Chip War: The Fight for the World's Most Critical Technology*. Simon & Schuster: New York. (Dt. 2023: *Der Chip-Krieg. Wie die USA und China um die technologische Vorherrschaft auf der Welt kämpfen*. Rowohlt: Hamburg.)
149 Baums, Ansgar. 2024. »The ›Chokepoint‹ Fallacy of Export Controls«. Stimson Center. https://www.stimson.org/2024/the-chokepoint-fallacy-of-tech-export-controls/.
150 Feng, Coco. 2024. »China's semiconductor output jumps 40% in first quarter amid growing dominance in legacy chips«. *South China Morning Post*. https://www.scmp.com/tech/tech-war/article/3259221/chinas-semiconductor-output-jumps-40-first-quarter-amid-growing-dominance-legacy-chips.
151 Lo, Kinling. 2025. »China's Chipmakers are Catching Up to Nvidia and TSMC«. *Rest of World*, 28.4.2025. https://restofworld.org/2025/china-chipmakers-nvidia-tsmc-gap/.
152 Cao, Ann. 2022. »Tech war: China bets on RISC-V chips to escape the shackles of US tech export restrictions«. *South China Morning Post*. https://www.scmp.com/tech/tech-war/article/3201887/tech-war-china-bets-risc-v-chips-escape-shackles-us-tech-export-restrictions?module=perpetual_scroll_0&pgtype=article&campaign=3201887.
153 Martin, Dylan. 2022. »Alibaba, Tencent enlisted to help sanction-weary China build RISC-V chips«. *The Register*. https://www.theregister.com/2022/12/01/alibaba_tencent_china_riscv.
154 Select Committee on Strategic Competition between the United States and the Chinese Communist Party. 2023. »Letter to Secretary Gina Raimondo«. https://selectcommitteeontheccp.house.gov/sites/evo-subsites/selectcommitteeontheccp.house.gov/files/evo-media-document/11.1.23-riscv-letter.pdf.
155 Nellis, Stephen. 2024. »US is reviewing risks of China's use of RISC-V chip technology«. Reuters. https://www.reuters.com/technology/us-is-reviewing-risks-chinas-use-risc-v-chip-technology-2024-04-23/.
156 U.S. Chamber of Commerce | China Center. 2023. »Semiconductor Fact Sheet: Costs of US-China Economic Decoupling.« https://www.uschamber.com/assets/documents/024001_us-china_decoupling_factsheet_semiconductors_fin.pdf.
157 TrendForce. 2025. »Jensen Huang: NVIDIA's China Market Share Plummets from 95% to 50% amid U.S. Export Curbs«. https://www.trendforce.com/news/2025/05/21/news-jensen-huang-nvidias-china-market-share-plummets-from-95-to-50-amid-u-s-export-curbs/.
158 Cerulus, Laurens und John Hendel. 2021. »Hologram wars: The race to 6G«. *Politico EU*. https://www.politico.eu/article/6g-race-eu-united-states-china/.
159 Koziol, Michael. 2021. »6G Is Years Away, but the Power Struggles Have Already Begun: Equipment manufacturers and device makers are squaring off«. *IEEE*. https://spectrum.ieee.org/6g-geopolitics.
160 Picarsic, Nathan und Emily de la Bruyère. 2023. »Wiring a 6G world«. Hinrich Foundation«. https://www.hinrichfoundation.com/research/article/us-china/wiring-6g-world/.
161 Department for Science, Innovation and Technology. 2023. »Global Coalition on Telecommunications: joint statement of intent«. GOV.UK. https://www.gov.uk/government/publications/global-coalition-on-telecommunications-joint-statement-of-intent-between-uk-australia-canada-japan-and-us/global-coalition-on-telecommunications-joint-statement-of-intent.
162 CAICT. 2021. »IMT-2030 (6G) Promotion Group Officially Released the White Paper on ›6G Vision and Candidate Technologies‹«. http://www.caict.ac.cn/english/news/202106/t20210608_378637.html.
163 IaaS Public Cloud Global Market Share 2023 in %. Quelle: Gartner. 2024. »Gartner Says Worldwide IaaS Public Cloud Services Revenue Grew 16.2% in 2023« (press release). https://www.

gartner.com/en/newsroom/press-releases/2024-07-22-gartner-says-worldwide-iaas-public-cloud-services-revenue-grew-16-point-2-percent-in-2023#:~:text=Amazon%20continued%20to%20lead%20the,with%207.9%25%20of%20the%20market.
164 InCountry. 2021. »Data Residency Laws by Country: an Overview«, https://incountry.com/blog/data-residency-laws-by-country-overview/. Bowman, Courtney. 2017. »Data Localization Laws: an Emerging Global Trend«. *JURISTnews.* https://www.jurist.org/commentary/2017/01/Courtney-Bowman-data-localization/.
165 Cory, Nigel und Luke Dascoli. 2021. »How Barriers to Cross-Border Data Flows Are Spreading Globally, What They Cost, and How to Address Them«. ITIF. https://itif.org/publications/2021/07/19/how-barriers-cross-border-data-flows-are-spreading-globally-what-they-cost/.
166 National Security Commission on Artificial Intelligence. 2021. »Final Report«. https://digital.library.unt.edu/ark:/67531/metadc1851188/ (p. 7).
167 Vincent, James. 2017. »Putin says the nation that leads in AI ›will be the ruler of the world‹«. *The Verge.* https://www.theverge.com/2017/9/4/16251226/russia-ai-putin-rule-the-world.
168 Elbaum, Sebastian und Adam Segal. 2025. »What If China Wins the AI Race?«. *Foreign Affairs.* 13.06.2025. https://www.foreignaffairs.com/united-states/what-if-china-wins-ai-race?check_logged_in=1.
169 U.S. Department of State. N.d. »Military-Civil Fusion and the People's Republic of China«. https://www.state.gov/wp-content/uploads/2020/05/What-is-MCF-One-Pager.pdf.
170 Bratton, Benjamin H. 2016. *The Stack: On Software and Sovereignty.* MIT Press: Cambridge/London.
171 Triolo, Paul. 2023. »ChatGPT and China: How to think about Large Language Models and the generative AI race«. The China Project. https://thechinaproject.com/2023/04/12/chatgpt-and-china-how-to-think-about-large-language-models-and-the-generative-ai-race/.
172 Austin, Patrick, K.C. Halm, John Seiver und William Wu. 2023. »China's Cyberspace Administration Releases ›Interim‹ Rules Regulating the Use of Generative AI«. Davis Wright Tremaine | JD Supra. https://www.jdsupra.com/legalnews/china-s-cyberspace-administration-2552658/. *The Economist.* 2023. »Can Xi Jinping control AI without crushing it?«. https://www.economist.com/china/2023/04/18/can-xi-jinping-control-ai-without-crushing-it.
173 Triolo, Paul. 2023. »ChatGPT and China: How to think about Large Language Models and the generative AI race«. The China Project. https://thechinaproject.com/2023/04/12/chatgpt-and-china-how-to-think-about-large-language-models-and-the-generative-ai-race/.
174 IoT Analytics. »State of IoT 2024: Number of connected IoT devices growing 13% to 18.8 billion globally«. 3.9.2024. https://iot-analytics.com/number-connected-iot-devices/.
175 Trusted Computing Group. N.d. https://trustedcomputinggroup.org.
176 *iNews.* N.d. »TPM chips used to be contraband in China until they became autonomous and controllable«. *iNews.* https://inf.news/en/tech/f602b0714ffa721476141b3f37265d69.html.
177 Curry, David. 2025. »Most Popular Apps (2024)« (Home App Data). Business of Apps. https://www.businessofapps.com/data/most-popular-apps/.
178 Beer, Stafford. 1995. *Brain of the Firm.* 2nd ed. John Wiley & Sons: Chichester.
179 Gomez, Peter, Timo Meynhardt und Mark Lambertz. 2019. *Verantwortungsvoll führen in einer komplexen Welt: Denkmuster – Werkzeuge – Praxisbeispiele.* Haupt: Bern.
180 Davies, Dan. 2024. *The Unaccountability Machine: Why Big Systems Make Terrible Decisions – and How The World Lost its Mind.* Profile Books: London (Kapitel 9).
181 Davies, Dan. 2024. *The Unaccountability Machine: Why Big Systems Make Terrible Decisions – and How The World Lost its Mind.* Profile Books: London (p. 165).
182 Black, J. Stewart und Allen J. Morrison. 2021. »The Strategic Challenges of Decoupling: Navigating your company's future in China. *Harvard Business Review.* https://hbr.org/2021/05/the-strategic-challenges-of-decoupling.

183 Kratz, Agatha, Noah Barkin und Lauren Dudley. 2022. »The Chosen Few: A Fresh Look at European FDI in China«. Rhodium Group. https://rhg.com/research/the-chosen-few. Matthes, Jürgen. 2022. »China-Abhängigkeiten der deutschen Wirtschaft: Mit Volldampf in die falsche Richtung.« *IW-Kurzbericht* 68/2022. https://www.iwkoeln.de/studien/juergen-matthes-china-abhaengigkeiten-der-deutschen-wirtschaft-mit-volldampf-in-die-falsche-richtung.html.

184 Gusbeth, Sabine. 2025. »Deutsche Direktinvestitionen schrumpfen seit 2022«. *Handelsblatt,* 19.3.2025. https://www.handelsblatt.com/politik/international/china-deutsche-direktinvestitionen-schrumpfen-seit-2022/100114610.html.

185 BDA Partners. 2022. »Unlocking Value with Strategic Corporate Divestments in China«. https://www.bdapartners.com/wp-content/uploads/2022/04/BDA-Partners-Unlocking-Value-with-Strategic-Corporate-Divestments-in-China.pdf.

186 Martin, Nik. 2024. »Von wegen Derisking: Deutsche Rekordinvestitionen in China«. DW, 26.8.2024. https://www.dw.com/de/von-wegen-de-risking-deutsche-rekordinvestitionen-in-china/a-70036787.

187 Homann, Ulrich. 2006. »A Business-Oriented Foundation for Service Orientation«. https://cdn.ymaws.com/www.businessarchitectureguild.org/resource/resmgr/homann_article_on_capabiliti.pdf.

188 Nishimuta, Yuji. 1997. »Nazi Economy and U.S. Big Businesses (1)—The Case of Ford Motor Co.«. *Kyoto University Economic Review* 65 (2), p. 13–26. https://doi.org/10.11179/ker1926.65.2_13 (p. 20).

189 Laube, Jens. 2023. »Wieviel China steckt in Deutschland?«. China Briefing, Juli 2023. https://www.china-briefing.com/news/wieviel-china-steckt-in-deutschland/#:~:text=Spricht%20man%20also%20von%20einer,zwischen%2011%20und%2015%20Prozent.

190 Weil, Dan. 2022. »Wynn Tops BofA List of US Stocks with China Exposure«. TheStreet. https://www.thestreet.com/investing/las-vegas-sands-china-exposure.

191 Murgia, Madhumita, Tim Bradshaw und Richard Waters. 2023. »Chip wars with China risk ›enormous damage‹ to US tech, says Nvidia chief«. *Financial Times.* https://www.ft.com/content/ffbb39a8-2eb5-4239-a70e-2e73b9d15f3e.

192 European Union Chamber of Commerce in China und MERICS. 2021. »Decoupling: Severed Ties and Patchwork Globalisation«. https://europeanchamber.oss-cn-beijing.aliyuncs.com/upload/documents/documents/Decoupling_EN_final[869].pdf (p. 85).

193 European Union Chamber of Commerce in China und MERICS. 2023. »China's Innovation Ecosystem: The Localisation Dilemma«. https://merics.org/sites/default/files/2023-04/2023%20China%27s%20innovation%20ecosystem%20the%20localisation%20dilemma.pdf (p. 8).

194 Löhr, Julia und Gustav Theile. 2025. »Braucht Deutschland eine neue China-Strategie?« *Frankfurter Allgemeine Zeitung.* 14.4.2025. https://www.faz.net/aktuell/wirtschaft/trump-gegen-xi-was-soll-merz-tun-110417293.html.

195 VDMA. 2025. China spielt nicht fair – darauf muss die Politik reagieren!«. VDMA-Positionspapier. https://www.vdma.org/viewer/-/v2article/render/145376128.

196 Killian, Jeffrey G. und Louis K. Rothberg. 2014. »When IP Falls Under The Export Control Regime«. Law 360. https://www.morganlewis.com/-/media/files/publication/outside-publication/article/law360_whenipfallsunderexportcontrolregime_24feb14.pdf.

197 Eskelund, Patrick. 2023. »›In China, for China‹: a complex term«. *EURObiz.* https://www.eurobiz.com.cn/in-china-for-china-a-complex-term/.

198 Hamlin, Katrina. 2023. »Volkswagen's China shortcut will tempt rivals«. Reuters. https://www.reuters.com/breakingviews/volkswagens-china-shortcut-will-tempt-rivals-2023-08-23/.

199 Liao, Rita. 2022. »Volkswagen to plough €2.4B into vehicle automation in China and form JV with Horizon Robotics«. *TechCrunch.* https://techcrunch.com/2022/10/13/volkswagen-autonomous-driving-china-horizon-robotics-jv.

200 Yu, Elaine und Yoko Kubota. 2023. »Companies Try New Strategy to Stay in China: Siloing«. *Wall Street Journal.* https://www.wsj.com/articles/companies-try-new-strategy-to-stay-in-china-siloing-61c88721.

201 Continental. 2023. »Continental at Auto Shanghai 2023«. https://www.continental.com/en/press/fairs-events/auto-shanghai-2023/. Motovis. 2022. »Continental Invests in Motovis Intelligent Technologies to Join Hands in Developing Level 2 to 4 Autonomous Mobility Solution«. http://www.motovis.cn/En/index/pageView/catid/40/id/40.html.

202 O'Farrell, Seth. 2023. »Bosch pours $1bn into automotive R&D in China«. fDi Intelligence. https://www.fdiintelligence.com/content/feature/bosch-pours-1bn-into-automotive-rd-in-china-81990.

203 Buchenau, Martin W. 2021. »Trumpf: Abhängigkeit des Laserspezialisten von China steigt«. *Handelsblatt.* https://www.handelsblatt.com/unternehmen/industrie/maschinenbau-trumpf-abhaengigkeit-des-laserspezialisten-von-china-steigt/27739982.html.

204 Ibid.

205 BASF. 2025. »Cellasto invests €60 million to establish a second plant in China.« Trade News, 15.4.2025. https://www.basf.com/global/en/media/news-releases/2025/04/p-25-080.

206 Siemens Geschäftsbericht 2024, siehe u.a. Kapitel 8.2, »Risikomanagement«. https://assets.new.siemens.com/siemens/assets/api/uuid:b0c27e7a-f0bf-48d6-bfa7-721ba225122b/Siemens-Geschaftsbericht-2024.pdf.

207 Weber, Harri. 2023. »Pony, investor Toyota partner to ›mass produce‹ robotaxis in China«. *TechCrunch.* https://techcrunch.com/2023/08/04/pony-investor-toyota-partner-to-mass-produce-robotaxis-in-china/.

208 Bloomberg. 2021. »Tesla Sets Up First Overseas R&D Center in Shanghai«. https://www.bloomberg.com/news/articles/2021-10-25/tesla-sets-up-first-overseas-r-d-center-in-shanghai.

209 King, Hope. 2023. »Tesla can't quit China«. Axios. https://www.axios.com/2023/04/11/tesla-shanghai-battery-energy-china-strategy.

210 Crane, Brent. 2021. »Tesla's China Endgame«. *The Wire China.* https://www.thewirechina.com/2021/05/09/teslas-china-endgame/.

211 *Der Spiegel.* 2025. »Tesla muss offenbar Produktionspläne vorerst stoppen«. https://www.spiegel.de/wirtschaft/unternehmen/us-zoelle-auf-china-importe-tesla-muss-offenbar-produktionsplaene-vorerst-stoppen-a-37fa2b59-7a5e-41c1-b115-c98e761bc22c.

212 McMorrow, Ryan et al. 2023. »Multinationals in China accelerate push to decouple data«. *Financial Times.* https://www.ft.com/content/2f52965f-3bdb-4223-891b-e2208ad2e16e.

213 European Union Chamber of Commerce in China and MERICS. 2021. »Decoupling: Severed Ties and Patchwork Globalisation«. https://europeanchamber.oss-cn-beijing.aliyuncs.com/upload/documents/documents/Decoupling_EN_final[869].pdf.

214 Bradsher, Keith und Alexandra Stevenson. 2023. »Burner Laptops and Smaller Profits: Firms Portray Their China Challenges«. *The New York Times.* https://www.nytimes.com/2023/09/19/business/american-european-chamber-commerce-china.html?smid=nytcore-ios-share&referringSource=articleShare.

215 European Union Chamber of Commerce in China and MERICS. 2021. »Decoupling. Severed Ties and Patchwork Globalisation«. https://europeanchamber.oss-cn-beijing.aliyuncs.com/upload/documents/documents/Decoupling_EN_final[869].pdf.

216 Lambert, Fred. 2020. »Tesla partners with Baidu to provide map services«. Electrek. https://electrek.co/2020/01/20/tesla-partners-baidu-map-services/.

217 Kannenberg, Alex. 2024. »SAP: Zwei Milliarden Euro für souveräne Clouds – mit und ohne Microsoft«. *heise online,* 21.9.2024. https://www.heise.de/news/SAP-Zwei-Milliarden-Euro-fuer-souveraene-Clouds-mit-und-ohne-Microsoft-9939138.html.

218 Schumacher, Gregor. 2024. »Das ›Open‹ in Open Source wird zum Governance-Problem. Interview mit Ansgar Baums«. Cloud Ahead. https://www.cloudahead.de/das-open-in-open-source-wird-zum-governance-problem.
219 Greenberg, Andy und Matt Burgess. 2024. »The Mystery of ›Jia Tan‹, the XZ Backdoor Mastermind«. *Wired.* https://www.wired.com/story/jia-tan-xz-backdoor/.
220 Select Committee on Strategic Competition between the United States and the Chinese Communist Party. 2023. »Letter to Secretary Gina Raimondo«. https://selectcommitteeontheccp.house.gov/sites/evo-subsites/selectcommitteeontheccp.house.gov/files/evo-media-document/11.1.23-riscv-letter.pdf. Select Committee on Strategic Competition between the United States and the Chinese Communist Party. 2025. »Letter to Mike Milinkovich, Executive Director Eclipse Foundation«. https://selectcommitteeontheccp.house.gov/sites/evo-subsites/selectcommitteeontheccp.house.gov/files/evo-media-document/Letter%20to%20the%20Eclipse%20Foundation-HarmonyOS%20%28June%202025%29.pdf.
221 Erchi, Zhang, Qu Yunxu und Guo Yingzhe. 2022. »In Depth: How SoftBank wrested back control of Arm China«. Nikkei Asia. https://asia.nikkei.com/Spotlight/Caixin/In-Depth-How-SoftBank-wrested-back-control-of-Arm-China.
222 McMorrow, Ryan, Qianer Lu, Kana Inagaki und Anna Gross. 2023. »China holds up Arm's exit from troubled joint venture«. *Financial Times.* https://www.ft.com/content/e605a92c-5efc-471c-bd7d-a36c7620420c.
223 U.S. Securities and Exchange Commission. 2023. »Form F-1 Registration Statement under the Securities Act of 1933: Arm Holdings Limited«. SEC.gov. https://www.sec.gov/Archives/edgar/data/1973239/000119312523216983/d393891df1.htm (p. 30 ff.).
224 Wakabayashi, Daisuke und Keith Bradsher. 2023. »U.S. Consulting Firm Is the Latest Target of a Chinese Crackdown.« The New York Times. https://www.nytimes.com/2023/04/27/business/bain-china.html. Bradsher, Keith. 2023. »U.S. Due Diligence Firm Says China Detained Its Employees«. *The New York Times.* https://www.nytimes.com/2023/03/24/business/china-business-company-raid.html. Pierson, David und Daisuke Wakabayashi. 2023. »China's Crackdown Widens as Police Raid Another Firm With Foreign Ties«. *The New York Times.* https://www.nytimes.com/2023/05/08/business/capvision-china-espionage-law.html.
225 Mattheis, Philipp. 2024. »Wie ein hoher VW-Manager sein China-Visum verzockte«. *Wirtschaftswoche.* https://www.wiwo.de/unternehmen/auto/volkswagen-wie-ein-hoher-vw-manager-sein-china-visum-verzockte/30049878.html.
226 Zhang, Guoxiong. 2022. »MNC Localization 2.0«. Deloitte. https://web.archive.org/web/20240601141717/https://www2.deloitte.com/content/dam/Deloitte/cn/Documents/finance/deloitte-cn-fa-history-of-multinational-enterprises-in-china-en-221215.pdf (p. 11).
227 Mena, Bryan. 2023. »US venture capital titan Sequoia to split off China business amid tension with Beijing.« CNN. https://edition.cnn.com/2023/06/06/business/sequoia-split-partnerships-china. Jiang, Ben. 2023. »Tech war: Venture giant GGV Capital spins off China operations after US congressional investigation«. *South China Morning Post.* https://sc.mp/8rug?utm_source=copy-link&utm_campaign=3235492&utm_medium=share_widget.
228 Wiggins, Kaye und Richard Waters. 2023. »IBM's former IT services group plans to separate its China business«. *Financial Times.* https://www.ft.com/content/b7ee6f8c-356f-44f9-8710-ec6ac7eabaa5?accessToken=zwAGBoKRR55okdO37m-MNW9E-dOHEOxqx-q6pQ.MEQCIDICVmNrxcVsBzORV7jJ2XHb1_vmHKyeF240B88REY9uAiAgsALvF_eYpOWjvseiSWa1yUCNEspwtOV7pc5BdVIYDw&sharetype=gift&token=fd491cb2-c46f-4f0d-a8c7-1.
229 Sternfels, Bob et al. 2025. »Multinationals at a Crossroad. Adapting to a New Geopolitical Era«. McKinsey. https://www.mckinsey.com/capabilities/geopolitics/our-insights/multinationals-at-a-crossroads-adapting-to-a-new-geopolitical-era.

230 Bhargava, Vikram R. und Suneal Bedi. 2021. »Brand as Promise«. *Journal of Business Ethics* 179, p. 919–936. https://doi.org/10.1007/s10551-021-04834-z.
231 Weber, Steven. 2019. *Bloc by Bloc: How to Build a Global Enterprise for the New Regional Order.* Harvard University Press: Cambridge (p. 196).
232 Zhou, Viola und Russell Brandom. 2023. »As TikTok faces a ban, other Chinese companies in US try to pass as locals«. Rest of World. https://restofworld.org/2023/possible-tiktok-ban-chinese-companies-rebrand-american/.
233 Leswing, Kif. 2021. »Apple is turning privacy into a business advantage, not just a marketing slogan«. CNBC. https://www.cnbc.com/2021/06/07/apple-is-turning-privacy-into-a-business-advantage.html.
234 Marczak, Bill und John Scott-Railton. 2020. »Move Fast and Roll Your Own Crypto: A Quick Look at the Confidentiality of Zoom Meetings«. Citizen Lab Research Report no. 126, University of Toronto. https://tspace.library.utoronto.ca/bitstream/1807/104313/1/Report%23126--zoom.pdf. Whittaker, Zack. 2020. »Zoom admits some calls were routed through China by mistake«. *TechCrunch.* https://techcrunch.com/2020/04/03/zoom-calls-routed-china/.
235 Brodherson, Adam et al. 2021. »A customer-centric approach to marketing in a privacy-first world«. McKinsey. https://www.mckinsey.com/capabilities/growth-marketing-and-sales/our-insights/a-customer-centric-approach-to-marketing-in-a-privacy-first-world.
236 Xiuzhong Xu, Vicky et al. 2020. »Uyghurs for sale: ›Re-education‹, forced labour and surveillance beyond Xinjiang«. Australian Strategic Policy Institute. Policy Brief | Report no. 26/2020. https://ad-aspi.s3.ap-southeast-2.amazonaws.com/2022-10/Uyghurs_for_sale-11OCT2022.pdf?VersionId=N2JQOako7S4OTiSb6L7kKE5nY2d_LD25.
237 Mimoun, Laetitia. 2022. »Brand Activism and Geopolitical Crises«. ESCP Impact Paper no. 2022-06. https://academ.escpeurope.eu/pub/IP%20N%C2%B02022-06-EN.pdf.
238 Woetzel, Jonathan et al. 2023. »The China imperative for multinational companies«. Discussion paper. McKinsey Global Institute. https://www.mckinsey.com/~/media/mckinsey/mckinsey%20global%20institute/our%20research/the%20china%20imperative%20for%20multinational%20companies/the-china-imperative-for-multinational-companies_vf2.pdf.
239 Hayes, Adam. 2025. »Enterprise Risk Management (ERM): What Is It and How It Works.« Investopedia. https://www.investopedia.com/terms/e/enterprise-risk-management.asp. Baums, Ansgar. 2022. »Enterprise Risk Management and GR«. GR Blog. https://medium.com/gr-blog/enterprise-risk-management-and-gr-cc3343d01833.
240 New York Stock Exchange. N.d. »303A.07 Audit Committee Additional Requirements«. https://nyseguide.srorules.com/listed-company-manual/09013e2c85c0074b?searchId=2091288470.
241 Ford, Brody. 2024. »Dell, Micron Backed a Group Raising Alarms on Rivals' China Ties«. Bloomberg.com. https://www.bloomberg.com/news/articles/2024-01-25/dell-micron-backed-a-group-criticizing-chinese-rivals.
242 Xinhua. 2023. »Xinhua Commentary: Why Washington's rage over China's Micron ban is calling white black«. https://english.news.cn/20230601/8ebae5c0173942d4b287c74295b08ac3/c.html.
243 Reuters. 2023. »Chinese chipmaker YMTC sues Micron alleging patent infringement«. 13.11.2023. https://www.reuters.com/technology/chinese-chipmaker-ymtc-sues-micron-alleging-patent-infringement-2023-11-13/.
244 Matthes, Jürgen. 2025. »Importseitiges Derisking von China im Jahr 2024«. *IW Report* 24/2025. https://www.iwkoeln.de/fileadmin/user_upload/Studien/Report/PDF/2025/IW-Report_2025-Importseitiges-De-Risking-China.pdf.
245 Destatis. 2025. »Die Vereinigten Staaten sind Deutschlands wichtigster Handelspartner«. https://www.destatis.de/DE/Themen/Wirtschaft/Aussenhandel/handelspartner-jahr.html.

246 Lund, Susan et al. 2020. »Risk, resilience, and rebalancing in global value chains«. McKinsey Global Institute, p. 34. https://www.mckinsey.com/~/media/mckinsey/business%20functions/operations/our%20insights/risk%20resilience%20and%20rebalancing%20in%20global%20value%20chains/risk-resilience-and-rebalancing-in-global-value-chains-full-report-vh.pdf.

247 Van den Bossche et al. 2025. »The great reality check. 2025 Reshoring Index«. Kearney Research report. https://www.kearney.com/service/operations-performance/us-reshoring-index.

248 Ibid.

249 Ting-Fang, Cheng und Lauly Li. 2024. »Apple moves closer to China despite supply chain shifts.« Nikkei Asia. https://asia.nikkei.com/Business/Business-Spotlight/Apple-moves-closer-to-China-despite-supply-chain-shifts. *Financial Times.* 2023. »HP to move production of millions of computers to Thailand and Mexico«. https://www.ft.com/content/1a68ef89-92f2-4e35-856a-122d4e461571.

250 Travelli, Alex. 2025. »What Trump's Apple Threat Means for India's Tariff Negotiations«. *New York Times.* 22.05.2025. https://www.nytimes.com/2025/05/22/business/trump-tariffs-india-apple.html.

251 Ersahin, Nuri, Mariassunta Giannetti und Ruidi Huanga. 2024. »Supply chain risk: Changes in supplier composition and vertical integration«. *Journal of International Economics* 147, January 2024. https://doi.org/10.1016/j.jinteco.2023.103854.

252 Ibid.

253 Baker, Scott R., Nicholas Bloom und Stephen J. Terry. 2020. »Using Disasters to Estimate the Impact of Uncertainty«. National Bureau of Economic Research | *Review of Economic Studies,* vol. 91(2), p. 720–747. https://www.nber.org/papers/w27167.

254 Behnisch, Hendrik. 2023. »Bis 2035 sollen Akku-Geräte 80 Prozent vom Gesamtumsatz ausmachen«. *Allgemeine Bauzeitung.* 06.10.2023. https://allgemeinebauzeitung.de/abz/internationaler-stihl-medientag-am-stammsitz-in-waiblingen-bis-2035-sollen-akku-geraete-80-prozent-vom-gesamtumsatz-ausmachen-52462.

255 Gopal, Christopher, Gene Tyndall, Wolfgang Partsch und Eleftherios Iakovou. 2023. *Breakthrough Supply Chains: How Companies and Nations Can Thrive and Prosper in an Uncertain World.* McGraw Hill: New York (p. 97).

REGISTER UND ABKÜRZUNGSVERZEICHNIS

DIE AUTOREN

Ansgar Baums ist Senior Fellow des Stimson Center in Washington und Senior Advisor bei Sinolytics und berät Unternehmen im Bereich geopolitisches Risikomanagement. Er verfügt über langjährige Erfahrungen im Bereich Governmental Relations und war unter anderem für SAP, Zoom und HP tätig.

Spiegel-Bestseller-Autor **Thomas Ramge** hat mehr als zwanzig Sachbücher veröffentlicht. Er ist Associated Researcher am Einstein Center Digital Future. Seine Texte zu den großen technologischen Veränderungen unserer Zeit erscheinen unter anderem in *Harvard Business Review, MIT Sloan Management Review, The Economist* und *Foreign Affairs*. Für seine Bücher und Reportagen wurde er mit diversen Preisen ausgezeichnet, unter anderem mit dem Deutschen Essaypreis, dem Best Business Book Award on Innovation and Technology, dem Axiom Business Book Award (Gold Medal Economics), dem getAbstract International Book Award, dem Deutschen Wirtschaftsbuchpreis und dem Herbert Quandt Medienpreis. Ramge ist zudem der Host des Podcasts »SPRIND« der Bundesagentur für Sprunginnovationen.